《老子原意》

老子原意

《老子原意》

這本中文紙本書乃專門為付費讀者製作。
請尊重作者權益,切勿任意刪節、複製、修改、轉寄或轉售其內容,
以免觸犯著作權法。

《老子原意》
作者:劉明德
德國柏林自由大學政治學博士

中文紙本書於 2021 年由電書朝代製作發行,推廣銷售
電書朝代 (eBook Dynasty) 為澳大利亞 Solid Software Pty Ltd 經營擁有
網站:http://www.ebookdynasty.net
電郵:contact@ebookdynasty.net

《老子原意》

目錄

作者介紹	6
作者序	7
第一章	10
第二章	15
第三章	22
第四章	31
第五章	33
第六章	39
第七章	42
第八章	45
第九章	54
第十章	57
第十一章	62
第十二章	66
第十三章	69
第十四章	75
第十五章	79
第十六章	84
第十七章	88
第十八章	91
第十九章	95
第二十章	100
第二十一章	108
第二十二章	111
第二十三章	115
第二十四章	118

第二十五章	120
第二十六章	123
第二十七章	127
第二十八章	131
第二十九章	136
第三十章	141
第三十一章	144
第三十二章	148
第三十三章	152
第三十四章	154
第三十五章	156
第三十六章	159
第三十七章	163
第三十八章	167
第三十九章	173
第四十章	178
第四十一章	180
第四十二章	188
第四十三章	193
第四十四章	196
第四十五章	200
第四十六章	204
第四十七章	207
第四十八章	212
第四十九章	216
第五十章	222
第五十一章	227
第五十二章	231
第五十三章	235

第五十四章	238
第五十五章	245
第五十六章	251
第五十七章	254
第五十八章	259
第五十九章	263
第六十章	268
第六十一章	272
第六十二章	276
第六十三章	282
第六十四章	288
第六十五章	294
第六十六章	298
第六十七章	301
第六十八章	307
第六十九章	311
第七十章	318
第七十一章	323
第七十二章	326
第七十三章	329
第七十四章	332
第七十五章	336
第七十六章	340
第七十七章	343
第七十八章	346
第七十九章	350
第八十章	355
第八十一章	364
附錄：爭議章句大致羅列	368

作者介紹

劉明德，台灣台南人，德國柏林自由大學政治學博士，熱愛善良、自由、真理。

作者另著有《讀懂論語就能成功》（澳大利亞：電書朝代）、《環境政策研究理論與方法》（北京：清華大學出版社），並譯有《德國問題與歐洲新秩序》（台北：翰蘆出版社）。

《老子原意》

作者序

　　《老子》是一本在所有人看來都是不容易理解的一本書，以至於很多人望而生畏。即使讀了，也經常因為不知所云而放棄不讀了。這種情形，實在是非常可惜。原因是，《老子》對我們的一生都有很大的幫助，更是成功學的葵花寶典，把它奉為聖經，才能配得上它的價值。

　　《老子》是真正的成功學。我們看這本書中有多少是明明白白的在告訴我們如何勝。第二十二章「夫唯不爭，故天下莫能與之爭」、第三十一章「戰勝以喪禮處之」、第三十三章「勝人者有力、自勝者強」、「不失其所者久，死而不亡者壽」、第三十六章「柔弱勝剛強」、第四十五章「靜勝躁，寒勝熱」、第六十一章「牝常以靜勝牡」、第六十七章「夫慈以戰則勝」、第六十八章「善勝敵者不與」、第六十九章「故抗兵相加哀者勝矣」、第七十三章「故天之道不爭而善勝」、第七十五章「夫唯無以生爲者，是賢貴生」、第七十八章「天下莫柔弱於水，而攻堅強者，莫之能勝，以其無以易之。弱之勝強，柔之勝剛」等等。《老子》書中都是在講勝，在講成功，在講長生，因此，千萬不要誤讀了，以為老子很消極、很出世，完全不是那麼一回事。

　　那麼，為什麼老子的《道德經》才是成功學，而坊間的成功學書籍都難以與之相提並論呢？因為，他們教的是怎麼速成的發財、成名、做官，以為只要有錢就是成功、只要有權就是成功，只要出名了，就是成功，不管成功的時間長短如何！這就是《老子》與其他成功學最根本、也是最大的不同。我認為的成功不是曇花一現式的，而是經得起歷史考驗、經得起別人質疑、能子孫以祭祀不輟的。總之，我定義的成功是心安理得、誠實、不會終日惶惶不安，好像隨時會有仇家要來尋仇似的，一個「成功」的人活在這樣的心理狀態下，那就真的很不智了！

　　古今中外，有關於《老子》一書的註譯和闡述，那簡直數不完、算不盡，照理說，不需要多我這一本。但因為我必須給我的學生講解《老子》的關係，我這才發現，有好些地方，既有的註釋與老子原意差距很遠，甚

至背道而馳，導致老子被誤解了兩千五百年之久，因此，才激起我想讓世人認識真正的《老子》。

《老子》被誤解的地方非常之多，說什麼老子反對知識、說什麼老子愚民、說什麼老子自私、說什麼老子貴己重生，說什麼無為就是什麼事都不做、說小國寡民是老子的政治理想等等。對老子誤解最嚴重的莫過於朱熹。朱熹竟然說：「老子心最毒，其所以不與人爭者，乃所以深爭之也。」可見朱熹內心之偏頗，才會得出那樣的結論。

本書共分八十一章，章的順序乃根據老子《道德經》通行本，即王弼（西元226-249年）版本而來，每一章自成一個單元，但都有著相同的結構，首先是原文，接著是譯文、字義、「明德說」、版本差異比較、理解差異比較，最後是當代老子研究的公認權威陳鼓應與任繼愈的譯文。其中，版本差異指的主要是王弼、河上公、傅奕、帛書、郭店楚簡以及樓觀台版本之間的比較，而理解差異主要是陳鼓應、任繼愈和本書作者的比較。有些章，還會有學生的提問以及我的回答，不過，這一部份的內容比較少。

我的譯文，基本上是一對一的對應原文。如果我想闡述某一句話，我會放在「明德說」裡面做處理，而不會夾雜在譯文裡面。我之所以這麼做，就是要使讀者很輕易的看懂老子在說什麼。

本書也是作者在組織讀書會的成果。因為讀書會的關係，才發現，原來，自古及今，世人對老子有很深的誤會，才會想出一本書來還原老子。因為讀書會的關係，所以，我會要求學生提問題，然而，與論語讀書會不同的是，我的學生們在老子讀書會所提出的問題，絕大部份的問題是連原文就不明白，因此，學生們的問題一般就是要我解釋原文，而無法提出比較深入、或異於老子思想的意見。這是為什麼本書所列出的「問題」部份非常的少，不像《讀懂論語就能成功》一書中，學生能提出很多問題的原因。

想要讀懂老子，有幾個地方是一定要清楚的。首先，主詞是誰，究竟是統治者還是人民，如果誤解了主詞，當然，整句話也就誤解了。其次，《老子》一書，文字非常簡練，因此，成份省略是經常有的。如果不知道一個句子當中有成份的省略，自然，整句話就會產生誤讀。

《老子原意》

　　本書有些地方,直指某人的理解是錯誤的(有請當事者多多包涵),我之所以這麼做,不是標榜自己,也無意貶低任何一個人,只是指出我的看法,以便讀者的慧眼能做出正確的判斷。當然,我的理解也一定會有錯的地方,這時候特別歡迎有人提出批評和指正,即使是惡意的,我也會感激萬分。

　　《老子》書中涉及一些戰略戰術的運用,是老子所謂的「奇」,這些「奇」,任何人都可以用,不只善人能用,邪魔也善於利用,這是為什麼老子要寫出來的原因,目的是讓善人有所防範,不要落入邪人的陷阱,這一點,讀者不可不察,務必要明白老子的慈悲。

　　本書的完成,我最感激的是老子的在天之靈,由於老子神靈的庇佑,讓我得以解開兩千年來的一些謎團。然而,究竟是否解開,還有待讀者們的鑑定。

　　我之所以想把我的學老的一點心得呈現出來,不為名,不為利,只希望能為這一個黑暗的世界點亮一盞燈,更希望這盞微弱的燈萬年不滅。

——劉明德
2021年七月於平鎮榕樹下
Email: liumingte@hotmail.com

第一章

道，可道，非常道。名，可名，非常名。無名，天地之始。有名，萬物之母。故常無欲，以觀其妙；常有欲，以觀其徼。此兩者同出，異名同謂。玄之又玄，眾妙之門。

語譯

　　道，要是可以說，那就不是永恆的道〔，而只是一時一地的道〕。任何一個東西〔名，就是物，包含人、事、物〕，要是可以描述，就不會永遠都是這樣的描述。地球剛開始形成的時候，是沒有任何生命的。有了第一個生命之後，這第一個生命就成了今天所有生命的源頭。因為保持在一念不起，就能夠看到這個世界的奇妙；保持在只起一念，就能夠看到萬事萬物的最深處。一念不起與只起一念都來自於同一個東西，只是說法不同。寂靜更寂靜，才是打開各種美妙的法門。

字義

　　道，可道，非常道：第一個「道」，就是路，既然是路，意謂著走得通、能到達目的、能得到想要的東西；第二個「道」，是「說」；第三個「道」，與第一個「道」同，就是道路、方法。可道：行得通的路、行得通的方法；可，可以、行得通。常，恆也，經久不變、永久。整句話就是：現在行得通，一定有一天會行不通。舉個例子，我們常說：壞人「故技重施」，為什麼壞人會故技重施？因為根據以往的經驗，每次都行得通，騙得了人。但是，他忘了，有一天，就會行不通，這就是「道，可道，非常道」的意思。

　　名，可名，非常名：任何一個東西，要是可以描述，那他（它）就不會永遠是這樣的描述，指從沒有蓋棺論定這一回事。如果有，那也只是一時一地的。第一個「名」：名稱，萬事萬物都有個名稱，老子這裡是以名指涉萬事萬物，或一個東西或一個物體或一個事件。第二個「名」：描述、

起名、稱說。

　　無名，天地之始：即天地之始，無名。天地，指地球。始，開始，即形成。無名，沒有生命。名，同「命」，指生命。

　　有名，萬物之母：名，同「命」，指生命。萬物，各種生命。母，根源、根本、來源。

　　故常無欲，以觀其妙：故，緣故、原因。欲，想要、念頭；無欲：就是一念不起。以，能夠，結果。妙：神奇。

　　常有欲，以觀其徼：保持在只起一念的狀態，才能看到別人看不到的地方。有欲，只起一念。徼：《集韻》伊消切，音邀。遮也。我認為，「徼」應該讀「邀」，字義是「遮」，也就是不讓人知道、不讓人發現，猶言隱微、別人看不到。

　　此兩者：此，這；兩者，即無欲與有欲，即「一念不起」與「只起一念」，即「體」與「用」。

　　玄：寂靜。

　　眾妙之門：門，方法、路徑、必經的出入口。

明德說

　　一、道，可道，非常道：道就是道理、走得通的路。然而，這條路並非永遠走得通。現在走得通，但不代表永遠都走得通。現在使用的方法可行，不代表該方法永遠可行。

　　二、名，可名，非常名：所有的東西都可以描述，但對於這個東西的描述不會是一成不變或永遠不變的。

　　三、「無名，天地之始」的「無名」，我以為，並非如任繼愈所說是《老子》一書中的專用概念，而只是沒有生命的意思，其中，「無」就是沒有；「名」就是生命。此外，任繼愈把「常無欲，以觀奇妙」句讀成「常無，欲以觀奇妙」，並理解為「經常從無形象處認識『道』（無名）的微妙」，換言之，他把「道」理解為「無名」，這樣的理解，不對。

　　四、故常無欲，以觀其妙；常有欲，以觀其徼：因為一直保持在一念不起（電源關閉）的狀態下，才能看到萬事萬物奇妙之處；因為一直保持

在只起一念（電源打開）的狀態之下，才能看到萬事萬物不想讓人看到的地方，也就是才能看到萬事萬物的關鍵、本質、核心，才能對萬事萬物看得清清楚楚，也就是《道德經》裡面一個很重要的概念「明」。

五、此兩者同出，異名同謂：一念不起與只起一念，都是來自同一個東西，但是，有不同的名字，不管是「一念不起」或是「只起一念」都同樣可以稱作「寂靜」。

六、玄之又玄，眾妙之門：寂靜啊！寂靜啊！天地之間所有的微妙都來自於「一念不起」與「只起一念」的寂靜。

七、道分層次：一類是常道，或稱恆道，是至高無上的，這是老子所說的道，是無法說的，一說就錯，在任何時空都適用。第二類是非常道，也就是並非永遠不變的道，這個道就是我們常說的規律、法則、道路，然而，這些所謂的規律、法則、道路其實不是永恆的，只是一時一地、在我們地球適用，到了別的地方、在另一個時空就不一定適用了。老子的偉大、神聖之處在於他看到了常道、認識到了常道。

八、「無名，天地之始。有名，萬物之母」，對此，任繼愈說：「『無名』是天地的原始，『有名』是萬物的根本。」這種翻譯等於沒有翻譯。至於陳鼓應所說：「無，是天地的本始；有，是萬物的根源。」「無，是天地的本始」，這種說法可以理解，但是，「有，是萬物的根源」就無法理解。我的理解是：「地球剛開始形成的時候，是沒有任何生命的。有了第一個生命之後，這第一個生命就成了今天所有生命的源頭。」老子的這種說法與英國生物學家達爾文的演化論是一樣的。不過，老子的說法更徹底、更究竟，而且早在兩千多年前就已經透過他自身的有欲和無欲而得知人類的起源，只是有人不相信罷了！

九、眾妙之門所指為何？「玄之又玄」是也，也就是寂靜再寂靜，即寂靜不斷的深入。當我們把寂靜分成十個階梯，一般人連第一階都進入不了。而一旦進入了第一階，順階而入，就可以逐漸領會這個世界的美妙，越是深入，則越是美妙、越是明白。

《老子原意》

問答

問：道到底是指什麼，道是理嗎？其內涵是什麼？

答：道是能力、道是境界，道不是方法，到了這個境界，就無所不能、無所不知。道是能千變萬化而不離善。老聖人的道、孔聖人的仁、王聖人陽明的良知都是同一個東西，那就是本體、就是本源，就是佛家的明心見性、本來面目。

版本句讀差異比較

一、

王弼	無名天地之始，有名萬物之母
帛書甲本	無名，萬物之始也。有名，萬物之母也。
王安石、陳鼓應等	無，名天地之始；有，名萬物之母
本書主張	從王弼

二、

王弼	此兩者同出而異名，同謂之玄，玄之又玄，眾妙之門。
帛書甲本	此兩者同出，異名同謂。玄之又玄，眾妙之門
本書主張	從帛書

三、

王弼版本以及帛書	故常無欲，以觀其妙；常有欲，以觀其徼
陳鼓應、任繼愈的句讀	故常無，欲以觀其妙；常有，欲以觀其徼
本書主張	從王弼以及帛書

理解差異比較表

徼	陳鼓應	有跡可循的端倪
	任繼愈	終極
	明德	隱微
玄	陳鼓應	幽深
	任繼愈	深遠

《老子原意》

無名	明德	寂靜
	陳鼓應	理解為「無，名……」
	任繼愈	沒有解釋
有名	明德	沒有生命
	陳鼓應	「有」，是
	任繼愈	「有名」
	明德	有了（第一個）生命

他版譯文

一、任繼愈的翻譯：「『道』，說得出來的，它就不是永恆的『道』；『名』，叫得出的，它就不是永恆的『名』。『無名』是天地的原始，『有名』是萬物的根本。所以，經常從無形象處認識『道』（無名）的微妙，經常從有形象處認識萬物（有名）的終極。這兩者（有形和無形）講的一回事，而有不同的名稱。他們都可以說是深遠的，極遠極深，它是一切微妙的總門。」

二、陳鼓應的翻譯：「可以用言詞表達的道，就不是常道；可以說出來的名，就不是常名。無，是天地的本始；有，是萬物的根源。所以，常從無中，去觀照道的奧妙；常從有中，去觀照道的端倪。無和有這兩者，同一來源而不同名稱，都可以說是很幽深的。幽深又幽深，是一切奧妙的門徑。」

第二章

天下皆知美之為美，斯惡已；皆知善之為善，斯不善已。故有無相生，難易相成，長短相形，高下相傾，音聲相和，前後相隨。是以聖人處無為之事，行不言之教，萬物作焉而不辭。生而不有，為而不恃，功成而弗居。夫唯弗居，是以不去。

語譯

　　當天下人都認知到某一種東西是「好東西」的時候，這就不好了。當天下人都認知到某一種行為是「善行為」的時候，這就不善了。因為，有會變成沒有，沒有會變成有；困難會變成容易，容易會變成困難；〔長短是特定時空、背景之下比較得來的結果，但不是一成不變，〕長可以變成短，短也可以變成長；高可以壓倒下，下也可以壓倒高；聲和音是互相應和的；前可以變成後，後可以變成前。因此，聖明的統治者不干預人民做些什麼事，只做好榜樣而不說教，因此，所有的生命都很興盛、而且生生不息。〔事實上，上述說的太平盛世是聖人創造出來的，然而他卻不據為己有；〕他作育萬物而不認為自己很厲害；他把事情做成功了，但不認為是自己的功勞。正因為他不居功，因此，他的功勞不會被抹去。

字義

　　天下皆知美之為美：知，認知；美，即一切美好的、我們所想要的，例如健康、聰明、長壽、美麗、財富、名譽、權力等等。

　　斯惡已：斯，則、就，表示承接上義，得出結論。「已」同「矣」，表示陳述語氣，相當於「了」；惡，不好、惡果、有害。

　　故有無相生：故，因為。有無相生，即有生無，無生有，有變成無、無變成有。相，彼此、交互，兩方面都進行的。生，發生、產生。

　　難易相成：難成易，易成難。成：達到、變成。原本很困難的事情，經由一而再、再而三的嘗試和練習，慢慢地，就變得容易了；相反的，原本

很容易的事情，例如一個小傷口、小感冒，如果不立刻去處理它，等到時間久了，它就會引發很多問題，這時候，想要治療就變得困難，甚至來不及了。

　　長短相形：形，即「較」也，對照、比較。長短是比較之下得到的。但是，因為比較的基準不同、時空背景不同，因此長處不是永遠是長處，短處也不是永遠是短處。換言之，長處可以變成短處，短處也可以變成長處。

　　高下相傾：高可以壓倒下，下也可以壓倒高。這裡的高下可以指地位、等級的高下。傾：壓倒、勝過。

　　音聲相和：《詩序》：「情發於聲，聲成文，謂之音。」因此，聲，不成文的感情，例如哭泣聲、尖叫聲、歡笑聲；音，成文的感情，例如歌曲、說話等；和，連通也。聲和音是互相連通的，意謂物以類聚。

　　前後相隨：隨者跟從也。前後是因為「有人領，有人隨」才有的。但是，原本在前面的，不會一直在前面，有一天也會變成後面，這時候，便要跟從別人；原本跟從在人家後面的，不會一直跟在人家後面，時機一到，反而變成前面，讓人跟隨了。因此，前後不是永遠不變的。因此，前後相隨的意思是：前可以變成後，後可以變成前。

　　聖人處無為之事：聖人，聖明的統治者。為，主導、主宰。

　　不言之教：即身教，只做榜樣，而不說教。做何榜樣？利人的榜樣。

　　萬物作焉而不辭：所有的生命都興盛而且生生不息。作，興盛、繁茂；辭：同「詞」，已也、止也。《廣雅》：「詞，已也。」

　　生而不有：生，造出；有，佔有。創造出來卻不據為己有。

　　為而不恃：作育萬物而不認為自己很厲害。為，讀音「未」，助、施；恃，讀音市，依也、依仗。

　　不去：不喪失、不丟棄、不會忘記。

明德說

　　一、有人說，本章在講「萬物的相對論」，但我的看法是，本章不是在講相對論，而是在講人的愚癡，即從眾、主觀、偏見、顛倒和短視，只

看到一面而沒能看到另一面,不知道任何事情都存在往另一個相反方向轉變的可能。例如只看到富貴的好處,而沒能看到富貴的壞處以及富貴也可能轉變成貧賤,相反的,貧賤也能轉變成富貴。

二、「天下皆知美之為美,斯惡已」即當天下人都認知到某一種東西是「好東西」的時候,這就不好了。為什麼會是這樣?原因是不美的東西就被忽略、就沒人要、被人踐踏了。然而,「美」的東西真的美嗎?「不美」的東西真的不美嗎?當然不是。「美」與「不美」其實都是被有權力的人定義的,而不是本來如此、真是如此。人有一個根本問題,被帶著走(雖然沒有人承認),這就是老子所說的「斯惡已」,這就不好了。

三、為什麼「天下皆知美之為美,斯惡已」?因為所有的人都會往那個方向去追尋、去做同樣的那件事情,然而,當大家都做同一件事情的時候:

結果一:惡性競爭,這時候,會好嗎?

結果二:欺騙造假出現了,這會好嗎?既然有好處,而自己憑真才實學又比不上人家,這時候,就會出現仿冒、造假,因為有利可圖。

結果三:有「美」就有「不美」,經由比較,人就會因為自己不美(不好)而產生自卑,這對那些自認為「不美」的人會好嗎?相反,那些「美」的人,很可能就會因為自己的「美」而驕傲起來,這會好嗎?

結果四:這時候就會出現一窩瘋現象,參與其中的人都會變得短視,失去了戒心,變得盲目,掉入陷阱。

結果五:其他「有好處」的事情就沒有人做了,因為大家的目光都被吸引過去,都追著那件「有好處」的事情,然而,「有好處」的事情並非只有一件,還有很多,甚至其他「有好處」的事情遠比該件「有好處」的事情更值得、利益更大。

四、從經濟學的角度,看「天下皆知美之為美,斯惡已」的例子。

例子一:一開始的時候,好的商品因為供給少,價格高,可以賺很多錢;於是吸引其他人進入市場,導致供給過多,競爭激烈,原本的高利潤變為低利潤,有的公司甚至要破產,這時候,不就不美了嗎!

例子二:當所有人都在股市裡賺到錢,連擦鞋的孩子也都知道,也因

此去買股票的時候，這時候，就接近股市崩盤的時候了。因為泡沫已經到了破滅的時候了，於是，就不好了，就有人要賠錢，甚至是跳樓了。

　　五、任繼愈說 (2015:4)：「這一章的後半，表達了運用無為的原則，可以用於處事，可以用於治國，任憑事物自己生長、變化，而不加干涉。」任氏對「無為」的理解並沒有到位。無為的「為」是主宰、主導，因此，無為就是不要主宰、不要主導，但不是「任憑事物自己生長、變化，而不加干涉」，無為是輔導、修正，這怎能不加干涉？老子說了「吾將鎮之以無名之樸」、「使夫智者不敢為也」，都足以證明，老子不可能任憑事物自己生長而不加干涉。

　　六、任氏接著說 (2015:4)：「老子從理論上反對一切人為的變革。他的『無為』並不是無所作為；他的『不言』也不是任何意見都不發表。」任氏的這一句話有對有錯。先說對的，任氏說，老子的「無為」並不是無所作為，這是對的，老子的無為不只不是無所作為，還是「無不為」。再來說錯的，任氏說：「老子從理論上反對一切人為的變革。」任氏的這一理解一定是錯的。老子從沒反對變革，變不變革完全取決於當時的條件，錯的當然要革，對的當然不能革；大部份統治者的問題在於把「對的」革了，把「錯的」留下來。再者，任氏說老子「的『不言』也不是任何意見都不發表」，這不能說錯，但是，這不是老子講「不言」的用意。老子說「行不言之教」，用意在於要統治者能身教，即做好榜樣，至於統治者發不發表意見，這不是重點。

　　七、陳鼓應把「難易相成」理解為「難和易互相促就」，這樣的理解不對，文字也無法理解，應理解為難能成易，易能成難。再困難的事情，只要堅持不懈，就能變得容易。陳老師的其他地方，例如「長短相形」、「高下相盈」、「前後後隨」都有同樣的誤解。

　　八、「萬物作焉而不辭」，非任繼愈所說「〔任憑〕萬物生長變化，而不加干預」，也非陳鼓應所說「萬物興起而不造作事端」，而是「所有的生命都很興盛，而且生生不息」。

《老子原意》

版本差異比較

一、

帛書甲本	萬物作而弗始也
王弼、樓觀台	萬物作焉而不辭
傅奕、敦煌本	萬物作焉而不為始
本書主張	從王弼

理由：不辭就是不止，也就是生生不息，如此解釋才能呼應「萬物作焉」，才能呼應「處無為之事，行不言之教」。結論是王弼的版本才是對的。

二、

帛書甲本	長短相刑
王弼	長短相較
范應元（即范元應）	長短相形
本書主張	長短相形

說明：長短相刑、長短相較、長短相形，三者意思都相同，只是用字不同。

理解差異比較表

一、天下皆知美之為美，斯惡已

陳鼓應	天下都知道美之所以為美，醜的觀念也就產生了
任繼愈	天下的人都知道怎樣才算美，這就有了醜了
明德	當天下人都認知到某一種東西是「好」的時候，這就不好了

二、不言之教的「言」，陳鼓應等人都把「言」理解為「政教號令」，這是錯誤的理解。治理任何一個國家，怎麼可能沒有政教號令？不言之教的「言」該理解為「說」。換言之，不言之教就是身教，身教的內容就是盡到本份。一個國君的本份就是愛民如子，而不是要求別人不要求自己，偏偏絕大部份的統治者都是要求別人不要求自己，因此，幾乎都是壞的統治者，在他治下，當然不可能天下太平。老子說的「無為」，就是孔聖人說的君君，君王要盡到君王的本份，自然就能天下太平。不幸的是，大部份的統治者都沒盡到自己的責任，只貪圖享受。

三、「有無相生」，任繼愈理解為「有無由互相對立而產生」，我認為應該理解成「有可以生成無，無可以生成有」，這才叫相生。以下五句「難易相成，長短相較，高下相傾，音聲相和，前後相隨」，任繼愈的解釋也都有類似的問題，這裡不一一列出。

四、無為

陳鼓應	不干擾、順其自然、不妄為
任繼愈	沒有解釋，就直接寫「無為」
王弼	自然已足，為則敗也
本書主張	不去主宰，為者主宰、主導也。

說明：(1) 王弼說「自然已足，為則敗也」，這種說法不對。自然沒有已足，相反，自然永遠是有欠缺的，所以才需要聖人來補充。老子說「孰能有餘以奉天下，唯有道者」，即為明證。只不過，聖人是做補充，而不做主宰。所以，老子才說「以輔萬物之自然而不敢為」、「損有餘而補不足」，否則，就不是聖人，而是一般的統治者了。

(2) 陳鼓應說，「無為」是「不干擾、順其自然」，這說法不夠準確，「為」是主宰，因此，「無為」就是「不去主宰」，雖然不去主宰，但是要輔助，而政教刑罰是用來輔助，而非主宰的工具；好的政府用政教刑罰來使民向善，獨裁政權則以政教刑罰來脅迫人民；至於解釋為「妄為」，這是對的，不過，還沒說到點上。

五、概念

「斯惡已」、「斯不善已」的「斯」	任繼愈	這、此
	明德	則、就
「故有無相生」的「故」	任繼愈	所以
	明德	因為

問答

問：既然是無為，那麼，聖人做不做事？

答：很多人以為，道家的聖人是不做事的，這是錯誤的理解。聖人不

會不做事，相反的，聖人有忙不完的事情：克勤克儉、仁民愛物、少私寡欲、未雨綢繆、修心養性、與民同樂、深謀遠慮、罷黜小人、推舉善良⋯⋯可真是一刻不得閒。

他版譯文

一、陳鼓應：「天下都知道美之所以為美，醜的觀念也就產生了；都知道善之所以為善，不善的觀念也就產生了。有和無互相生成，難和易互相促就，長和短互為顯示，高和下互為呈現，音和聲彼此應和，前和後連接相隨。所以有道的人以無為的態度來處理世事，實行『不言』的教導；萬物興起而不造作事端；生養萬物而不據為己有；作育萬物而不自恃己能；功業成就而不自我誇耀。因為他不自我誇耀，所以他的功績不會泯沒。」

二、任繼愈：「天下的人都知道怎樣才算美，這就有了醜了；都知道怎樣才算善，這就有了惡了。所以，有無互相對立而生，難易互相對立而成，長短互相對立而體現，高下互相對立而存在，聲音互相對立而和諧，前後互相對立而出現。因此，『聖人』用『無為』去處事，用『不言』去教導。〔任憑〕萬物生長變化，而不加干預，生養了萬物，而不據為己有，推動了萬物，而不自以為盡了力，功成而不居功。由於不居功，所以他的功績永在。」

第三章

不尚賢，使民不爭。不貴難得之貨，使民不為盜。不見可欲，使民心不亂。是以聖人之治，虛其心，實其腹，弱其志，強其骨。常使民無知無欲。使夫智者不敢弗為而已，則無不治矣。

語譯

　　統治者不崇尚賢能的人，這樣，人民就不會爭搶。統治者不看重稀有的物品，這樣，人民就不會想要偷盜。看不到會讓人起貪念的東西，這樣，人心就不會浮躁。因此，聖人治理天下就只是：統治者要謙虛、統治者能填飽肚子就好、統治者不要好大喜功、統治者鍛鍊好自己的身體。一直讓人民保持著沒有攀比、沒有貪慾的心、讓那些奸詐的人沒膽量去做壞事，就這樣子而已。如此一來，天下就沒有不太平的。

字義

　　不尚賢：不推崇賢能。尚，崇尚；賢，勝過。
　　使民不爭：使，致使。按《詩經・鄭風・狡童》：「維子之故，使我不能餐兮。」
　　貴：看重、重視。
　　不見可欲：看不到會讓人生起欲望的東西，即沒有會讓人生起欲望的東西。可欲，會讓人生起慾望的東西。
　　亂：不安寧。
　　虛其心：虛，不自滿、不驕傲。其，指統治者自己。
　　弱其志：弱化自己的志氣，猶言不好大喜功。
　　使夫智者不敢弗為而已：智，計謀、巧詐；敢，有膽量做某種事情；弗為，即為弗的倒裝。為，行也；弗，不正。而已，助詞，起到修飾作用表示僅止於此，猶言罷了。
　　無知無欲：沒有攀比、沒有貪慾。知，分別、比較，按今天的話就叫

攀比。按《淮南子》：「孿子之相似者，唯其母能知之。」欲，貪慾。人有了貪慾，就會過得不快樂，這顯然不是老聖人所希望於人的。人世間所有的不幸都從貪慾而來。

明德說

一、老子說，要治理天下很簡單，就統治者自己而言，他自己必須謙虛（、不要自大）、吃飽肚子就好（、不要浪費鋪張、山珍海味）、不要好大喜功、鍛鍊好自己的身體；就對待人民而言，不要讓人民攀比、起貪心；對待壞人則不可饒恕。就這三招，就天下太平了。

二、為什麼老子不尚賢？我舉個例子就可以知道為什麼不應該尚賢。一個父親有十個孩子，其中自然有的聰明，有的不聰明，有的勤奮、有的懶散。請問，這個爸爸能只重視那個聰明、勤奮的孩子嗎？不能。

三、人人平等，為什麼要崇尚賢人呢？這正是老子大公無私的表現，天地不仁，並沒有崇尚於哪一個人或哪一個民族。

四、「尚賢」猶如「天下皆知美之為美」，就會「斯惡已」。惡在哪裡？尚賢會帶來造假、對個性的束縛（因為出現了賢的標準，引導所有人都往特定的一個方向走去）等等壞處。正因為標榜賢能反而帶來問題，所以，老子反對尚賢。

五、漢朝要是沒有漢文帝，就沒有漢武帝的盛世，也不會有東漢的出現（東漢之所以能出現，是當時的人民還惦記著文景之治，因此，給了劉家東山再起的機會）。從這個角度來看，漢文帝太重要了。漢文帝採取道家治國，漢文帝笨嗎？

六、再說無為。老子的無為，並非什麼事情都不做，反而是什麼事情都做，就是不做人民的主宰、不去主導人民該怎麼做，而是輔導、輔助、協助。為什麼說什麼事情都做？老子說「處眾人之所惡」，這難道不是什麼都做嗎？別人不願意做的事、吃的苦，他去做；別人要享受，他不享受；別人玩心機，他不玩心機；別人樂於處上，他樂於處下；別人爭先恐後，他卻後其身、外其身，他哪裡什麼都不做，他做的，是我們永遠也比不上的，這是真正的無為。

七、任繼愈說 (2015:7)：老子「主張愚民，和孔子的『民可使由之，不可使知之』的主張有一致的地方」。這是任氏對兩位聖人的誤解。老子不主張愚化人民，而主張不要讓人民去攀比，不要讓人民有貪慾，是所謂「無知」，是所謂「無欲」。而孔聖人所說「民可使由之，不可使知之」，也不是如任氏所說是愚民的意思，而是可以讓人民做事，例如繳稅、服徭役，但不可以刺激人民的欲望，也就是老子所說的「無欲」。詳細的解釋請看本書作者的「姐妹作」——《讀懂論語就能成功》。為什麼老子和孔子都主張不要讓人民起貪慾呢？原因很簡單：(1) 人一旦有貪慾，就很容易掉入邪惡之人的陷阱，相信有過被騙經驗的人都一定會同意我這個看法。(2) 人一旦有貪慾（所謂的貪慾就是不該得而想得），就很容易做壞事：強姦、偷拐搶騙、無所不用其極，這就是為什麼人不能有貪慾。(3) 真正聰明的人，不是貪心，而是布施，因為布施，才能有福報，相反的，有貪慾，縱情於聲色、欲望、佔有、控制，只會害了自己，讓自己貧窮下賤。

八、為什麼老子不尚賢？原因是，尚賢的話，那麼，成功的人只會有一兩個；不尚賢的話，成功的人可以有無數個。為什麼會有這種差別？原因是尚賢的話，標準只有一個、管道也只有一個。

九、很多人對老子有嚴重的誤解，以為老子的無為是什麼事情都不用做，讓人民自生自滅，這顯然是錯的。道家的統治者要做的事情非常之多，以至於他必須「受國之垢」、「受國不祥」。道家怎麼做？我以為漢武帝時候的牧羊人卜式是實現道家治理的典範。這邊，隨便舉幾個他的作法，其一、幫助家人：「親死，式有少弟，弟壯，式脫身出分，獨取畜羊百餘，田宅財物盡予弟。式入山牧十餘歲，羊致千餘頭，買田宅。而其弟盡破其業，式輒復分予弟者數矣。」其二、與人無紛爭，他說：「臣生與人無分爭。式邑人貧者貸之，不善者教順之，所居人皆從式，式何故見冤於人！」其三、捐大筆錢：「卜式持錢二十萬予河南守，以給徙民。」其四、不怕死。齊相卜式上書曰：「臣聞主憂臣辱。南越反，臣願父子與齊習船者往死之。」其五，不為得失所困。元鼎（西元前 116-111 年）中期，卜式出任御史大夫。元封元年，因反對鹽鐵官營，被調為太子太傅。其六、牧民如牧羊，惡者輒去。初式不願為郎，上曰：「吾有羊在上林中，欲令子牧

之。」式既為郎，布衣草而牧羊。歲餘，羊肥息。上過其羊所，善之。式曰：「非獨羊也，治民亦猶是矣。以時起居，惡者輒去，毋令敗群。」其實，孔老之道並無不同。孔聖也說：「舉直錯諸枉」，其中，錯諸枉即是卜式所說的「惡者輒去」，惡者要是不去，就會敗群。

　　十、相對於老子提出的「不見可欲」理論，美國國家安全顧問布熱欽斯基 (Zbigniew Kazimierz Brzezinski) 則提出奶頭樂理論（英語 tittytainment），這才是真正的愚民、弱民、洗腦的做法。根據《全球化的陷阱（德文 Die Globalisierungsfalle: Der Angriff auf Demokratie und Wohlstand；英文 The Global Trap: Globalization and the Assault on Democracy and Prosperity）》一書，奶頭樂理論是 1995 年九月，布熱欽斯基在舊金山 Fairmont Hotel 舉辦的一個會議上所提出，與會者都是世界上的頂尖人物，包括 Mikhail Gorbachev、George Bush、Margaret Thatcher、George Shultz、IT 產業的關鍵人物、企業家、銀行家、哈佛、牛津、史丹福大學的教授。討論的主題號稱是要解決「全球化」所帶來的一系列問題，其中最迫切的一個問題是貧富分化。如何解決這個問題，布熱欽斯基提出的方法是「奶頭樂」，也就是讓中產階級以及窮人沉迷於娛樂節目、明星八卦、色情、賭博、暴力型影視劇、遊戲、體育等等。這樣一來，中產階級以及窮人就沒有時間思考社會不公，也沒有能力反抗社會不公。基於「奶頭樂理論」的落實，很多國家已經失去抵抗力了，任由媒體裡面的專家、權威指導我們，誰是好人，誰是壞人，什麼政策是好的，什麼政策是壞的，而我們都已經被徹底洗腦而無法分辨。

　　十一、任繼愈說 (2015:7)：「在二十世紀六十年代的教育領導者還認為農村是改造思想、淨化靈魂的最佳環境，動員大批青年下鄉插隊，把大批共產黨員幹部送到『五七幹校』，改造世界觀。可以看到《老子》的使民無知無欲的影響二千多年還在起作用。」從這一段話，我看到任氏內心裡的些微正義感，不過，第一，他誤解了《老子》的使民無知無欲的意思；其二，他誤解了共產黨，以為共產黨的行為是受到中華文化的影響，其實，共產主義不只與中華文化毫無任何關係，更是用來消滅中華文化的屠刀。自古以來，沒有哪一個中國皇帝會做共產黨做的那些事情：破四舊、打倒孔家店、醜化孔子、老子、全國土地和財富全歸共產黨一黨所有，而共產

黨又歸一人所有，藉以控制所有人。提出共產主義的人，真是高明啊，借刀殺人！

十二、任繼愈 (2015:8 註①) 說：「戰國時期，周王朝沿襲下來的世官世祿制度日趨沒落，法家及墨家提出了尚賢的主張。提出了貴族沒才能，可以降為平民；平民有才能可以提拔做官。老子反對『尚賢』，認為這樣就將引起社會秩序動蕩。」老聖人確實不主張尚賢，但理由不是任氏所說怕「引起社會秩序動盪」，而是應該公平的對待賢與不賢。就像楊貴妃集三千寵愛於一身，這才有「安史之亂」。老子這裡說的「尚」就有「集三千寵愛於一身」的味道。因此，我也反對尚賢。換言之，賢不應推崇；不賢不應忽視。

十三、何謂虛？不存在偏見、能包容別人，簡單的說，就是包容、能夠放東西進去，這就是虛。

十四、強其骨為什麼重要，以至於老子還特地叮嚀？不要忘了，君主終日養尊處優、工作量大，以至於身體好的、有生育能力的，比例上並不高。

十五、由「不見可欲，使民心不亂」這句話，可見老子之善良。如果老子使壞，他想要別的國家亂，那麼，他的說法就是「勾引其慾望，使民心大亂」，不斷的去刺激別人的慾望，分化別的國家，這時候，別的國家自然就亂了，不用打仗，這個國家就被自己搞垮了。所以，說老子是陰謀家的，要不是誤讀，就是擺明了的污衊。

十六、哪些是「可欲」？按老子的說法：五色、五音、五味、馳騁畋獵、難得之貨。

十七、「虛其心、實其腹、弱其志、強其骨」，任繼愈的翻譯是：「（要）簡化百姓的頭腦，填飽百姓的肚子，削弱百姓的志氣，增強百姓的筋骨。」陳鼓應的翻譯是：「要使人心靈開闊，生活安飽，意志柔韌，體魄強健。」換言之，兩位前輩都把「虛其心、實其腹、弱其志、強其骨」四句話中的「其」理解為人民，但這是錯的，「其」非指人民，而是指統治者自身。

《老子原意》

版本差異比較

王弼	使夫智者不敢為也。為無為，則無不治
河上公	使夫智者不敢為也。為無為，則無不治
傅奕	使夫智者不敢為。為無為，則無不為矣
帛書甲本	使夫知不敢弗為而已，則無不治矣
本書主張	使夫智者不敢弗為而已，則無不治矣

理解差異比較表

不尚賢	任繼愈	不推崇有才幹的人
	陳鼓應	不標榜賢才異能
	沈善增	君主不自以為賢能
	明德	統治者不崇尚賢能的人
不貴難得之貨	任繼愈	不重視稀有的物品
	陳鼓應	不珍貴難得的財貨
	沈善增	不以難得的東西為貴重物品，佔為己有
	明德	統治者不看重稀有的物品
不見可欲	任繼愈	不接觸足以引起欲望的事物
	陳鼓應	不顯耀可貪的事物
	沈善增	不表露自己的意圖與嗜好
	明德	看不到會讓人生起欲望的東西
虛其心	任繼愈	簡化百姓的頭腦
	陳鼓應	使人的心靈開闊
	沈善增	要使他的心懷虛空
	明德	統治者要謙虛
實其腹	任繼愈	填飽百姓的肚子
	陳鼓應	生活安飽
	沈善增	胸腹精氣充實

弱其志	明德	統治者能填飽肚子就好
	任繼愈	削弱百姓的志氣
	陳鼓應	使人的意志柔韌
	沈善增	要減弱他的主觀意志
強其骨	明德	統治者不要好大喜功
	任繼愈	增強百姓的筋骨
	陳鼓應	體魄強健
	沈善增	增強責任感與承受力
	明德	統治者要鍛鍊好自己的身體
無知無欲	任繼愈	沒有知識、沒有欲望
	陳鼓應	沒有偽詐的心智，沒有爭盜的欲念
	沈善增	能長久的使人民揚棄逐利之知與感官之欲
	明德	沒有攀比、沒有貪慾
使夫智者不敢弗為	任繼愈	可使自作聰明的人不敢有所作為
	陳鼓應	使一些自作聰明的人不敢妄為
	沈善增	如果君主懂得凡事不要越俎代庖，衝在前面，不直接插手而完成
	明德	讓那些奸詐的人沒膽量去做壞事

問答

問一：「不尚賢，使民不爭」，應該怎麼理解為了使民眾不爭鬥就不去重用賢能之人這一觀點？

答一：(1) 鬥爭帶給社會什麼？自相殘殺。人民自相殘殺之下，誰會得到好處？是第三方、是外國人、是陰謀家、是獨裁者、是暗黑勢力 (deep state)。把鬥爭說成是好的，只不過是一種統治伎倆。夫妻要不要鬥爭？兄弟姐妹要不要鬥爭？師生要不要鬥爭？為什麼不要鬥爭？因為鬥爭就是中了陰謀家的詭計。同樣的，在國人之間也是如此。有人說，鬥爭是好的，是必要的，「是推動歷史進步的根本動力」，這種說法本身就是一種分化，只

會造成倒退，而非進步。所謂的倒退，是人民生活於恐懼恐怖之中；所謂的進步，是人民生活於自由富裕之中。

(2) 何謂尚賢？推崇賢人。推崇賢人會有什麼後果？紛爭。因為，既然賢人被推崇，那一定每一個人都爭當賢人，既然是爭，就會有人無所不用其極，這個社會也就永無寧日，就不會有公平的遊戲規則。

(3) 既然是尚賢，那麼，相對而言，不賢就要被踐踏、忽視，這樣對嗎？不對，我們要的社會或制度其實是每一個人都能被平等的重視。

(4) 賢者在位不等於崇尚，只是各盡所能、各司其職罷了，不需要推崇，不需要給予更多的賞賜、額外的獎勵。因為特別的獎勵，就是製造不公平、紛爭，不會帶給個人和社會幸福和寧靜。為什麼會發生 2008 年的全球金融海嘯，原因之一，就是華爾街給予他們的執行長 (CEO) 過高的報酬（這種薪酬策略是故意的），自然誘發他們敢於做出更高風險、更多在道德、法律邊緣的事情。

問二：「常使民無知、無欲，使夫智者不敢為也。」算不算是愚民？

答二：(1) 這是錯誤的理解老子的思想，無知並非讓人民沒有知識，而是讓人民不要有分別心。知者，分別也。有分別心就會計較、就會讓自己不快樂、就會看不到真相、就會被私心蒙蔽。如何讓人民不起分別心？不尚賢，尚本身就是一種分別。本身上位者要能做到大公無私，一視同仁，公平對待，該賞則賞，該罰則罰，不因為是親信而賞多罰少，不因為不是親信而冷落，這就是無知。上位者無知，人民自然容易無知。這裡的無知就等於天地不仁，以萬物為芻狗；聖人不仁，以百姓為芻狗，也就是禮記裡面說的「人不獨親其親，不獨子其子」。

(2) 常使民無知，不是愚民，相反的，是明民，讓人民變得明白，明白是非善惡。明白是非善惡不是藉由知識，而是藉由反璞歸真。

(3) 知識越多，越是傲慢，離道越遠，看看那些傲慢的知識份子，這也是為什麼老子說：「為學日益，為道日損。」帶給我們成功以及幸福的，不是知識，而是善良。相反的，知識份子的傲慢，終會帶給自己不幸，不會帶給自己幸福。

(4) 對此，王聖人陽明亦有所開示，他說：「記誦之廣，適足以長其傲

也；知識之多，適足以行其惡也；聞見之博，適以肆其辨也；辭章之富，適以飾其偽也。」我們不是不要知識，而是知識是末，致良知是本，能致得良知，沒有什麼問題解決不了，而即使有再多的知識，也不能保證什麼。保證幸福？不保證；保證發財？不保證；保證能當大官？不保證！保證抱得到美人歸？不保證。我們要的，只有一個東西，那就是致良知、是道，其他都是枝微末節，不能本末倒置。

(5) 對於這個問題可以分不同的層次來講，從較低的階層來講，「知」要理解為分別，而非知識；但是，從根本上來講，老子這裡的「知」，確實可以理解為知識。而為什麼老子要否定知識？原因是知識固然重要，但不是最重要，不是第一義。第一義是道、是樸、是王聖人陽明的致良知。王聖人引用孔聖人的話說：「吾有知乎哉？無知也。」良知之外，別無知矣。故致良知是學問大頭腦，是聖人教人第一義。今云專求之見聞之末，則是失卻頭腦，而已落在第二義矣。

(6) 再說一遍，再多的學問，如果心沒有開，也只是鸚鵡學語，不然就是鑽牛角尖；再多的學問都無法解決生死問題，只有從心性上修養，才能豁然開朗，這是老聖人（即老子）的苦心。

他版譯文

一、任繼愈：「不推崇有才幹的人，免得百姓競爭；不重視稀有的物品，使百姓不偷盜；不接觸足以引起欲望的事物，使百姓的心思不被擾亂。因此，聖人的治國原則，（要）簡化百姓的頭腦，填飽百姓的肚子，削弱百姓的志氣，增強百姓的筋骨，永遠使百姓沒有知識，沒有欲望。可使自作聰明的人不敢有所作為。依照『無為』的原則辦事，就沒有不成功的。」

二、陳鼓應：「不標榜賢才異能，使民眾不爭功名；不珍貴難得的財貨，使民眾不起竊盜；不顯耀可貪的事物，使民眾不被惑亂。所以，有道的人治理政事，要使人心靈開闊，生活安飽，意志柔韌，體魄強健。常使民眾沒有〔偽詐的〕心智、沒有〔爭盜的〕慾念。使一些自作聰明的人不敢妄為。依照無為的原則去處理世務，就沒有不上軌道的。」

《老子原意》

第四章

道，沖，而用之，或不盈。淵兮，始萬物之宗。（挫其銳，解其紛，和其光，同其塵。）湛兮，始或存。吾不知誰之子，象帝之先。

語譯

　　道，就像虛空一樣廣大，如果我們能行道，處理任何事情都能綽綽有餘。道源遠流長，根本就是所有生命的源頭。（道可以削弱對方的銳利、可以調解紛爭、可以使光芒變得柔和而不刺人、可以和世俗和諧共處。）道是看不到的，卻是實實在在的存在。我不知道，道是從哪裡來的？〔只知道〕在有上帝之前就存在了。

註釋

　　沖：通「盅」，讀音「終」，帛書甲本寫的是，該字底部皿的上面是一個沖字，而非中字，意思空虛。《說文》：「盅，器虛也。」
　　而用之：而，如果；用，本義為「可施行」，即使人、物發揮功能；之，道也。
　　或不盈：或，有也。——《小爾雅‧廣言》；盈：滿。
　　淵兮，始萬物之宗：淵，深。始，根本；萬物：所有生命；宗，祖先、源頭。
　　湛：讀音「佔」，沒（讀音莫），無也，猶言看不到、摸不著。
　　挫其銳：道可以削弱對方的銳氣、鋒利。挫，使減少規模或降低程度。
　　解其紛：解，消除；紛，糾紛、紛亂、災難。
　　和其光：使光芒變得柔和。
　　同其塵：和世俗同處。塵：世俗。
　　吾不知誰之子：我不知道「道」是怎麼產生的？是哪裡來的？
　　象帝之先：在天地出現之前就有了。象，形也，即形成，猶言存在。

帝，天帝、上帝。

明德說

挫其銳，解其紛，和其光，同其塵。這四句話應該是第五十六章的錯簡重出。惟帛書甲本也有此四句，疑在戰國時代，就已經出現重簡。

版本差異比較

一、

王弼、樓觀台	或不盈
帛書甲本	有弗盈也
本書主張	兩者都可以

說明：或不盈、有弗盈兩者同義，只是用字不同，因為，或＝有；不＝弗。

二、

帛書甲本	始萬物之宗	始或存
王弼	似萬物之宗	似或存
本書主張	從帛書	從帛書

說明：原文如果是「似或存」、「似萬物之宗」，那麼，整句話就解釋不通，因此，原文應該是「始或存」、「始萬物之宗」，這時候的「始」就做「根本」、「本來」、「確確實實」解。

他版譯文

一、陳鼓應：「道體是虛空的，然而作用卻不窮竭。深淵啊！它好像是萬物的宗主；幽隱啊！似亡而實存。我不知道是從哪裡產生的，但可稱它為天帝的宗祖。」

二、任繼愈：「道不可見，而他用不完。是那樣深沈啊，它好像萬物的祖先。〔它〕不露鋒芒，超脫糾紛，含蓄著光耀，混同著垢塵。是那樣無形無象啊，它似亡而實存。我不知道它來自何處，〔只知道它〕出現在上帝之先。」

《老子原意》

第五章

天地不仁，以萬物為芻狗。聖人不仁，以百姓為芻狗。天地之間，其猶橐籥乎！虛而不掘，動而愈出。多言數窮，不如守中。

語譯

　　天地大公無私，把所有的生命都當作牛、馬、羊、狗一樣看待〔，不去主宰牠們〕；聖明的統治者也是大公無私，對待臣民也都像牛、馬、羊、狗一樣〔，不去主宰他們〕。天地之間就像是一個大風箱，因為空虛，反而能夠用之不竭；越是付出，收穫就越多。話多，就會經常惹來麻煩，因此，最好是剛剛好。

字義

　　天地不仁：天地不親愛於某一個生命，即天地對待所有生命都是一視同仁，既不可能優待哪一個民族，也不可能優待哪一個國家。仁，親、愛也。

　　芻：吃草的牲口，例如牛、羊、馬，這些都是吃草的牲口。

　　虛而不掘：因為空虛，反而能夠用之不竭。虛，空；而，反而；屈，《集韻》《韻會》《正韻》讀音掘，竭盡、窮盡。按《前漢・食貨志》賈誼曰：「用之無度，則物力必屈。」不屈，不盡也。

　　動而愈出：動，勞動，也就是付出；出，收成、收穫、得到。

　　多言數窮：多言，言多，話太多。數，讀音碩，屢屢、經常的意思。窮，處境惡劣，意謂遭遇麻煩。

　　天地之間：天地之間一切的人事物。

　　橐籥：讀音「駝月」，即鼓風爐，也叫風箱。

　　守中：守著中道。守，保持、維持。中，中道也，也就是剛剛好，不多不少。

《老子原意》

明德說

一、仁者愛也。天地和聖人大公無私，不會對誰親愛，又對誰不親愛。不會只愛人，而不愛牲畜。太陽出來，不會只照射到壞人，而不照射到好人，這就是天地不仁。天上下雨了，雨不會只下到某甲的田地而不下到某乙的田地，這就是天地不仁。有時候，老天一直下雨，有颱風、有地震，這並不是老天要懲罰誰，不是，相反的，這就是天地不仁。

二、仁與不仁，只是不同的說法，一個從正面說，一個從反面說，兩者同出而異名。

三、有關芻狗：

(1) 至今為止，所有學者都把芻狗解釋成「古代祭祀時用草紮成的狗，在祭祀之前是很受人們重視的祭品，但用過以後即被丟棄。」這種理解是不對的。芻狗是芻和狗，也就是人們畜養的牛、馬、羊和狗。

(2) 如何對待？我們怎麼對待牛羊和狗？我們會偏愛某一隻羊、某一條牛、某一隻狗嗎？不會，我們不會把好的肉給某一隻狗，讓其他狗沒東西吃，我們也不會讓某一隻羊獨自擁有整個草場，而讓其他羊沒得吃。我們對待牛羊是一視同仁的。

(3) 如何管理？如何管理牛、羊、馬、狗？看過牧羊人嗎？看過放牛嗎？牛自己吃草，羊自己吃草，需要人去管嗎？我們讓牛、羊、馬、狗自由，而不去約束牠們，不是要讓牠們自生自滅，而是以這種方式最能照顧到牠們、最是愛護牠們，也是給自己最大的好處。那麼，聖人要做什麼？聖人所做的就是：首先、把牠們放到一個安全的草場，自己做好守衛的工作就可以；接下來、在這一個大的範圍內（，而非像現在的工業化畜牧業，圈養在籠子裡），牛羊自由自在的吃草，不去干預牛羊怎樣吃草或在什麼時候吃草或吃什麼草。於是，牛羊就成群了，主人就富有了。這就是老子的政治學、也是經濟學、也是社會學，更是倫理學。

(4) 有人對「天地不仁，以萬物為芻狗……以百姓為芻狗」做這樣的解釋：「天地根本就沒有仁愛，把世間萬物都當成草紮的狗，任其自生自滅。聖人也沒有仁愛，把所有百姓當成草紮的狗，對其不理不睬。」這樣的理解有偏差。首先，芻狗不是一個概念，而是兩個概念，不是草紮的狗，而

是芻和狗。其次，天地從沒讓世間萬物自生自滅，而是提供必要的資源：陽光、空氣、水、土、動物、植物、其他各種東西，但這些東西不是自動送上門來的，需要自己努力，把它／牠們變為資糧。其三、以萬物為芻狗的重點，不在於讓其自生自滅，而是讓其充份的伸展、不加宰制。對於聖人而言，聖人也不是對百姓不理不睬，如果是這樣的話，那還叫聖人嗎！正確的理解是：聖人對任何人都沒有偏私，對臣民百姓給予充份的尊重，不加宰制，以上才是「以萬物為芻狗、以百姓為芻狗」的正確理解。聖人不可能對百姓不理不睬，相反的，必然給予充份的保護，保護人民生命財產安全、心靈自由、讓人民充份的發揮才能、每一個人都能活出快樂、活出自己，這就是聖人的責任。為了能做到這樣，他必須大公無私、智慧高超、提拔好人、處罰壞人、隨時做好榜樣，時刻戒慎恐懼。老子之下的聖人，不但不是沒事幹的傢伙，反而是殫精竭慮、把好處讓給臣民，把責任、辛苦往自己身上背的苦行僧。以上我這種說法不是沒有根據的，看一看老子第七十八章：「受國之垢，是謂社稷主；受國不祥，是為天下王。」不正是我上面說的嘛！

(5) 以百姓為芻狗，才是聖人，相反的，把人民關起來，不給自由、甚至虐待百姓、欺騙百姓、威脅百姓、必要時餓死人民，那是魔鬼，不是人。

四、人本身就是一個橐籥。我們知道，橐籥有大小，這意謂著「虛」的部份有大小，「虛」的部份越大，能量就越大，「虛」的部份越小，他的力量就越小。

五、動而愈出：越付出，反而得到越多。越自私，反而越會失去。當我們在鼓風的時候，是不是越出力，火勢就越旺？就能更快的燒水、煮飯、鑄鐵，就是這個道理。

六、西諺有一句話：Speech is silver, silence is golden，翻成中文就是「雄辯是銀，沈默是金」。老子則說：「多言數窮，不如守中。」話說得剛剛好才是好，有時候，雄辯是金，有時候，沉默是金，都要看情況。

七、任繼愈說 (2015:12)：「本章是從政治上講『無為』的品格在於不講仁慈，不發議論，聽任事物的自生自滅。表明老子對事物的冷眼靜觀的態度。」從任氏的這一段話可知，任氏對老子認識不深。首先，老子是一

個非常熱心腸的人,他希望我們成功、自在、快樂,絕不是冷眼,否則,他不會教我們修道、要統治者做好榜樣。其次,老子的「無為」絕不是聽任事物的自生自滅,剛好相反,「損有餘而補不足」、「高者抑之、下者舉之」,這哪裡是放任事物自生自滅。第三、無為正是講仁慈,而非不講仁慈。因為統治者無為,人民都能發展自我,不受統治者的宰制,這不證明了是仁慈嗎?老子講「民之飢,以其上食稅之多,是以饑」,這不正說明了老子的仁慈,他不只在為民請命,還為統治者著想,這不都是老子仁慈的表現嗎?第四、老子從來沒有要人「不發議論」,老子說說話要恰到好處。

版本差異比較

王弼	虛而不掘
河上公	虛而不屈
本書主張	虛而不掘

說明:按老子《道德經》王弼注(武英殿聚珍版),當中寫著「文作掘,案屈釋」,換言之,王弼版本的原文是「虛而不掘」而非「虛而不屈」,後人把對的改成錯的了。原本,「屈」=「掘」,寫哪一個字,原本是無所謂,大家都知道意思一樣就可以,但是,讀音的關係,以及字形上,「掘」比用「屈」更能彰顯竭盡、窮盡的意思,因此,本書不寫屈,而寫掘。

理解差異比較表

芻狗	陳鼓應等人	用草紮成的狗,作為祭祀時使用。
	任繼愈	古代祭祀時用草紮成的狗。
	明德	牛、羊、馬等吃草的牲口以及狗
多言數窮	陳鼓應等人	政令繁苛反而加速敗亡
	任繼愈	議論太多,註定行不通。
	明德	話太多反而會給自己惹來麻煩
守中	陳鼓應等人	持守中虛

天地不仁	任繼愈	保持適中
	明德	持守中道
	陳鼓應等人	天地無所偏愛，任憑萬物自然生長
	任繼愈	天地是無所謂仁慈的，聽任萬物自生自滅
	明德	天地不偏愛誰

說明：一、陳鼓應等人把「多言數窮」理解為「政令繁苛反而加速敗亡」，不妥。「言」不需要理解為法令，理解為「話」即可。「數」也不需要如吳澄、馬敘倫理解為「速」。

二、陳鼓應把「天地不仁」理解為「天地無所偏愛，任憑萬物自然生長」，這是不準確的，天地並沒有「任憑萬物自然生長」，而是有一個規律和前提的，能夠順這一個規律和前提就能生長得好，否則就要遭到懲罰的。在這一個前提之內，萬物都是自由的，出了這個前提，那就不行了。同樣的，「聖人不仁」也是同一個道理，聖人不可能「任憑百姓自己發展」，而是有一個前提的，在這個前提之下，所有人都是自由的，出了這個前提，那就要遭受懲處了。這是老聖人為什麼會說「使夫智者不敢弗為」、「吾將鎮之以無名之樸」、「天之道，其猶張弓歟？高者抑之，下者舉之，有餘者損之，不足者補之」，所以，天地怎麼可能任憑萬物自然生長！

三、任繼愈把「天地不仁」理解為「天地是無所謂仁慈的，聽任萬物自生自滅」，這種理解也是不準確的。不仁，不能解釋為「沒有仁慈」，而是沒有偏愛，天地也並沒有聽任萬物自生自滅，而是早已準備好各種材料，就等待懂得的生命自己去利用。不懂得去利用，那就是愧對天地。

管理要義

一、一視同仁，才不會有糾紛、社會才會和諧，管理才能有效，否則，就像有漏洞的水桶，再怎麼注水，桶子都不會滿，那是白費功夫。

二、不要太自私，要想到別人，要對別人好，不要陷害別人，自己就會得到越多。

三、要虛心，越虛心，就會有越多人才效命，越自滿，人才就會一個一個走開。

四、給人民越大的自由，管理者自己就得到越大的自由，睡得安穩，國家也會越來越興旺，不會像秦朝一樣，只有十五年的國祚。

他版譯文

一、任繼愈：「天地是無所謂仁慈的，聽任萬物自生自滅；聖人是無所謂仁慈的，聽任百姓自生自滅。天地之間，不正像風箱一樣嗎？空虛而不會窮竭，越擠壓，風量愈多。議論太多，註定行不通，還不如保持適中。」

二、陳鼓應：「天地無所偏愛，任憑萬物自然生長；聖人無所偏愛，任憑百姓自己發展。天地之間，豈不像個風箱嗎？空虛但不會窮竭，發動起來而生生不息。政令繁苛反而加速敗亡，不如持守虛敬。」

《老子原意》

第六章

谷、神、不死，是謂玄牝。玄牝之門，是謂天地根。綿綿若存，用之不勤。

語譯

　　像山谷那樣空虛，進而像神那樣的變化莫測、威力無窮，進而達到「不死」的境地，到了這個時候，就可以稱為不可思議的虛靈。虛靈就是關鍵，就是天地萬物的根源。虛靈好像有、好像無，再怎麼用都不會窮盡。

字義

　　谷：兩山之間，其特徵是中間是空的。

　　神：神明，像神那樣明白、無不透徹、明朗；神，會意字。從示從申。「示」為啟示智慧之意。古代巫師認為圖騰是最為智慧與萬能的存在，可以從圖騰先祖得到啟示；「申」是天空中閃電形，古人以為閃電變化莫測，威力無窮，故稱之為神。

　　玄牝：不可思議的虛靈。玄：不可思議。牝：讀音聘，本義是鳥獸的雌性，這裡是指虛、空間、洞。

　　門：出入口，發生作用的起點。

　　綿綿：連續不斷。

　　勤：作盡講。

明德說

　　一、沒有虛，就什麼都沒有。虛得越徹底，能量越大、生命越長。所有的生命都有虛的地方，人當然也是。就身體而言，虛的地方是哪裡？是我們的七竅：口、兩耳、兩鼻孔、肛門、尿道，其實，人不是只有十竅而已，人體每一個地方都一定有虛、有空間、有空隙，例如：毛細孔必須是通的、血管也必須是空的，這樣，血才能流動，血管要是不空，那就是堵

塞，那就要出人命了；就精神而言，人要是不虛，就什麼知識都無法吸收、沒有學習能力，那就會死。

　　二、如何才能不死，必須達到至虛的境地。我們一般人雖然達不到，但是，追求虛這樣的能力是必須培養的。

　　三、這裡的谷是山谷的谷，不是五穀、稻穀的谷，這就是中共簡化字可能發生的弊端（簡體字裡面，穀寫成谷），也就是很容易對原文造成誤解。因此，我歷來主張取消簡化字。還有一個原因，那就是應該讓後代子孫能看得懂一千年前、兩千年前的文本，這時候，非得認得正體字不可，這是文化傳承的根本問題，而非次要、微不足道的問題。

　　四、谷、神、不死，是三個階段，隨著虛的不斷擴大，就從谷進而到神，最後到達不死。一般人連谷都不想，是孔聖所說：「力不足者，中道而廢，今汝畫」、「未之思也，夫何遠之有？」

　　五、任繼愈說 (2015:14)：「『谷』即山谷的谷，即虛空。谷神，即空虛之神，是萬物產生的總根源地（玄牝）。有形的萬物，大至天地，都是『空虛之神』的產物。萬物可以消滅，谷神是永存的；萬物有盡，『空虛之神』是無盡的。谷神也就是老子的『道』。」任氏這一整段話都有問題，無根無據，不知老子何時說了空虛之神？不知老子何時說了谷神也就是道？此外，谷是「象徵」、「比喻」虛空，而非「即」虛空，不可誤解。

版本差異比較

帛書甲本	浴神不死	用之不堇
王弼	谷神不死	用之不勤
本書主張	谷、神、不死	從王弼

說明：一、俞樾云：「浴」者「谷」之異字，換言之，浴＝谷。

　　二、「堇」，通「勤」，沒有不同。

斷句差異比較

王弼	谷神不死

《老子原意》

本書主張	谷、神、不死

說明：神會不會死？會死。因此，不會有「谷神不死」的這種說法。因此，必然是谷、神、不死三個階段。其實這三個階段還可以細分下去。

理解差異比較

玄牝	任繼愈	象徵著深遠的、看不見的生產萬物的生殖器官。
	陳鼓應	微妙的母性
	明德	不可思議的虛靈

他版譯文

一、陳鼓應：「虛空的變化是永不停竭的，這就是微妙的母性。微妙的母性之門，是天地的根源。它連綿不絕地永存著，作用無窮無盡。」

二、任繼愈：「『道』（谷神）永存，叫做『玄牝』。『玄牝』之門，是天地之根。無形而實存，用之不盡。」

第七章

天長地久。天地所以能長且久者,以其不自生,故能長生。是以聖人後其身而身先,外其身而身存。非以其無私邪?故能成其私。

語譯

　　天長地久。天地的壽命為什麼能夠如此長久?因為它們不考慮自己,因此能夠永恆不朽。因此,聖人總是把別人看得比自己重要,然而,這麼做的結果反而是自己變得重要起來;聖人總是不考慮自己的死活,然而,這麼做的結果,自己反而活了下來。聖人之所以世世代代被景仰,不正是因為他不考慮到自己的利益嗎?結果反而成就了他自己。

字義

　　不自生:不是為了自己而生存,也就是不考慮自己,而是為了別人的生存而存在。天地給我們什麼?給我們陽光、空氣、水、土壤、山、河等等等,天地給我們這些東西,有向我們收錢嗎?有要求我們回報嗎?沒有。因為沒有,所以我們永遠需要它們、永遠感謝它們。

　　長生:永恆不朽、永久存在。

　　後其身:把自己放在不重要的位置。後,不重要。身:生命、地位、自己。而身先:反而,自己變得重要起來,這裡是指被人景仰、推崇、崇拜、尊敬。先,重要。

　　私:自己。

　　外其身:不考慮自己的生命。外:度外,就是考慮之外。度是考慮。

　　非以其無私邪:難道不是因為他的無私嗎?以,因為。

明德說

　　一、人性的弱點:短視近利,因為短視近利,所以,容易被人利用。

二、老子是真正的為我們好，他就像一位慈祥的父親一樣告訴我們，不要吃糖果（眼前的利益、私利、美色、名利等等等），但是我們就像小孩子一樣，吵著要吃糖，而事實上，吃糖會把我們的牙齒、包括身體給搞壞。這是我們都知道的事啊！可是，當我們是小孩子的時候，我們願意聽嗎？不願意，我們只會吵、只想爭。我們雖然在年紀上都已經是大人、是老人了，但是，我們的習性還是像小孩子一樣，喜歡表面的東西、喜歡眼前的東西，這一點我們沒有改變。一般人只看到眼前的利益，表面上是成其私，長久來看，都是害其私；相反的，老子的做法，「後其身」和「外其身」，表面上是害其私，長久來看，卻是成其私。這個就是道，就是轉化，就是善良的果報。

三、天地因為不偏私（所謂不偏私就是對待所有生命都是一樣的：出太陽，每一種生命都能得到溫暖；發大水，每一種生命都受到威脅），因此，壽命才能長久。人也是一樣，越是不偏私，越能長久，這是從生生世世來看，不是從一生一世來看。

四、不自生故能長生的證明。例如武訓的行乞，完全不是為了他自己，而是為了那些沒錢讀書的孩子們，而最後成就了他自己。另外，孔聖人、老聖人、釋迦牟尼佛、文天祥、諸葛亮、漢文帝……還有很多人，他們都是不自生，不考慮自己的富貴、生命，只想到別人、想到該盡的義務，因此，很多人都景仰他們，他們也都活在人們的心中，生生世世。相反的，毛澤東這些人就是自生。

五、任繼愈說 (2015:16)：「這一章反映了老子的以退為進的思想特點。」任氏的這種說法也是對老子的誤解。老子並沒有要「以退為進」，任氏所說的「以退為進」就跟欲擒故縱一樣，都是謀略，可是老子本章不是講謀略，老子沒有要「進」要「擒」要「私」，老子要的是無私無我。兩者顯然不同，不可誤解

他版譯文

一、任繼愈：「天地長久。天地所以能長而且久，因為它的存在不為自己，所以能長久存在。因此聖人把自己位置放在最後，反而佔先，把自

己的利益置之度外，自己反得保全。不正是由於不考慮自己嗎？反而成全了自己。」

　　二、陳鼓應：「天地長久。天地所以能夠長久，乃是因為它們的一切運作都不為自己，所以能夠長久。所以有道的人把自己退在後面，反而能贏得愛戴；把自己置於度外，反而能保全生命。不正是由於他不自私嗎？反而能成就自己。」

《老子原意》

第八章

上善若水。水善利萬物而不爭，處眾人之所惡，故幾於道。居善地，心善瀟，與善仁，言善信，正善治，事善能，動善時。夫唯不爭，故無尤。

語譯

　　吉祥當中的最吉祥就是像水一樣。水擅長做有利於所有生命的事情，而且不與別人發生爭執。置身於所有人都不喜歡的地方〔，做所有人都不喜歡做的事情〕，如此，就接近道了。

　　選擇一個住所的時候，最重要的一件事情就是選個福地。

　　考慮事情的時候，最重要的一件事情就是要想得深遠〔、想得明白〕。

　　與人交往的時候，最重要的一件事情是自己要有愛心〔、要仁德〕。

　　說話的時候，最重要的一件事情是誠信；

　　為政，最重要的一件事情就是要從源頭治理起。

　　做事情，最重要的一件事情就是要有耐心〔，經得起挫折〕；

　　行動的時候，最重要的一件事情就是時機的掌握。

　　因為不與人爭，因此，不會有悔恨的事情發生。

字義

　　上善若水：上善，善之上者，也就是吉祥當中的最吉祥。善，吉祥。成玄英疏：「吉者，福善之事；祥者，嘉慶之徵。」若，像、似。

　　水善利萬物而不爭：善，擅長、善於。

　　處眾人之所惡：處，讀音楚，置身。惡，讀音「勿」，討厭、不喜歡、不願意。

　　幾：讀音機，幾乎、差不多。

　　居善地：居住，最重要的一件事是選擇一個好位置。居，住、停留。地，地點、位置。地，既指自然空間的地方，也指人為交往的環境。

心善瀟：心，思慮、謀劃；瀟，讀音訴，水深而清澈。

與善仁：與人交往最重要的是要有仁愛之心。與，與人交往；仁，仁愛之心。

言善信：說話最重要的一件事是誠信。

正善治：正，通「政」，為政也。治，自水的初始處、基礎、細小處開始，以水的特徵為法，進行的修整、疏通，是為治。

事善能：做事情，最重要的一件事是要有耐心。「能」，讀音耐，與「耐」通、經得起。《前漢‧晁錯傳》：「胡貉之人性能寒，揚粵之人性能暑。」《注》能，讀曰耐。

動善時：行動的時候，最重要的一件事是看準時機，不要早了，也不要晚了。

尤：過失、悔恨、錯誤。

明德說

一、何謂眾人之所惡？眾人：一般人。惡：不喜歡、討厭。人不喜歡被欺負、吃虧、辛苦、被人罵、被人批評、被人指責、失去、背黑鍋……但是，上善的人卻偏偏做這些事情，而樂在其中。

二、處眾人之所惡：例如武訓。乞丐是所有人都厭惡的，而武訓偏偏做別人不願意做的事情。他當乞丐，把乞來的錢全部拿出來蓋學校、請老師，讓學生免費讀書，這種做法跟常人完全相反。常人會怎麼做？當大官、賺大錢，都是為了自己以及自己的子孫。武訓的行為是正常人討厭、不願意做的。然而，武訓的行為完全符合了這句話：「善利萬物而不爭，處眾人之所惡。」眾人不喜歡什麼？不喜歡低下，喜歡高高在上。而水呢？剛好跟人相反，「人往高處爬，水往低處流」，為什麼往低處流？為了有利於人、有利於所有生命。水會跟人家爭嗎？不會。你擋住它，它就留在那邊；你放開它，它就繼續流，它可以適應任何環境，因為它不跟人家爭。為什麼說「水善利萬物」？因為，所有生命都需要水，沒有水就活不了。因此，水善利萬物。

三、關於不爭的幾點說明：

《老子原意》

(1) 老子說不爭完全是對的。如果你真的夠強，不用爭，大家都來找你。如果你的實力不夠，再怎麼爭，也是爭得後患無窮。我們絕大部份人的問題在於不夠強，因此，才想去爭。因此，我們該做的，不是去爭，而是培養誰都沒有的實力，這個實力是不取決於別人的需要與否的，也不是別人能決定的。就像孔子說的：「不患人之不己知，患其不能也。」怎麼才能強？處眾人之所惡，這是老子說的，故幾於道。

(2) 不爭就是水到渠成、順理成章、名正言順、萬眾擁戴、毫無爭議。

四、再說不爭：

什麼是爭？爭就是爭執、衝突。不爭不是什麼事情都不做，躺在那裡睡大覺。不爭是不需要爭執，就能把事情做好，就能得到我們想要的。

爭與不爭都可能得到我們想要的，是可能，不是一定。沒有說，爭就一定爭得到；也沒有說，不爭就什麼都沒有。兩者的差別在哪裡？一個有後患，一個無後患。爭有後患，不爭無後患。就像老子說的不爭是「歿身不殆」，一輩子都不會有一點點危險。而爭的結果可能會得而復失、被推翻、被抓去關、被剁成肉醬、被抄家滅族。

五、不爭之三：不爭的層次

不爭的層次：最高層，無執，沒有「有」、「無」的區別。第二層：讓。要，你就拿去。第三層，不爭吵。我要，但在不起衝突的前提下得到。

相（相即世間萬事萬物）的層次：無，然後有。有又分：精神和物質，精神在上（精神是指內心寧靜、家庭和睦、與人相處愉快），物質在下。物質又分等第：身體健康為一、權力為二、財富為三。根據這個原則，我們可以清楚知道，權力、財富不是不重要，而是它們的位階其實很低，也就是說，即使要爭，那也很不值得爭。

六、一直有人說，總是有人說，老子所說的不爭，不是不爭，而是不爭之爭，是一種所謂的「高效的競爭手段」，我對此深不以為然。我認為，老子所說的不爭，確實就是不爭，不爭就能得到幸福，為什麼還要爭？對此，孔聖人也說：「君子謀道不謀食。耕也，餒在其中矣；學也，祿在其中矣。君子憂道不憂貧。」只要把自己的學問道德修養好，不需要去爭，自然有餒有祿（關於餒的解釋，請看作者的另一本著作《讀懂論語就能成

功》），去爭，反而得不到。老子本章所說，確實是不爭，而非不爭之爭。我們大部份人都以為本章的核心在於「上善若水」，這是不對的。本章的核心在於「善利萬物而不爭、處眾人之所惡」，藉由「處眾人之所惡」得到「善利萬物」的能力。至於自己能得到什麼？要說有，那就是說不完，道不盡；要說沒有，那就對了。

七、不爭會吃虧嗎？不爭就吃虧了，這是絕大多數人的認知。然而，在我看來，不爭不只不會吃虧，還能佔便宜，原因就在於越是不爭，得到越多；越爭，失去越多，這是老子「反的道理」。

八、居善地，就地理條件而言，居，不只是指住房，還包括一個人所處的周圍環境，這周圍環境包括小至鄰居，中至辦公處所、學習環境，大至國家政權，這些全都是這裡所指的「居」。其中，就住房這件事情，最重要的考慮就是選擇一個好的地理位置，而不是房價高低、房子大小、房子外表等等。我們的房子若不是建在福地上，而是建在凶地上，那麼，就會引來不幸，即使房子的價格很高、建材很好、外觀很宏偉，都變得沒有意義。

九、居善地，心善瀟，與善仁，言善信，正善治，事善能，動善時：以上統稱「七善」。其中的「善」應理解為最重要的一件事。因此，七善就是人一生中最重要的七件大事的應對方式。

十、老子說的「動善時」，與孔子說的「山梁雌雉，時哉！時哉！」，說的都是同一件事情，也就是對於時機的完美把握。

十一、中共學者張松如說：「下面七句（按指居善地……動善時），都是水德的寫狀，又是實指上善之人，亦即通過水的形象來表現『聖人』乃是道的體現者。」任繼愈也有同樣的理解，他把七善理解為「像水那樣」（居住要〔像水那樣〕安於卑下……行為要〔像水那樣〕待機而動），對此，我有不同的看法。我認為，七善無關於水，因此，說「水有七德」是牽強附會。那麼，為什麼兩者沒有相關呢？首先，水只是「幾於道」，而非就「等於道」。因此，水不等於道。其次，七善的內容是接著「幾於道」的「道」來的，「七善」指涉的是「道」，而非「水」，即有道之人或求道之人所表現或應該注意的七個最重要的面向及其答案，那就是：居、心、

與、言、正、事、動。

十二、「正善治」除了理解為「為政，最重要的一件事就是要從源頭治理起」之外，還可以有另一種解釋，那就是「要別人有所匡正，最好的做法就是以別人樂於接受的方式去引導」，其中，「正」理解為「改正」，「治」理解為「怡」，也就是別人樂於接受的方式。

問答

問一：第八章中，為什麼這樣上善的水是處在眾人所厭惡的地位呢？

答一：因為 (1) 鐵定不會發生與人爭執，因為沒有人會去那個地方，例如武訓，有誰會跟他爭著當乞丐？沒有。處眾人之所惡：這裡的惡，是不喜歡。眾人不喜歡什麼？低下。眾人喜歡高高在上。(2) 如果沒有處在人所厭惡的地方，就沒有鍛鍊的機會。「不經一番寒徹骨，焉得梅花撲鼻香」、「歲寒，然後知松柏之後凋也」都在說明同樣的道理。

問二：老師認為官員是實現自己的政治理想更重要，還是順應民心更重要？

答二：就一個好的政治人物而言，兩者沒有衝突；就一個邪惡的政治人物而言，只有自己的利益，既沒有人民的利益，也沒有國家的利益，例如自古至今的那些獨裁者。

問三：老師認為民選官員的弊端和好處都分別在哪裡？

答三：首先，要有一個正確的觀念。官員民選才是正當的，官員不是民選就不是正當的。為什麼？因為這是社會契約、是政治學的第一條原理。我們之所以組成政治社會，就是因為在原始社會之下，個人力量不足以保護自己，於是，我們透過共同體的力量來保護自己，才成立國家的。換言之，我們成立國家的目的，不是為了讓君主來利用我們、虐待我們、殘害我們、犧牲我們而來成就統治者的任性和權勢。不是的，相反的，官員是我們的管家，是用來保護主人的生命財產的。人民才是國家的主人，而官員只是人民的管家，既然如此，官員當然是由人民來選擇，怎麼可能不由人民選擇，而由少數幾個人自己選擇，這當然是顛倒了天經地義。所有的

政治權力的取得都必須經過人民的同意,因此,官員必須是民選,否則,就是不正當的,就是竊取人民手中的權力,都必須給予推翻。

版本差異比較

王弼	上善若水	水善利萬物而不爭	處眾人之所惡	故幾於道
河上公	上善若水	水善利萬物而不爭	處眾人之所惡	故幾於道
傅奕	上善若水	水善利萬物而不爭	居眾人之所惡	故幾於道
帛書	上善治水	水善利萬物而有靜	居眾之所惡	故幾於道矣
本書主張	從王弼	從王弼	從王弼	從王弼

王弼	居善地	心善淵	與善仁	言善信	正善治	事善能	動善時
河上公	居善地	心善淵	與善仁	言善信	正善治	事善能	動善時
傅奕	居善地	心善淵	與善人	言善信	政善治	事善能	動善時
帛書	居善地	心善瀟	予善信	缺	正善治	事善能	躗善時
本書主張	從王弼	從帛書	從王弼	從王弼	從王弼	從王弼	從王弼

王弼	夫唯不爭	故無尤
河上公	夫唯不爭	故無尤
傅奕	夫唯不爭	故無尤矣
帛書	夫唯不靜	故無尤
本書主張	從王弼	從王弼

理解差異比較

上善若水	河上公	上善之人,如水之性
	任繼愈	最高的善像水那樣
	陳鼓應	上善的人好像水一樣
	沈善增	最能幹的人治水

《老子原意》

	明德	吉祥當中的最吉祥就是像水一樣
水善利萬物而不爭	河上公	水在天為霧露，在地為源泉也
	任繼愈	水善於幫助萬物而不與爭利
	陳鼓應	水善於滋潤萬物而不和萬物相爭
	沈善增	使水既能恰到好處給萬物帶來利益，又能保持靜態
	明德	水擅長做有利於所有生命的事情，且不與別人爭執
居善地	河上公	水性善喜於地，草木之上即流而下，有似於牝動而下人也
	任繼愈	居住要（像水那樣）自安於卑下
	陳鼓應	居處善於選擇地方
	沈善增	善於居處有利的地位
	明德	居住，最重要的一件事是選擇一個好位置
心善淵	河上公	水深空虛，淵深清明
	任繼愈	存心要（像水那樣）深沉
	陳鼓應	心胸善於保持沈靜
	沈善增	心胸也像深淵似地能容納百川
	明德	思慮，最重要的一件事是要深遠、明白
與善仁	河上公	萬物得水以生。與虛不與盈也。
	任繼愈	交友要（像水那樣）相親
	陳鼓應	待人善於真誠相愛
	沈善增	善於通過論功行賞來廣施仁愛
	明德	與人交往，最重要的是要有仁愛之心
言善信	河上公	水內影照形，不失其情也
	任繼愈	言語要（像水那樣）真誠
	陳鼓應	說話善於遵守信用

	沈善增	善於說服別人、宣傳自己的主張
	明德	說話最重要的一件事是誠信
正善治	河上公	無有不洗，清且平也。
	任繼愈	為政要（像水那樣）有條有理
	陳鼓應	為政善於精簡處理
	沈善增	缺
	明德	為政，最重要的一件事就是要從源頭治理起。
事善能	河上公	能方能圓，曲直隨形。
	任繼愈	辦事要（像水那樣）無所不能
	陳鼓應	處事善於發揮所長
	沈善增	辦事非常有能力
	明德	做事情最重要的是要有耐心
夫唯不爭，故無尤	河上公	壅之則止，決之則流，聽從人也。水性如是，故天下無有怨尤水者
	任繼愈	正因為他〔像水那樣〕與物無爭，才不犯過失。
	陳鼓應	只因為有不爭的美德，所以沒有怨咎
	沈善增	就因為不能保持靜態，所以沒有突出的成就
	明德	因為不與人爭，因此，不會有悔恨的事情發生

他版譯文

一、陳鼓應：「上善的人好像水一樣。水善於滋潤萬物而不和萬物相爭，停留在大家所厭惡的地方，所以最接近於道。居處善於選擇地方，心胸善於保持沈靜，待人善於真誠相愛，說話善於遵守信用，為政善於精簡處理，處事善於發揮所長，行動善於掌握時機。只因為有不爭的美德，所以沒有怨咎。」

二、任繼愈：「最高的善像水那樣。水善於幫物萬物而不與爭利，它停留在眾人所不喜歡的地方，所以最接近道。居住要〔像水那樣〕安於卑

下，存心要〔像水那樣〕深沈，交友要〔像水那樣〕相親，言語要〔像水那樣〕真誠，為正要〔像水那樣〕有條有理，辦事要〔像水那樣〕無所不能，行為要〔像水那樣〕待機而動。正因為他〔像水那樣〕與物無爭，才不犯過失。」

第九章

持而盈之，不如其已。揣而梲之，不可長保。金玉滿堂，莫之能守。富貴而驕，自遺其咎。功遂身退，天之道。

語譯

　　容器裡面的水若是滿了，不如就不要再加水了。握著銳利的木棍，是無法長久這麼做的。滿屋子都是金銀財寶，這是守不住的。富貴卻驕傲，就會給自己帶來災禍；事情做成功了之後，就要離開那個地方，這才是最重要的道理。

字義

　　持而盈之，不如其已：即見好就收，不要不滿足。持而盈之，即「持盈」，拿著已經滿著的杯子。持，拿著、握住。盈，盛滿容器、往器皿裡連續添加。不如，最好是。已，停止、罷了。

　　揣而梲之：即「揣梲」，握著銳利的木棍，意謂鋒芒畢露。揣，藏、放或是抓、握；梲，讀音卓，棱角尖刺的木棍。

　　自遺其咎：給自己帶來災禍。遺，留下、帶來、導致。咎，災禍。

　　功遂身退：遂，成功。退，離開、辭去。

　　天之道：最重要的道理。天，第一。

明德說

　　一、持而盈之，不如其已：很多人不知足，在已經有的富、貴、嬌妻之後，還希望擁有更多的財富、美女、權力，如果不知足，就會遭來不幸。偏偏，大部份的人都不知道，他的容器早已經滿了，以至於還在繼續加水，其後果也就可以預知。

　　二、揣而梲之，不可長保：鋒芒畢露的話，是無法長久的，一定會帶來不幸。

三、任繼愈說 (2015:19)：本章「表達了對待事物、對待生活的總的原則是多一事不如少一事，出頭露面，容易受挫折，犯錯誤。此種小農意識，今天仍然流行，如『槍打出頭鳥』、『出頭的椽子先爛』的諺語。」本章不在說明「多一事不如少一事」、老子也沒有任氏所謂的「小農意識」，本章在說明那些大富大貴、有權有勢的人要懂得適可而止，不要過份了。要是過份了，就要遭殃。

版本差異比較

王弼	揣而梲之
河上公	揣而銳之
本書主張	從王弼

理解差異比較

持而盈之，不如其已	任繼愈	要求圓滿，不如不幹
	陳鼓應	執持盈滿，不如適時停止
	明德	見好就收，不要不滿足
天之道	任繼愈	天「道」恆常
	陳鼓應	指自然的規律
	明德	最重要的道理

問答

問：第九章中提到「功遂身退，天之道」，老師如何看到激流勇進和功成身退兩種不同的選擇？

答：進與退都不是必然的，都是要看條件的。該生則生該死則死、該進則進、該退則退，不是為了自己而進，也不是為了自己而退。

他版譯文

一、任繼愈：「要求圓滿，不如不幹。尖利又鋒芒，難以保久常。金玉

堆滿堂，誰能長守藏。富貴又驕縱，自己招禍殃。功成快抽身，天『道』恆常。」

　　二、陳鼓應：「執持盈滿，不如適時停止；顯露鋒芒，銳勢難保長久。金玉滿堂，無法守藏；富貴而驕，自取禍患。功業完成，含藏收斂，是合於自然的道理。」

第十章

載、營、𣲙，抱一，能無離乎？專氣致柔，能嬰兒乎？滌除玄覽，能無疵乎？愛民治國，能無知乎？天門開闔，能無雌乎？明白四達，能無為乎？（生之，畜之。生而不有，為而不恃，長而不宰，是謂玄德。）

語譯

　　身體、意識、本性（本體），這三者能夠合一不分離嗎？能夠做到讓氣集中專一，來達到身體像嬰兒般的柔軟嗎？消除不可靠的觀點，能做到一點瑕疵都沒有嗎？想要愛民、治國，能夠做到不分別嗎？藉由守靜（方法是讓念頭越來越少、呼吸減弱）的功夫，能夠做到讓我們的元神（靈魂、神識）隨時可以離開和回到身體嗎？想要什麼事情都明白、想要到哪裡都走得通，能夠不幫助別人嗎？（我們創造了一個生命，養育了一個生命，但不因此而把他據為已有；幫助人家卻不因此居功。使一個生命成長茁壯，卻不因此而宰制他。能夠做到以上所述，就稱為玄德，也就是具有像上天一樣化育萬物的恩澤。）

字義

　　載：載即是乘坐、承載，指承載我們的營與𣲙的那個東西，其實，就是我們的身體。

　　營：謀求也，就字面上來說，是心之所向，也就是人的意識的活動。

　　𣲙：讀音「伯」，本性也。《中華字海》把「𣲙」說成「魄」，不對。「𣲙」、「魄」是不同的兩個概念。

　　抱一：抱，密合。一，統一、專一、純一。

　　載營𣲙抱一，能無離乎：身體、意識、本性統一這件事，能隨時隨地都不離開嗎？也就是我們能隨時隨地保持身、心、性的統一嗎？

　　氣：不是氣體，而是一種能量，是每一種生物都具有的能量，氣存在

於生命體之內。沒有氣，生命也就死了，有氣，生命才得以存在。氣是無形的，但是，是存在的，就像電一樣。電的道理與氣的道理是一樣的，雖然我們看不到，但是是存在的，而且，一定要透過氣的帶領，身體的機能，例如呼吸、血液的流動等等，才能發揮作用。

滌除玄覽：滌除，清除；玄覽，不可靠的看法。玄，不可靠；覽，觀點、看法。

天門開闔：腦門開啟和關閉，實指元神離開我們的肉體和回到我們的肉體。天門即腦門也。天者頭也；門，出入口。

為雌：守靜、禪定。

能無為乎：為，讀音位，幫助的意思，按《詩經‧大雅‧鳧鷖》：「公尸燕飲，福祿來為。」《韓非子‧二柄》：「越官則死，不當則罪，守業其官，所言者貞也，則群臣不得朋黨相為矣。」

畜，讀音序，養的意思。

生而不有：我們創造了一個東西，卻不把他據為己有。例如父母親生下孩子，但不把孩子視為自己的所有物，而是尊重他，給他自由。「生」，生下、創造。有，據為己有。

為而不恃：幫助人家卻不因此居功。「為」讀「未」，幫助的意思，言有功勞。恃讀「是」，是依賴、依仗、仗著的意思。

長而不宰：養育但不支配。長：養育。《詩經‧小雅‧蓼莪》：「父兮生我，母兮鞠我，拊我畜我，長我育我。」宰：支配、主宰。

玄德：天德，玄，天也。玄德就是天德，也就是天的德性，是上天化育萬物的恩澤。

明德說

一、「生之，畜之。生而不有，為而不恃，長而不宰，是謂玄德。」這段話重見於第五十一章，但由於文義與上文似乎沒有接續關係，疑為錯簡。

二、根據帛書甲本，本章第三個字為洦，但不是「魄」，也不同於「魄」。我認為，「魄」不是老子的原文，至少在帛書甲本不是，而是後

來人的誤解。然則,「洦」是什麼意思?我認為可以說文解字,「示」為神事,而「白」是像太陽之明。因此,「洦」的意思是像神那樣明白,如何可以像神那樣明白?當一個人看到自己本來面目的時候,「洦」的意思若用一個字表示,那就是性。何謂「性」?性就是心的本,是心之母,是心生出來的地方,因此,性又稱本心、本性,是清淨、沒有污染的心。因此「洦」不是「魄」,也不是身體。「洦」與「營」在這裡是一個相對立的概念,簡單的說,營是意識、有所求的心、是污染的心、是想做好事、想做壞事的心、是關懷、思惟、排斥、分別、計較的心,「洦」則是沒有污染、清淨、沒有分別的本心。營與「洦」有何區別?營會死,而「洦」不會死。也就是人死了之後,載也死了(消失了,不存在了),營也死了(消失了,不存在了),但「洦」還在,只是不再依附死了的那個軀體。

三、所有註家都把第一句話「載營洦抱一」理解為精神與形體兩個東西,但我認為是三個東西,分別是:身體、意識和本體,而本體就是性,也就是老子這裡寫的洦。

理解差異比較

載	王弼	猶處也
	任繼愈	該字屬於第九章末句的一部份,也就是「天之道載」,而「載」為「哉」。
	陳鼓應	語助詞,猶「夫」也。
	明德	身體
營	王弼	營魄,人之常居處也,一人之真也
	任繼愈	形
	陳鼓應	魂
	明德	意識
玄覽	王弼	極覽
	任繼愈	靜觀
	陳鼓應	雜念

	明德	不可靠的看法
天門開闔	王弼	天門，謂天下之所由從也。開闔，治亂之際也
	任繼愈	強弱對立
	陳鼓應	感官和外界接觸
	明德	腦門開啟和關閉
能無為乎	王弼	能無以為乎
	任繼愈	能保持無為嗎？
	陳鼓應	自然無為
	明德	能不助人嗎？

版本差異比較

王弼	魄	愛民治國，能無知乎	天門開闔，能無雌乎	明白四達，能無為乎
帛書甲本	袙	愛民治邦，毋以知乎	天門啟闔，能為雌乎	明白四達，能毋以為乎
傅奕	魄	愛民治國，能無以知乎	天門開闔，能為雌乎？	明白四達，能無以為乎
樓觀台	魄	愛國治民，能無為乎？	天門開闔，能為雌乎？	明白四達，能無知乎
河上公	魄	愛民治國，能無為	天門開闔，能為雌	明白四達，能無知
本書主張	從帛書	愛民治國，能無知乎？	天門開闔，能無雌乎？	明白四達，能無為乎？

他版譯文

一、陳鼓應：「精神和形體合一，能不分離嗎？結聚精氣以致柔順，能像嬰兒的狀態嗎？洗清雜念而深入觀照，能沒有瑕疵嗎？愛民治國，能自然無為嗎？感官和外界接觸，能守靜嗎？通曉四方，能不用心機嗎？生長萬物，養育萬物。生長而不佔有，畜養而不依恃，導引而不主宰，這就

是最深的「德」。」

　　二、任繼愈：「神與形合一，能不離失嗎？守氣又柔弱，能像嬰兒嗎？清除雜念，深入靜觀，能無瑕疵嗎？愛民及治國，能不用智力嗎？強弱對立時，能甘居柔弱嗎？聰明過人，能保持無為嗎？讓萬物生長、繁殖；生養了萬物而不佔有；推動了萬物而不自以為盡了力；涵蓋萬物而不干擾。才是深遠的德。」

第十一章

三十輻共一轂，當其無，有車之用。埏埴以為器，當其無，有器之用。鑿戶牖以為室，當其無，有室之用。故有之以為利，無之以為用。

語譯

　　三十根木條匯集在一個車轂上。只有當車轂留有中空的地方，車子的功能才能發揮出來。用水和黏土燒製的器皿，其中心部位一定是空的，如此，器皿的功能才得以發揮。要蓋一個房子，一定要有門有窗，這樣，房子的功能才能發揮。因此，無中生有，好處就來了。有中有無，有的功能才得以發揮。

字義

　　輻：車輪中連接車轂和輪圈的直木、木條。
　　轂：車輪中心的圓木、軸心。轂，讀音「谷」。
　　當其無：當它有空的部份的時候。無：空也，但不是沒有，而是有，是虛體。所謂虛體就是摸不到，看不到，但是存在。
　　有車之用：用，功用、功能。
　　利：好處、益處。
　　埏埴以為器：埏埴讀音「珊直」。埏，用水和土；埴，黏土。器，用具的總稱。
　　鑿戶牖：鑿，凡穿物使通都稱鑿。戶，單扇門。牖，窗子。
　　有之以為利：無中生有（創造），才能得到好處。世界上所有的東西都是無中生有來的。有，實體。利，得到好處。
　　無之以為用：有中有無，有的功能才得以發揮。

《老子原意》

明德說

　　一、任何一種器具都一定包含兩個部份：實體（有）和虛體（無），實體是我們看得到的部份，虛體就是實體所框起來的空間。不會只有實體，也不會只有虛體，實體和虛體構成了一個器具。

　　二、只有當一個建築物有中空的部份，才會出現房子的用處：居住、禦寒、保護、空氣流通等。這時候，才能稱之為房子。

　　三、沒有「房子」這個有，光是無，那就只是一塊空地，那麼，無的價值就看不出來。因此，「無」必須藉由「有」，無的意義才能產生。同樣的，「有」也必須立足於「無」，有的用處才能實現。如果沒有一塊空地，就不可能出現一個房子。因此，無是前提。沒有無，就不可能有有。無，不是沒有，無，是一個空間。

　　四、實體與用處的關係。一個實體要發揮他的用處，一定要有「無」的部份；沒有無的部份，實體無法發揮作用。相反的，單單有無的部份，沒有實體，無的價值也不會出現。用處要透過「無」來體現，是「無之以為用」。

　　五、我們想要實現一個目標、功能、用處，需要有一個實體作為媒介，這個實體就是有。

　　六、有一個東西，我們才能利用它。但要能發揮它的用處，要透過無。

　　七、功能（無）和用具（有）的關係。我們要實現某種功能，一定要有一個用具，而用具要能發揮功能，一定要有無。比方說，我們想要避寒，一個好方法就是蓋一個房子，這就是有之以為利，但是，房子不能密不通風，一定要有門、窗和空間，這樣，人才能住進去，空氣才能流通，人才會健康，而這個能讓人、空氣出入的空間就是無。

　　八、我們要實現一個功能，滿足我們的願望，一定是由兩部份組成的，一部份是有，一部份是無。例如：我們要儲存食物，那就需要一個用具，而這個用具也一定要有中空的部份，這個中空的部份就是用，這樣，這個用具才能儲存食物，達到我們想要的作用。

　　九、張默生說「本章是說明無的用處」，這種說法不對。本章在說明，要發揮一個功用，必須有無同時，不能只有有，也不能只有無，這就像要

生一個孩子,不能只有男生或只有女生。這才是老子這一章的意思。而老子這一章中連續用了三個「當其無」,只不過在提醒一般人只看重有而輕忽無、只看重「大人物」而忽視「小人物」的這一個嚴重問題而已。

十、馮友蘭說:「《老子》所說的『道』,是『有』與『無』的統一。因此,他雖然是以『無』為主,但是也不輕視『有』。他實在也很重視『有』,不過不把它放在第一位就是了。」馮友蘭的這種說法是誤解了老子,老子不是以「無」為主,而是有無本是一體、相互依存、缺一不可。

十一、「有之以為利」的「有」,其實是「無中生有」的省略;而「無之以為用」的「無」,其實是「有中有無」的省略,一旦明白了當中的省略,整句話就很清楚了。

問答

問一、第十一章最後一句「有之以為利,無之以為用」該怎麼理解?

答一:我們要實現一個願望,一定是由兩部份組成的,一部份是有,一部份是無。例如:我們要儲存大米,那就需要一個用具,這個用具是由兩部份組成的,一部份是有,一部份是無,有無必須同時存在,才能發揮用處。又例如我們要做一個水缸來存水,這個水缸一定有中空的部份,沒有這個中空的部份,就無法發揮它的用處。這個中空的部份,也就是無,這個部份就是用。而有的那個部份,我們稱之為利。

問二、在第十一章裡,老子一直在強調「有」和「無」之間的關係,他是想表達什麼,還請老師解釋一下。

答二:有無不只相生,還互相成就、離不開對方。有不能沒有無,無也不能沒有有。任何東西要能發揮作用,都必然是如此,否則就是死了、就沒有用處了。無越大,有就越大。有越大,反過來證明他的無就越大。何謂無?容量、空間,這個容量是以虛、空的型態出現的,看不到的存在。何謂有?實體,看得到的存在。大海和池塘,哪一個無大?大海;哪一個有大?大海。我舉一個例子,房子的功能要能發揮,除了有鋼筋水泥磚頭之外,還必須有空的地方,沒有空的地方,人就住不進去,房子就發揮不了它的功能,這就是有無相成(,有無不只相生,還相成)。整個世界的

道理就這麼簡單，從來都是彼此成就的，從來不會只有一方受利，而另一方受害；或是只有一方受害，而另一方受利的。如果有，那只是自己的說的，而非事實。例如，騙人的人，這時候，我們看到的是，騙子得利了，而被騙的人受害了，這只是眼前的事實，而非究竟，因為，騙子，終究是要付出代價的；又例如，我舉辦讀書會，看起來好像你們得利了，我做這個事情，又沒有工資，又花時間，看起來我沒得利；事實上，我也得利了，只不過不是錢，而是其他或是經驗或是智慧什麼的。教學相長，這是必然的。當然，我舉辦讀書會，並非想要從中得到什麼，完全沒有的，就只是想做而已。想把好的東西跟你們分享而已、想對你們有利而已，至於對自己有利不利，這不是我會去考慮的。

理解差異比較

有之以為利	任繼愈	「有」所給人的便利
	陳鼓應	「有」給人便利
	明德	無中生有，就能得到利益。
無之以為用	任繼愈	完全靠「無」的作用。
	陳鼓應	「無」發揮了它的作用
	明德	有中有無，有的功能才得以發揮。

他版譯文

一、任繼愈：「三十條輻集中到一個轂，有了轂中間的空洞，才有了車的作用。搏擊陶泥做器皿，有了器皿中間的空處，才有器皿的作用。開鑿門窗造房屋，有門窗四壁的空間，才有房屋的作用。所以，『有』所給人的便利，完全靠『無』的作用。」

二、陳鼓應：「三十根輻條匯集到一個轂當中，有了車轂中空的地方，才有車的作用。揉合陶土做成器具，有了器皿中空的地方，才有器皿的作用。開鑿門窗建造房屋，有了門窗四壁中空的地方，才有房屋的作用。所以『有』給人便利，『無』發揮了它的作用。」

第十二章

五色令人目盲；五音令人耳聾；五味令人口爽；馳騁畋獵令人心發狂；難得之貨令人行妨。是以聖人為腹不為目，故去彼取此。

語譯

　　過於追求視覺的享受，就會導致眼瞎；過於追求聽覺的享受，就會導致耳聾；過於追求味覺的享受，就會導致失去味覺。沉溺於騎馬、打獵，就會導致失去理性、做出傻事；沈迷於不容易得到的東西，就會阻礙我們前進的步伐。因此，聖明的人不追求感官的享受，只要能填飽肚子就好。因此，聖明的人不去沾惹五色、五音、五味、馳騁畋獵、難得之貨，而選擇過簡單樸素的生活。

字義

　　五色：指過於追求視覺享受。五色：指青、赤、黃、白、黑。
　　五音：指過於追求聽覺享受。五音：指宮、商、角、徵、羽。
　　五味：指過於追求味覺享受。五味：酸、苦、甘、辛、鹹。
　　口爽：失去味覺。爽：失。
　　馳騁畋獵：意謂不務正業、沉迷於遊戲、玩耍。馳騁，騎馬；畋獵，打獵。畋，讀音「田」。
　　心發狂：指失去理性、做出傻事。狂，精神不正常。
　　行妨：即妨行，即妨礙我們前進。行：行動。妨，妨礙。
　　目：感官享受。
　　腹：肚子，這裡指填飽肚子，不讓肚子挨餓即可，引申為簡單樸素的生活。
　　去彼取此：「彼」指的是「目」，也就是五色、五音、五味、馳騁畋獵、難得之貨。「此」指的是「腹」，也就是填飽肚子，不用考慮好不好

吃。

明德說

一、章旨：好的統治者不鼓勵慾望，因為慾望會帶來鬥爭，而是要人簡單、純樸過生活，這樣，人（統治者以及臣民）才會得到真正的幸福。

二、為腹不為目的「為」，讀音位，表「為了」。腹，肚子，指肉體的生存；為腹為了填飽肚子。目，眼睛，也就是「看」的意思。我們看到錢，想要錢，看到房子，想要房子，看到帥哥，想要帥哥，看到名車，想要名車，看到什麼想要什麼，因此，「目」在這裡指的是過多的慾望，包括前面所說的五色、五音、五味、馳騁畋獵、難得之貨。

三、有關難得之貨。貨，財物。哪些東西不容易得到？(1) 稀有的實體物品，例如：黃金、鑽石、富春山居圖、財富等等；像馬雲、王健林、李嘉誠那樣；(2) 權力：做大官；(3) 名聲：各行各業當中很有名的人，像劉德華、周星馳、馮小剛等那樣的名人；(4) 美色：像哈爾濱、重慶、成都的美女。這四樣東西都是難得之貨，在追求難得之貨的過程中，以及在得到之後，都會令人行妨。何謂令人行妨：表面的意義是讓人的行動變得不方便，想去哪裡都不能隨意自在，而內在的意義則是會讓人的良心變壞，做出傷天害理、見不得人的事情。

四、任繼愈說 (2015:25)：「本章提倡用不接觸的辦法對待社會上出現的新的事物，表現出古代農民、小生產者對文化生活的牴觸情緒，認為新生事物破壞了人們樸素的自然生活。」任氏對本章的理解有誤。首先，本章完全沒有提到如何對待新生事物，本章是說「為腹不為目」，也就是不要被五光十色給迷惑欺騙了。其次，任氏所說的「新生事物」無關「純樸的自然生活」。人心要變壞很容易，不需要新生事物，錢財、權力、美色，哪一樣是新生事物？沒有一樣是。

理解差異比較

行妨	任繼愈	引起偷和搶
	陳鼓應	傷害操行

為腹不為目	明德	妨礙前進
	任繼愈	只求肚子吃飽,不為著好看
	陳鼓應	只求安飽,不求縱情於聲色之娛
	明德	只求填飽肚子,不追求感官享受。

他版譯文

一、陳鼓應:「繽紛的色彩使人眼花撩亂;紛雜的音調使人聽覺不敏;飲食饜飫會使人舌不知味;縱情狩獵使人心放蕩;稀有貨品使人行為不軌。因此,聖人但求安飽而不逐聲色之娛,所以摒棄物欲的誘惑而保持安定的生活。」

二、任繼愈:「繽紛的色彩,使人目盲;動聽的音樂,使人耳聾;豐美的食品,使人口傷;追逐獵物,使人心發狂;新奇物品,引起偷和搶。因此聖人只求肚子吃飽,不為看著好看。」

第十三章

寵辱若驚，貴大患若身。何謂寵辱若驚？寵為下。得之若驚，失之若驚，是謂寵辱若驚。何謂貴大患若身？吾所以有大患者，為吾有身，及吾無身，吾有何患。故貴以身為天下，若可寄天下。愛以身為天下，若可託天下。

語譯

　　遇到受寵和受辱，反而要害怕。過於重視自己反而會給自己帶來大不幸。如何理解「寵辱若驚」？受寵並非好事。得到寵愛反而要害怕；失去寵愛反而要害怕，這就叫做「寵辱若驚」。如何理解過於重視自我反而帶來大禍患？我為什麼會有大難？是因為我在乎自己，要是我能做到不再在乎自己，我有什麼好擔心的呢？因此，一個把天下人都當作自己那樣來珍貴的人，這樣的人，才可以把天下託付給他；一個把天下人都當成自己來愛惜的人，這樣的人，才可以把天下託付給他。

字義

　　寵辱若驚：寵，偏愛、溺愛。辱，被壓下去、挫敗。若，而 (but)，然而、但是、卻，表示語義轉折；驚，害怕、恐懼。
　　貴大患若身：即「貴身若大患」的倒裝，即過於重視自我反而帶來大患。貴，重視、過於重視；身，自己、自身、自我，例如《論語・學而》「吾日三省吾身」的「身」指的當然不是我們的身體，而是我們自己、自身。若，反而；大患：大難。
　　何謂：怎麼說、如何理解。
　　得之若驚，失之若驚：之，指前述「寵為下」的「寵」。
　　及吾無身：及，達到。無身，沒有自己。具體來說，包括身體上沒有自己以及意識上沒有自己。什麼叫「身體上沒有自己」？比方說，我們好逸惡勞、喜歡舒服的感覺，那就不是「身體上沒有自己」。那什麼叫「意

識上沒有自己」？那就是不把自己當回事，不要以為「只有我對」，以為「這世界沒有我不行」。

吾有何患：我有什麼好憂慮的呢？患，憂慮、擔心。

貴以身為天下：為「貴天下以為身」的倒裝。意思是重視天下人民就像重視自己一樣。貴，重視。天下，天下人民。以為，當作。為，讀音圍。身，自己。

若可寄天下：才可以把天下託付給他。若，乃、才。按《國語‧周語中》：「必有忍也，若能有濟也。」寄，寄託。天下，指政權，也就是總統、國君的大位。

愛以身為天下：為「愛天下以為身」的倒裝。意思是珍愛天下人就像珍愛自己一樣。愛，珍愛。天下，天下人。以為，當作。身，自己。

若可託天下：若，才。託，託付。寄、託兩字是同義複詞。

明德說

一、在本章中，最難解的地方有兩個，第一個是「若」的解釋；第二個是倒裝句的理解，若不理解句子有倒裝，就無法理解老子的意思。

二、本章中的「若」有兩個意思，分別是「反而」以及「才、乃」。先從第一個意思「反而」開始。幾乎所有人都把「寵辱若驚」、「貴大患若身」的「若」解釋成「像」。例如任繼愈把「貴大患若身」的若解釋成「像」，這是不對的。此外他把「貴大患若身」說成是「把患得患失像生命一樣看重」，問題是，這是什麼意思呢？諸君看得懂他在說什麼嗎？我是看不懂。「若」在這裡，不解釋成「好像」，而應解釋成「反而」。

三、再來說「若」的第二個意思「才、乃」。「若可寄天下」、「若可託天下」這一部份，大家的註解都沒有問題，這時候的若，確實該解釋成「才、乃」。

四、再來說倒裝句。「貴以身為天下」、「愛以身為天下」都是倒裝句，還原之後是「貴天下以為身」、「愛天下以為身」。這裡的「天下」實是「天下人民」的簡稱。重視天下人民就像重視自己一樣的人，才可以把天下人民託付給他；珍愛天下人民就像珍愛自己一樣的人，才可以把天

下人民託付給他。當一個人看到另一個人痛苦了,他就想著趕快幫他解決痛苦,這樣的人,才可以支持他當國君;當一個人把別人看得就像自己一樣的重要,這樣的人,才能支持他當國君。相反的,自私自利的人,絕不能選他當總統,當然,我們也不能選這樣的人當我們的朋友或終身伴侶。

五、受寵若驚,這我們可以理解,然而,為什麼受辱也要若驚呢?原因是一般人受辱的反應一般是,要嘛怨天尤人、一蹶不振,例如項羽自刎烏江時說「天亡我也,非戰之罪也」;要嘛是憤怒、暴跳如雷。這兩種反應都是正常反應,但是不對。很少人會在受辱之後害怕,進而找出受辱的原因,進而修正自己的心態和行為的。

六、「寵為下」就是被寵愛不是一件好事情。老子這樣的觀點與一般人的認知相反,卻是對的。被寵愛確實不是一件好事。因為就人的天性而言,人一旦被寵,通常會恃寵而驕,於是就會做出危險的事情,比如霸道跋扈、目中無人,於是,無形中一定得罪了很多人,慢慢慢慢,就要面臨惡果,甚至滿門抄斬。其次,被寵愛的人,隨時要提心吊膽,擔心有朝一日,自己不被寵愛了,你說,這樣的日子好過嗎?而一旦我們真的被寵愛了,怎麼辦?老子說,要「得之若驚」,不只不能恃寵而驕,反而要戒慎恐懼,要像老子在第十五章說的,要「豫焉若冬涉川,猶兮若畏四鄰」。

七、不只是「得之若驚」,「失之也要若驚」。因為「失之」和「受辱」一定是有原因,因此,要想清楚是什麼原因導致失之、受辱,要感到害怕,想想自己做錯了什麼或是被誤會了什麼。做錯自然要改過,若是被誤會了或被誣陷了,可以解釋就解釋,解釋不了也不用在意。

八、為什麼要受寵若驚、受辱若驚?因為,我們在這兩個時候最容易犯錯啊!我們人喜歡被寵,這其實不是好事情。同樣的,我們也都喜歡盈,這也不是好事情。盈者滿也。我們都喜歡滿足欲望,可能嗎?滿足欲望本身就是一種陷阱,讓人陷入痛苦。因此,老子說「不欲盈」,不要想要滿足自己的慾望。因為他知道,欲望滿足之後的結果是什麼,那就是毀滅。

九、陳鼓應把「寵為下」理解為「得寵是不光榮的。下即卑下之意」,這樣的理解不對。「下」,不是卑下,而是不好,就如同抽籤抽到上籤或下籤的「上」或「下」一樣。上意謂好;下意謂不好。而任繼愈把「寵為

下」的「寵」理解為「虛榮心」，也是不對的。

十、陳鼓應認為本章強調「貴身」，這種說法不對，本章在強調「無身」，而非「貴身」。蓋老子說「及吾無身，吾有何患」，就是在說無身，無身者，無我也。

十一、王弼把「寵辱若驚」理解為「寵必有辱，榮必有患」，這樣的理解完全是不對的。老子講這句話的用意，不是想表達「寵必有辱」或「榮必有患」，而是在說，當一個人得志（寵）或不得志（辱）時，應該要有的心態，那就是要「驚」，要戒慎恐懼，不要因為得志而忘乎所以，也不能因為不得志，就垂頭喪氣、憤恨不平。

十二、任繼愈把「貴以身為天下」理解為「只有對天下並不看重的人」，不對；他把「愛以身為天下」理解為「只有珍愛自己，對天下也不患得患失的人」，也不對。

版本差異比較

王弼	寵為下
河上公	辱為下
陳景元、李道純	寵為上，辱為下
帛書甲本	寵之為下
本書主張	寵為下

理解差異比較

寵辱若驚的「若」	任繼愈	以至於
	陳鼓應	都
	明德	卻，表示語義轉折
寵辱若驚	任繼愈	〔人們〕患得患失以至於驚恐
	陳鼓應	得寵和受辱都感到驚慌失措
	明德	遇到受寵和受辱，反而要感到害怕
寵辱若驚的「驚」	任繼愈	驚恐

《老子原意》

	陳鼓應	驚慌失措
	明德	戒慎恐懼
貴大患若身	任繼愈	把患得患失像生命一樣看重
	陳鼓應	重視身體好像重視大患一樣
	明德	過於重視自己反而會給自己帶來大不幸
寵為下	任繼愈	虛榮心本來就卑下
	陳鼓應	得寵仍是下等的
	明德	受寵並非好事
為吾有身的「身」	任繼愈	自己
	陳鼓應	身體
	明德	自己
貴以身為天下，若可寄天下	任繼愈	只有對天下並不看重的人，才可寄以天下的重任
	陳鼓應	能夠以貴身的態度去為天下，才可以把天下寄託給他
	明德	一個把天下人都當作自己那樣來重視的人，才可以把天下託付給他
愛以身為天下，若可託天下	任繼愈	只有珍愛自己，對天下也不患得患失的人，才可以把天下的重任託付給他
	陳鼓應	以愛身的態度去為天下，才可以把天下委託給他
	明德	一個把天下人都當成自己來愛惜的人，才可以把天下託付給他

他版譯文

　　一、任繼愈：「〔人們〕患得患失以至於驚恐，把患得患失像生命一樣看重。什麼叫做患得患失以至於驚恐？虛榮心本來就卑下，得到它，為之驚喜，失去它為之驚懼，這就叫做患得患失以至於驚恐。什麼叫做把大患像生命一樣看重？我所以有患得患失毛病，由於遇事總是考慮自己，若

不考慮自己，我還有什麼憂患呢？所以只有對天下並不看重的人，才可寄以天下的重任，只有珍愛自己，對天下也不患得患失的人，才可以把天下的重任託付給他。」

二、陳鼓應：「得寵和受辱都感到驚慌失措，重視身體好像重視大患一樣。什麼叫做得寵和受辱都感到驚慌失措？得寵仍是下等的，得到恩惠感到心驚不安，失去恩惠也覺驚恐慌亂，這就叫做得寵和受辱都感到驚慌失措。什麼叫做重視身體和重視大患一樣？我所以有大患，乃是因為我有這個身體，如果沒有這個身體，我會有什麼大患呢？所以能夠以貴身的態度去為天下，才可以把天下寄託給他；以愛身的態度去為天下，才可以把天下委託給他。」

《老子原意》

第十四章

視之不見名曰夷。聽之不聞名曰希。搏之不得名曰微。此三者不可至計，故混而為一。一者，其上不皦，其下不昧，繩繩不可名，復歸於無物。是謂無狀之狀，無物之象，是謂惚恍。迎之不見其首，隨之不見其後。執今之道，以御今之有，以知古始，是謂道紀。

語譯

　　看不到的那個存在，我們稱之為「夷」；聽不到的那個聲音，我們稱之為「希」；雖然存在但捕捉不到的那個東西，我們稱之為「微」。夷、希、微三者是無法到達、也是無法想像的。夷、希、微彼此是無法分離的，因此，我們不說是三個東西，而是一個東西的三種樣態。

　　這樣的一種東西，從上面看，它並不明亮；從下面看，它也不昏暗。往裡看，卻看不到底，最後看到的是什麼？根本沒有東西。因此，這個東西，看起來是有個樣子，其實是沒有樣子；看起來是有個形狀，其實是沒有形體，這種情形稱之為惚恍。直面它，看不到它的頭；跟在它後面，也看不到它的尾巴。掌握此時此刻的道理，就能夠掌握現世所有的一切，就能夠知道過去的事情的來龍去脈，到了這個境界，就稱之為「道紀」。

字義

　　視之不見名曰夷：之，指示代名詞，指「有個東西」。
　　搏：讀音博，本意是用搜索的方式捕捉，引申為攫取。
　　不可至計：無法到達、無法想像。至，到達；計，設想。
　　混而為一：混，摻雜、合；一：本體。
　　皦：讀音腳，潔白、明亮。
　　昧：昏暗、不明。
　　繩繩：繩字的本義是「可以無限接續延長的索帶」。因此，繩繩：無

限。「糸」指「纖維」。「毌」本指「吃食少而繁殖多」，引申為「可以無限制低成本繁衍」。「糸」與「毌」合起來表示「可以無限制低成本接續延長的纖維索帶」。說明：古代繩子多用草、麻等植物纖維用手工搓成。必須延長時，可以手工散開繩子的一端，把另一股草、麻纖維用搓的辦法接續上去，手續簡便，成本低廉。

狀：樣子。

象：形狀。

復歸：又回到。

執今之道：執，掌握；今，當下。道，道理。

道紀：對來龍去脈都清楚、真正對每件事情都明白。道：從頭走到尾。紀：絲的頭緒、條理。

明德說

一、老子說的「一」，我理解為本體。

二、不可至計的並不是只有「夷」、「希」、「微」，就我所知，至少還有嗅而不得、思而不得、味而不得。雖然我沒有給「嗅而不得」、「思而不得」、「味而不得」賦予名字。

三、為什麼說「夷」、「希」、「微」其實是一個東西呢？例如我這個人，你聽到我的聲音知道是我，你摸到我的身體知道是我，你看到我的樣子知道是我，你看到、摸到和聽到的我，是無法分成三個部份的，就是一個我。本能這個東西也是一樣無法切割成三個部份，那三個部份只是一個整體的不同呈現面貌，其實，本體的面貌不只三種，還有更多種，只是不需要一一列舉，而老子只簡單列舉了我們比較容易把握的三種面貌。

四、我以為，「此三者，不可致詰（或至計），故混而為一」這一句話的原文有問題，以至於經由上下文，或許能了解老子想要表達的意思，但在文字一對一的解釋上是說不通的。我以為老子的意思是「分開來看，是夷、希、微三個東西，其實是一個東西的三種面貌（或稱三個角度）」。

理解差異比較

能知古始	任繼愈	能借鑑古來的經驗
	陳鼓應	宇宙的原始或「道」的端始
	明德	能知道過去事情的來龍去脈
道紀	任繼愈	道的規律
	陳鼓應	道的綱紀
	明德	對古往今來的每件事情都清楚明白

版本差異比較

帛書甲本	不可至計	一者，其上不皦	執今之道，以御今之有	以知古始
傅奕	不可致詰	一者，其上不皦	執古之道，可以御今之有	能知古始
王弼	不可致詰	其上不皦	執古之道，以御今之有	能知古始
本書主張	從帛書	從帛書	從帛書	從帛書

他版譯文

一、任繼愈：「看它看不見，叫做『夷』，聽它聽不到，叫做『希』，摸它摸不著，叫做『微』。這三者無法進一步追究，它實在是一個東西。從上面看〔它〕並不明亮，從下面看〔它〕也不陰暗，渺茫難以形容，回到無形無象的狀態，這叫做沒有相狀的相狀，不見形體的形象，這叫做『惚恍』。從對面看不見它的頭，從後面看不見它的背。根據古來的『道』以治理當前的國家（有），能借鑑古來的經驗，就是『道』的規律。」

二、陳鼓應：「看它看不見，名叫『夷』；聽它聽不到，名叫『希』；摸它摸不著，名叫『微』。這三者的形象無從究詰，它是渾淪一體的。它上面不顯得光亮，它下面也不顯得陰暗，它綿綿不絕而不可名狀，一切的運動都會還回到不見物體的狀態。這是沒有形狀的形狀，不見物體的形象，叫它做「惚恍」。迎著它，看不見它的前頭；隨著它卻看不見它的後面。

把握著早已存在的道,來駕馭現在的具體事物。能夠了解宇宙的原始,叫做道的規律。」

第十五章

古之善為道者，微、妙、玄、通，深不可識。夫唯不可識，故強為之容。豫兮若冬涉川；猶兮若畏四鄰；儼兮其若客；渙兮若冰之將釋；敦兮其若樸；曠兮其若谷；混兮其若濁；澹兮其若海；飂兮若無止。孰能濁以靜之徐清。孰能安以動之徐生。保此道者不欲盈。夫唯不欲盈，是以能敝而不成。

語譯

　　古時候的得「道」人，行蹤隱密、料事如神、清淨無為、通透人事，因為道行深不可測，所以，從外表根本就看不出來。因為看不出來，因此，只能勉強形容他大概是怎樣的一個人：他就像在冬天裡要涉水過河的大象一樣，步步為營；他就像一種名叫猶的動物一樣，害怕四周圍的鄰居，時時警戒著；他的外表莊重，就像到別人家裡作客一樣；他能量充沛，就像就要融化的冰川，隨時能釋放出巨大的能量；他是那麼誠懇，就好像一點都沒有修飾；他的心胸是那麼豁達開朗，就像山谷一樣；他就像混濁的水一樣，讓人看不清楚；他給人的感覺是恬靜安然，就好像水波紆緩的大海一樣；然而，有時，又像疾風吹個不停。誰能夠在混濁的世界中靜下心來，一步一步達到清楚明白的境地？誰能夠在安定的環境中做出改變，慢慢的成長？能夠這麼做到的人，他不想要把容器盛滿。正因為不想要盛滿容器，所以，能夠接受缺憾而不要求完美。

字義

　　善為道者：對道很有專研的人，也可以說是得道的人。善，精於、擅長。為，從事。
　　微、妙、玄、通：微，行蹤隱密；妙，神妙（料事如神）；玄，清靜無為；通，通透、通達。
　　識：辨識。

強為之容：強，勉強；容，形容。

豫兮若冬涉川：豫，象之大者。涉，步行過水。川，河流。

猶：「猶，猨類也，性多疑。」《說文》：「玃屬。從犬，酋聲。」《集韻》：「居山中，聞人聲豫登木，無人乃下。」

儼兮其若客：儼，恭敬、莊重；客，客人。

渙兮若冰之將釋：渙，水很大，形容充沛；冰，冰川；釋，融化。整句翻成白話就是，他，精力充沛，隨時都能像冰川融化那樣釋放出巨大的能量。冰之將釋，意謂著冰還沒釋，處於爆發前的狀態。就像水壩蓄積大量的水，一旦開閘，就能釋放出巨大的能量。

敦兮其若樸：敦，誠懇；樸，不加修飾。

曠：豁達寬廣。

混兮其若濁：他就像混濁的水一樣，讓人看不清楚。混，渾濁，水多泥多雜質而不清澈等意思。濁，混亂。

澹兮其若海：澹，水波紆緩的樣子。

飂兮若無止：飂，讀音「聊」，《字彙補》亦作飈，疾風聲。

靜之徐清：靜，沈澱；徐，緩慢、一步一步的；清，清澈。

動之徐生：動，使起作用或變化；生，發展長大。

保此道者不欲盈：保，看守住、保持、維持。盈，連續盛水直到溢出為止。

敝而不成：敝，敗壞、不好的東西，意謂缺憾。成，全也，即圓滿、十全十美。

版本句讀差異比較

一、根據樓觀台版本，本書在「混兮其若濁」之後加入「澹兮其若海；飂兮若無止」兩句話。雖然王弼、帛書甲本都沒有這兩句話，但我認為樓觀台版本才是對的。

二、究竟是「蔽不新成」、「蔽而新成」還是「敝而不成」？任繼愈和陳鼓應都認為是「蔽而新成」，因此，任繼愈的解釋是「看似保守，卻不斷取得成功」，陳鼓應的解釋是「去故更新」；但我認為是「敝而不

成」，因此，我的理解是：能夠接受缺憾而不要求完美。

三、「豫兮若冬涉川」的「豫」要解釋成「大象」，而非任繼愈、陳鼓應所說的小心謹慎，雖然整句話是「小心謹慎」的意思。

四、

王弼	古之善為士者	微妙玄通	儼兮其若容
帛書甲本	古之善為道者	微妙玄達	儼兮其若客
傅奕	古之善為道者	微妙玄通	儼若客
本書主張	從帛書	微、妙、玄、通	從帛書

王弼	夫唯不盈	蔽不新成
帛書甲本	夫唯不欲盈	是以能蔽而不成
傅奕	夫惟不盈	是以能敝而不成
本書主張	從帛書	從帛書

理解差異比較

微妙玄通	任繼愈	細微、深刻而通達
	陳鼓應	精妙通達
	明德	行蹤隱密、料事如神、清淨無為、通透人事
豫兮若冬涉川	任繼愈	事先謹慎啊，像冬天涉水過河
	陳鼓應	小心審慎啊，像冬天涉足江河
	明德	他就像在冬天裡要涉水過河的大象一樣，步步為營
儼兮其若客	任繼愈	恭敬嚴肅啊，像對待賓客
	陳鼓應	拘謹嚴肅啊，像做賓客
	明德	他的外表莊重，就像到別人家裡作客一樣
渙兮若冰之將釋	任繼愈	流動灑脫啊，像春冰將融
	陳鼓應	融和可親啊，像冰柱消融

	明德	他，精力充沛，隨時都能像冰川融化那樣釋放出巨大的能量
混兮其若濁	任繼愈	包容一切啊，像江河的不擇細流
	陳鼓應	渾樸純厚啊，像濁水一樣
	明德	他就像混濁的水一樣，讓人看不清楚
不欲盈	任繼愈	不求滿盈
	陳鼓應	不自滿
	明德	不想要盛滿容器

問答

問：「孰能濁以靜之徐清？孰能安以靜之徐生？保此道者，不欲盈。」想表達的是什麼？

答：為什麼不欲盈？因為物極必反。一旦盈了，那接下來就是月盈則虧，就往下走了。有誰願意往下走呢？既然沒有，那就要不欲盈。

他版譯文

一、任繼愈：「古時有道的人，細微、深遠而通達，深刻到非一般人所能理解。正因為非一般人所能理解，所以要〔對他〕勉強加以描述：事先謹慎啊，像冬天涉水過河，反覆考慮啊，像提防鄰國的圍攻，恭敬嚴肅啊，像對待貴賓，流動灑脫啊，像春冰將融，厚重啊，像未經雕鑿的素材，曠遠啊，像深水幽谷，包容一切啊，像江河的不擇細流，誰能使渾濁停止？安靜能使它澄清。誰能安定而長久？變動會打破安靜。有道的人不求滿盈。正因為〔他〕不求滿盈，看似保守，卻不斷取得成功。」

二、陳鼓應：「古時善於行道之士，精妙通達，深刻而難以認識。正因為難以認識，所以勉強來形容他：小心審慎啊，像冬天涉足江河；警覺戒慎啊，像提防四周的圍攻；拘謹嚴肅啊，像作賓客；融和可親啊，像冰柱消融；淳厚樸質啊，像未經雕琢的素材；空豁開廣啊，像深山的幽谷；渾樸純厚啊，像濁水的樣子；誰能在動盪中安定下來而慢慢的澄清？誰能在安定中變動起來而慢慢的趨進？保持這些道理的人，不肯自滿。只因他

《老子原意》

不自滿,所以能去故更新。 」

第十六章

致虛極，守靜篤。萬物並作，吾以觀復。夫物芸芸各復歸其根。歸根曰靜，是謂復命；復命曰常，知常曰明。不知常，妄。妄，作凶。知常容，容乃公，公乃王，王乃天，天乃道，道乃久，沒身不殆。

語譯

達到虛空的極致，把靜牢牢守住〔，守到極致，守到再小的聲音、再遠的聲音都聽得到，這時候，就會出現一種情形，那就是〕，此時，我可以看到各種生命同時出現。因此，得以看到各個生命的輪迴。這世界上的生命是如此之多，多到算不完，然而，即使如此，所有的生命都是一樣的要回到他的來處。回到本來的地方稱為止息，只有止息才能重新恢復生命。重新恢復生命是必然的，能掌握事物的本質，就稱為明白。不能掌握事物的本質，就會誤判。誤判，就會做出不利於自己的事情。知道那些永遠不變的道理之後，對所有的事情都會變得能夠包容；能夠包容，才能公平；能夠公平，才能成為一方的首領；能成為一方的首領才有機會得到天下；得到天下之後，就要以道治理天下；能夠以道治理天下，寶座才能坐得久，而且，終身不會有危險〔、人民都樂於服從〕。

字義

致虛極：致，達到。虛：空；極：極致。

守靜篤：守：守護，不要有任何閃失。靜：不動，心不動，一念不生。篤：堅持、專一。

萬物並作：萬物，所有生命。並，同時、一起；作，出現。

吾以觀復：以：得以、才可以。觀：觀察、看到。復：輪迴、重新、再度、週而復始。

夫物芸芸：即芸芸眾生。夫，發語詞，無義。物，生命；芸芸：眾多。

復歸其根：復：再、再一次、重新；歸：回到；根：根本、源頭、起點。

　　歸根曰靜：回到源頭才能說是靜，才能說是處於一種不動的狀態。歸根：回到源頭、回到起點。靜，息也，按《禮·月令》：百官靜事毋刑。

　　是謂復命：回到源頭之後，又開啟了另一個生命的循環，這就是「復命」。復命：即命復，也就是生命又重新開始，也就是佛教的輪迴。命：活也。復命，又重新活了過來，但是，已經到另一個世界了，也就是生了死，死了又生，生了又死，死了又生，這樣的週而復始的過程就叫復命。

　　復命曰常：所有的生命都會經歷從生到死，再從死到生，這樣循環的過程是永遠不會有改變的。常：不變。

　　知常曰明：能夠掌握不變的道理的，才能說是明白。知，掌握；常，經久不變，猶言本質。按《廣雅》：「常，質也。」明，明白、聰明。

　　妄，作凶：妄：虛妄，即認假為真，猶言誤判；作：做出。凶：惡，也就是不利於自己的事情。

　　容：盛、包容、容納所有。

　　公：公正、公平、客觀。

　　王：統治、領有一國或一地、首領。

　　天：顛、至高無上，這裡指天下主。

　　道：正確的方法，這裡指「公」，即公正、公平、客觀。

明德說

　　一、王弼版本的文字是「不知常，妄作凶」，但是帛書甲本、乙本都作「不知常妄妄作凶」，我認為帛書才是原文，而非王弼版本。那麼，帛書的原文要如何句讀？我把它讀為「不知常，妄。妄，作凶」。換言之，本句有兩個「妄」字，而非只有一個。然而歷來的字典，不管是《漢典》、《教育部國語辭典》、《教育百科》、《新華字典》等，都把《老子》本章的這一部份讀成「不知常，妄作，凶」，而把「妄作」作為一個概念來理解。但是，不應該讀「妄作」，而應該讀「妄，作凶」。

　　二、「不知常，妄。妄，作凶」的「妄」字，是什麼意思？陳鼓應、

任繼愈等人都把它理解為「輕舉妄動」，非也。妄，虛也，也就是以假為真、以真為假、以多為少、以少為多、以有為無、以無為有、以惡為善、以善為惡。換言之，也就是誤判。那麼，為什麼我們會誤判呢？因為「不知常」，也就是未能掌握事物的本質。常者，不變者，猶如「江山易改，本性難移」，就是這裡的常。如果我們有能力掌握人事物的本質，那麼，我們就具備了火眼金睛，就沒有凶，只有大順。

　　三、「不知常，妄。妄，作凶」的例子，處處都是，這也是為什麼很多人終究失敗的原因，原因就是沒有掌握事物的本質，最終沒有好下場。柳宗元的寓言故事「臨江之麋」最能說明老聖人的這一句話。臨江之麋是怎麼死的？很簡單，它沒有掌握到犬的本質，還把犬當成它的朋友，因此，哪有不死的道理！

版本差異比較

王弼	不知常，妄作凶	公乃王，王乃天
帛書	不知常妄妄作凶	公乃王，王乃天
樓觀台	不知常妄作凶	公乃全，全乃天
陳鼓應	不知常妄作凶	公乃全，全乃天
本書主張	從帛書	從王弼

理解差異比較

觀復	陳鼓應	看出往復循環的道理
	任繼愈	觀其往復循環
	明德	領悟到生命週而復始
復命	陳鼓應	復歸本性
	任繼愈	缺
	明德	生命重新開始
夫物芸芸	陳鼓應	萬物紛紛芸芸
	任繼愈	事物變化紛繁

	明德	生命非常的多
王乃天	陳鼓應	無不周遍才能符合自然（全乃天）
	任繼愈	擔當首領，才能符合自然（天）
	明德	能成為一方的首領才能得到天下
不知常，妄。妄，作凶	陳鼓應	不認識永恆的規律，輕舉妄動就會出亂子。
	任繼愈	不認識「常」而輕舉妄動，〔必遭〕「險凶」
	明德	不能掌握本質，就會誤判。誤判，就會做出不利於自己的事情。

他版譯文

一、陳鼓應：「致虛和守敬的功夫，做到極篤的境地。萬物蓬勃生長，我看出往復循環的道理。萬物紛紛芸芸，各自返回它的本跟。返回它的本跟叫做靜，靜叫做回歸本原。回歸本原是永恆的規律，認識永恆的規律叫做明。不認識永恆的規律，輕舉妄動就會出亂子。認識常道的人是能包容一切的，無所不包容就能坦然大公，坦然大公才能無不周遍，無不周遍才能符合自然。符合自然才能符合於道，體道而行才能長久，終身可免於危殆。」

二、任繼愈：「〔盡量使〕心靈虛極，保持清靜。萬物紛紜呈現，我觀其往復循環。事物變化紛繁，各自回到出發點。回到出發點，叫做『靜』，這叫『復命』，『復命』叫做『常』，認識『常』〔的道理〕叫做『明』。不認識『常』而輕舉妄動，〔必遭〕『險凶』。認識『常』才能包容一切，一切包容，才能一切坦然大公，坦然大公，才能擔當首領，擔當首領才能符合自然（天），符合自然就是『道』，符合『道』才能長久，終身不遭險凶。」

第十七章

太上，下知有之。其次，親而譽之。其次，畏之。其次，侮之。信不足焉，有不信焉。
悠兮其貴言，功成事遂，百姓皆謂：我自然。

語譯

　　第一等的君主，人民只知道有這個人〔，至於他做了什麼？完全不知道，也完全不在乎〕；第二等的君主，是備受人民愛戴且稱讚的君主；第三等的君主是讓人民害怕的君主；而最差的君主，則是讓人民在背後唾棄、辱罵的君主。統治者說話不算數，人民就不會相信君主。

　　第一等的統治者不輕易發號施令，政策一定考慮長遠，這樣，事情就能成功，只不過，這時候，人民並不認為是君主的功勞，而認為是自己本來就該得到的。

字義

　　太上：最上，即第一也；太，最。
　　下知有之：下，人民；知，知道；之，統治者。人民只知道有這個人，至於他做了什麼？完全不知道，完全不在乎，就像空氣一樣。
　　親而譽之：親，愛戴；譽，讚美；之，指統治者。
　　侮：輕慢、唾棄、辱罵。
　　有不信焉：有，有人；不信，不相信；焉，代詞，指統治者。
　　悠兮其貴言：即「其貴言，悠兮」的倒裝，也就是太上的統治者不輕易發號施令，政策一定考慮長遠！悠，長遠；其，指太上的統治者；貴言，不輕易發令。貴：珍貴、寶貴。言：政策法令。
　　我自然：自然，理所當然，本來如此。

明德說

一、最上與最下的統治者的差別：最上等的統治者不干預人民的生活，不會讓人民感受到政府的存在，但是，什麼事情都辦得好好的，國泰民安、風調雨順、安居樂業，這幾句話就是功成事遂的寫照，但是，人民一點都不知道這其實是國君的功勞，反而認為是自己的功勞，都說，「我這麼努力，我成功是理所當然的」。從另一個角度來看，最下等的統治者，功不成，事不遂，統治者卻說「下無能」。例如：明朝崇禎皇帝遺書：「朕登極十七年，致敵人內地四次，逆賊直逼京師，雖朕薄德匪躬，上干天咎，然皆諸臣之誤朕也。」

二、任繼愈說 (2015:37)：老子「他主張無為而治，反對統治者對人民發號施令」。任氏說老子「反對統治者對人民發號施令」，這樣的理解是錯的。無為並非不對人民發號施令，不發號施令，怎能治理？老子反對的是統治者的霸道顢頇、好大喜功、奢侈浪費、欺壓百姓，而不反對統治者做正確的決定，保護國家安全、驅除外敵和清除內賊。

三、任繼愈把「悠兮其貴言」理解為：「〔最好的統治者〕是那樣的悠閒啊，他很少發號施令。」換言之，他把「悠兮」理解為「悠閒」，這是不對的。老子眼下的統治者，從來不悠閒，而是從早忙到晚，律己非常嚴格的人。

理解差異比較

信不足焉，有不信焉	任繼愈	不值得信任，才有不信任的事情發生啊
	陳鼓應	統治者的誠信不足，人們自然不相信他
	明德	統治者說話不算數，人民就不會相信君主
悠兮其貴言	任繼愈	〔最好的統治者〕是那樣的悠閒啊，他很少發號施令
	陳鼓應	〔最好的統治者〕卻是悠然而不輕於發號施令
	明德	太上的統治者不輕易發號施令，政策一定考慮長遠

他版譯文

一、任繼愈:「最好的統治者,人們僅僅知道有他的存在,其次的統治者,人們親近他、稱讚他,更次的統治者,人們畏懼他。最次的統治者,人們輕蔑他,不值得信任,才有不信任的事情發生啊!〔最好的統治者〕是那樣的悠閒啊,他很少發號施令,事情辦妥貼了,百姓都說:『我們本來就是這樣的。』」

二、陳鼓應:「最好的世代,人們根本不感到統治者的存在;其次,人們親近他而讚美他;再其次的,人民畏懼他;更其次的,人們輕侮他。統治者的誠信不足,人們自然不相信他。〔最好的統治者〕卻是悠然而不輕於發號施令。事情辦成功了,百姓都說:『我們本來是這樣的。』」

第十八章

故大道廢，安有仁義；智慧出，安有大偽；六親不和，安有孝慈；國家昏亂，安有貞臣。

語譯

　　因為君主自己不走正路，怎能期待臣民會有仁義？君主自己失去了智慧，於是賣國賊就出來了；君主自己都能不和六親，怎能期待臣民會有孝慈？國家政治都已經黑暗、亂了套，怎還會有堅定、有節操的臣子？

字義

　　故大道廢：故，因為；「大道廢」，即「廢大道」。廢，丟棄。大道，大馬路，也就是正道、光明正路。

　　安有仁義：安，疑問詞，相當於「怎麼」、「豈」。

　　智慧出：指失去智慧；出，清除、掃除，即失去、沒有。

　　安有大偽：安，乃、于是。《荀子‧仲尼》：「委然成文，以示之天下，而暴國安自化矣。」大偽，大騙子，也就是盜國賊、賣國賊。偽，欺騙。

　　六親不和：按王弼，六親者，父子、夫婦、兄弟（姐妹）也。

　　昏亂：昏，黑暗；亂，任意隨便。

明德說

　　一、有一種騙子，專門利用別人的苦難，宣稱可以解決別人的苦難，而事實上，是要對方的全部所有，除了錢財、生命，還要靈魂，這時候，非常容易得手，因為此時，這個人因為非常無助，很容易被騙。換言之，這世界上有一種人，專發別人的苦難財，或是販賣恐慌，藉此，來奪取對方的全部所有。

　　二、馮友蘭說：「『大道廢，有仁義』，這並不是說，人可以不仁不

義，只是說在『大道』之中，人自然仁義，那是真仁義。至於由學習、訓練得來的仁義，那就有模擬的成份，同自然而有的真仁義比較起來，它就差一點次一級了。《老子》說『上德不德，是以有德』，就是這個意思。」其實，馮友蘭對「大道廢，有仁義」誤解了。首先，他的版本有問題。按照帛書甲本、乙本以及郭店楚簡，原文應該是「故大道廢，安有仁義」，而非「大道廢，有仁義」。其次，什麼是「故大道廢，安有仁義」呢？經常，老子的一句話，上半段指涉君王，下半段指涉人民、臣民。如《老子》第十九章「絕聖棄智，民利百倍；絕仁棄義，民復孝慈；絕巧棄利，盜賊無有」也是這種句型。因此，「故大道廢，安有仁義」的前半句，指涉的是君主，即因為君主自己的不走正路，於是人民就不會有仁義之風，是所謂「安有仁義」，上樑不正，下樑自然歪，這沒有什麼好說的。以下三句同。

　　三、任繼愈說 (2015:39)：「所謂仁義、智慧、孝慈、忠臣，老子認為這是病態社會才會出現的反常現象，在合理的社會中不會產生這些所謂道德。這裡也透露老子深刻的辯證法思想，智慧和虛偽、孝慈和家庭糾紛、忠臣和國家昏亂等等，他看到它們中的對立和相互依存關係。」任氏的這一整段話都是錯的，他誤解了老子的意思。首先，老子從沒有說過「仁義、智慧、孝慈、忠臣」是「病態社會才會出現的反常現象」，相反的，「仁義、智慧、孝慈、忠臣」是老子所追求的。因此，本章無關辯不辯證。任氏的誤讀大了。

　　四、本章在說什麼？在說如果統治者自己不走正路、沒有智慧、連至親都能傷害、昏庸無道，那麼，他所治理的國家想要好，那是不可能的。換言之，老子在世的時候，一定看到很多的昏君、暴君、淫君。因此，才會有此提醒。

　　五、河上公把本章題為「俗薄」是錯的，老子本章是在數落統治者。俗薄如果出現，那絕不是臣民的問題，而是統治者的問題。要按我題，我會題「正人先正己」。

　　六、河上公注「大道廢有仁義」為「大道之時，家有孝子，戶有忠信，仁義不見也。大道廢不用，惡逆生，乃有仁義可傳道」。他注錯了，錯的

地方在於他誤解了主詞。「大道廢」的主詞是君主，而非「大道」。此外，大道之時，不是「仁義不見」，相反的，是「見仁義」。

七、本章的意旨與《論語》「朕躬有罪，無以萬方」意同，都在說明人民生活好不好，其責任不在人民本身，而是統治者（所造成的）。

八、任繼愈把「大道廢」理解成「大『道』被廢棄」，這種說法不對。大道指的是光明正大的康莊大道，也就是君主該盡的本分，而無關無法言說的「道」。

九、任繼愈把「智慧出」理解成「有了聰明才智」，不對。「出」不理解為「有」，而是離開，也就是失去、沒有。

理解差異比較

故大道廢安有仁義	任繼愈	大「道」被廢棄，出現了仁義
	陳鼓應	大道廢棄，仁義才顯現
	沈善增	故而，君主放棄了為政的大道，於是產生了仁、義等政治標準
	明德	因為君主自己不走正路，怎能期待臣民會有仁義？
智慧出安有大偽	任繼愈	有了聰明才智，就有大的虛偽
	陳鼓應	陳鼓應的書少了這一句
	沈善增	君主用權謀手段來治理，於是產生了整套的禮教法度
	明德	君主自己失去了智慧，於是賣國賊就出來了
六親不和安有孝慈	任繼愈	家庭陷於糾紛，才有所謂孝慈
	陳鼓應	家庭不合，孝慈才彰顯
	沈善增	親屬關係不和睦，於是產生了孝子慈父等榜樣
	明德	君主自己都能不和六親，怎能期待臣民會有孝慈？
國家昏亂安有正臣	任繼愈	國家陷於昏亂，才有所謂忠臣
	陳鼓應	國政昏亂，忠臣才見出
	沈善增	邦國家族遭凶喪，上層爭權奪利，於是產生了忠

		於職責的臣吏
	明德	國家政治都已經黑暗、亂了套,怎還會有堅定、有節操的臣子?

版本差異比較

王弼	大道廢,有仁義	智慧出,有大偽	六親不和,有孝慈	國家昏亂,有忠臣
傅奕	大道廢,焉有仁義	智慧出,焉有大偽;	六親不和,有孝慈	國家昏亂,有貞臣
郭店楚簡	故大道廢安有仁義	缺	六親不和,安有孝慈	邦家昏□,安有正臣
帛書甲本	故大道廢案有仁義	知出案有大偽	六親不和案□畜茲。	邦家閭乳案有貞臣
帛書乙本	故大道廢安有仁義	智慧出安有大□	六親不和安又孝茲	國家閭安有貞臣。
本書主張	從郭店	智慧出,安有大偽	從郭店	國家昏亂,安有貞臣

問答

問:六親不和,有孝慈;國家昏亂,有忠臣。意思是「國家陷於混亂,才能見出忠臣」。南北朝的鮑照有一首詩,《代出自薊北門行》裡的「時危見臣節,世亂識忠良」,其實是一樣的道理。

回答:「時危見臣節,世亂識忠良」並不是當時的情景,而是後來的評價。想想看,在昏君當政,小人當道的時候,當時的皇帝與大臣,誰看得出忠良?沒有的。一個人是忠良、是賣國,是後人的評價,而不是當時的人的評價。最好的例子是明末袁崇煥,當時的人,舉國上下,無不是說他賣國,最後還把他凌遲處死。在當時,當權的人當然是表現出忠臣的樣子,因為是「忠臣」,才會被重用;不當權的,當然不是忠臣,否則不就顯示出皇帝的昏庸嗎?

《老子原意》

第十九章

絕聖棄智，民利百倍。絕仁棄義，民復孝慈。絕巧棄利，盜賊無有。此三者，以為文，不足，故令有所屬：見素抱樸，少私寡欲。

語譯

　　統治者不要自以為聖明和智慧，就是給人民最大的好處；統治者不要自以為對人民有仁有義，人民就能對父母孝順和對子女慈愛；統治者不要浮華不實而且圖謀一己私利，社會上就不會出現盜賊。統治者的自以為聰明才智、統治者自以為的給了人民多大的恩惠、統治者本身的虛偽不實和利慾薰心，這三種做法，都只是表面功夫，並不足以治天下。因為，起支配作用的，那就是統治者本身要：實在、質樸、少想到自己、少一點慾望。

字義

　　絕聖棄智：絕，絲毫沒有；聖，聖明。智，聰明。
　　民復孝慈：復，回到。孝慈：作為子女的對父母孝順，作為父母的慈愛子女。
　　絕巧棄利：巧，虛偽不實；利，錢財。
　　此三者：指統治者自以為的聖智、（寡廉鮮恥的）以為對人民有恩惠、統治者的虛偽不實和追求私利。
　　文：文飾、修飾，指表面功夫，不具有實質意義。
　　不足：不足取。足，值得。
　　故令有所屬：起支配作用的，是這類的東西，如下。故，因為；令，支配；屬，類、類別。
　　見素抱樸：見，示也。——《廣雅》，即顯現、呈現也；素，本色，也就是實在；樸，本質、本性。
　　少私寡欲：私，我也。欲，貪心。

明德說

一、老子這一章是說給統治者聽的,而不是說給人民聽的,這是真正的治國之道。老子勸告統治者:第一、不要自以為聰明;第二、不要自以為對人民有恩惠;第三、不要縱慾揮霍、好大喜功。

二、要理解本章,一定要知道,前半句是描寫統治者;而後半句是指涉人民,且兩者具有因果關係。

三、為什麼「絕聖棄智」,能「民利百倍」?當統治者自以為聖智的時候,這時候就意味著統治者不聖不智,這時候,人民只能遭殃。

四、為什麼「絕仁棄義」,能「民復孝慈」?當統治者自以為仁義的時候,這時候就意味著統治者不仁不義。因為統治者不仁不義(這是從人民的角度說的),所以,人民就無法父慈子孝。父慈子孝是有前提的,那就是至少統治者不太過份,人民日子至少還過得去。當統治者無法無天的時候,就像大躍進造成的大飢荒,所導致的父食子的悲劇,這時候,能有父慈子孝嗎?不可能。

五、「絕聖棄智,民利百倍」並非如任繼愈所說「〔統治者〕不用聰明和智慧,百姓才享有實在的利益」,也非如陳鼓應所說「拋棄智辯,人民可以得到百倍的好處」,而是「統治者丟掉自以為的聖明和智慧,就是給人民最大的好處」,這也是老聖人一直主張的無為,統治者不要去主宰、命令人民該做什麼,這就是對人民最大的恩惠,是所謂「民利百倍」。

六、「絕仁棄義,民復孝慈」並非如任繼愈所說「〔統治者〕拋棄了『仁』和『義』,百姓重新回到孝慈」,也非如陳鼓應所說「棄絕偽詐,人民可以恢復孝慈的天性」,而是「統治者不要自以為對人民有仁有義,人民就能對父母孝順和對子女慈愛」。

七、「此三者,以為文,不足」並非如任繼愈所說「以上三條〔消極的表述〕作為理論是不夠的」,而是「這三種做法,都只是表面功夫,並不足以治天下」。

八、「故令有所屬。見素抱樸,少私寡欲」並非如任繼愈所說「所以要〔正面表述〕使人有所從屬——〔那就是〕:外表單純、內心樸素,減少私心,降低欲望」,也非如陳鼓應所說「所以要使人有所歸屬:保持質

樸，減少私慾」，而是「統治者本身要：誠實、質樸，少想到自己、慾望少一點」。

九、劉笑敢在他的《老子古今》一書第 233-234 頁中提到：「這一章是竹簡本和帛書本及其以後各種版本歧異最大的一章，思想歧異也非常明顯。竹簡本中的『絕智棄辯』改成了『絕聖棄智』，『絕偽棄詐』改成了『絕仁棄義』，從一般地批評世俗價值和文化現象，變成了明確地否定儒家的基本思想概念。」那麼，劉笑敢對經文「絕聖棄智」、「絕仁棄義」的理解正確嗎？不正確。「絕聖棄智」、「絕仁棄義」並沒有否定儒家的基本思想，是劉笑敢誤解了「絕聖棄智」、「絕仁棄義」的意思，所以，才會得出錯誤的結論。劉笑敢之所以會誤解，是他把「絕聖棄智」、「絕仁棄義」的主詞當成是所有人，但是，不是的，而是單指統治者，而且是自以為是「聖」、「智」、「仁」、「義」的統治者。想想看，古今中外，有哪個統治者不自認為是「聖」、「智」、「仁」、「義」？應該是沒有。

十、「見素抱樸，少私寡欲」的主詞是統治者，而非所有人或是人民。

版本差異比較

郭店楚簡	絕知棄辯	絕偽棄慮
河上公	絕聖棄智	絕仁棄義
王弼	絕聖棄智	絕仁棄義
帛書甲本	絕聖棄智	絕仁棄義
本書主張	從王弼	從王弼

理解差異比較

絕聖棄智，民利百倍	任繼愈	〔統治者〕不用聰明和智慧，百姓才享有實在的利益
	陳鼓應	拋棄智辯，人民可以得到百倍的好處
	沈善增	不以聖人自居，不用智謀治國，這樣反而能使民眾獲得百倍的利益
	明德	統治者丟掉自以為的聖明和智慧，就是給人民最

		大的好處
絕仁棄義，民復孝慈	任繼愈	〔統治者〕拋棄了「仁」和「義」，百姓重新回到孝慈
	陳鼓應	棄絕偽詐，人民可以恢復孝慈的天性
	沈善增	不以仁者自居，不用偽裝成兄弟情義的物質籠絡手段去建立緊密關係，這樣才能使民間恢復子孝父慈的自然親情
	明德	統治者不要自以為對人民有仁有義，人民就能對父母孝順和對子女慈愛
絕巧棄利，盜賊無有	任繼愈	〔統治者〕拋棄了巧和利，盜賊才能消弭
	陳鼓應	拋棄巧利、盜賊就自然會消失
	沈善增	不以擁有巧物自喜，不追逐超高利益，這樣就不會有專門偷搶貴重之物的盜賊
	明德	統治者老實且不謀一己私利，社會上就不會出現盜賊
此三者，以為文，不足	任繼愈	以上三條〔消極的表述〕作為理論是不夠的
	陳鼓應	這三者全是巧飾的，不足以治理天下
	沈善增	然而，這三種主張，作為教化民眾的美德來說，還是不夠的
	明德	這三種做法，都只是表面功夫，並不足以治天下
故令有所屬	任繼愈	所以要〔正面表述〕使人有所從屬
	陳鼓應	所以要使人有所歸屬
	沈善增	故而，要將治天下的美德公開地發佈，使這三種主張有所歸屬
	明德	因為起支配作用的，是這類的東西
見素抱樸，少私寡欲	任繼愈	外表單純、內心樸素，減少私心，降低欲望
	陳鼓應	保持質樸，減少私慾
	沈善增	這些美德是：顯現出單純的品質、堅守住本性的同一；私心很少，欲望極低

| | 明德 | 統治者本身要：實在、質樸、少想到自己、慾望少一點 |

說明：一、「絕巧棄利」的「巧」必須明白翻譯出來，不能不翻譯。

二、「見素抱樸，少私寡欲」的主詞不是人民，也不是所有人，而是單指統治者，這一點要弄清楚。在翻譯的時候，必須明白指出來。這樣，讀者才能一目了然。

他版譯文

一、任繼愈：「〔統治者〕不用聰明和智慧，百姓才享有實在的利益；〔統治者〕拋棄了『仁』和『義』，百姓重新回到孝慈；〔統治者〕拋棄了巧和利，盜賊才能消弭。以上三條〔消極的表述〕作為理論是不夠的，所以要〔正面表述〕使人有所從屬－〔那就是〕：外表單純、內心樸素，減少私心，降低欲望。」

二、陳鼓應：「拋棄智辯，人民可以得到百倍的好處；棄絕偽詐，人民可以恢復孝慈的天性；拋棄巧利、盜賊就自然會消失。這三者全是巧飾的，不足以治理天下。所以要使人有所歸屬：保持質樸，減少私慾。」

《老子原意》

第二十章

絕學無憂。唯之與訶，相去幾何？善之與惡，相去若何？
人之所畏，不可不畏。荒兮其未央哉！
眾人熙熙，如享太牢，如春登臺。我獨泊兮其未兆，如嬰兒之未孩，儽儽兮若無所歸。
眾人皆有餘，而我獨若遺。我愚人之心也哉，沌沌兮。俗人昭昭，我獨昏昏。俗人察察，我獨悶悶。眾人皆有以，而我獨頑以鄙。我獨異於人而貴食母。

語譯

　　沒有分別，就沒有煩惱。被恭維與被斥責，兩者相差多少呢？對我們好與對我們壞，這兩者相差多少呢？

　　別人所害怕的東西，我們不可以不害怕。因為不合理的事情，到處都是啊！

　　人真是多啊！這些人爭先恐後的都要去享受盛宴，要在春天裡登台欣賞美景。只有我獨自一人保持在連徵候都還沒出現的狀態，就像嬰兒一樣的天真純樸，還沒有孩子的習氣、污染。只有我好像無家可歸、失意不得志。

　　所有人都在追求越多越好，只有我好像被遺棄；〔在別人眼裡，〕我的心就像傻瓜一樣，沒有開竅。每個人都像生意人那樣眼睛雪亮，只有我不看清楚；每個人都像生意人那樣仔細分辨每樣東西的貨色好壞，只有我不去計較。每個人做什麼事情都懷著某種目的，只有我堅持簡單質樸。我跟別人完全不一樣，我只重視生命本源的墾耕。

字義

　　絕學無憂：不去分別，才能沒有煩惱；絕學，毫無分別。學，識也。
——《廣雅》，識者，辨別也。憂，煩惱也。

《老子原意》

　　唯之與訶：唯，高聲應答，大聲的說是，也可以說是被恭維、被讚美、被肯定。之，無義；訶（根據帛書甲本），同「呵」，讀音「喝」，責也。

　　善之與惡，相去若何：別人對我們好，以及別人對我們壞，兩者相差有多少呢？善，待我們好；惡，待我們不好。

　　荒兮其未央哉：不合理的事情啊！沒有盡頭。也就是說，（在老子看來）到處都是不合理的事情。荒：不合理的事情。未央：未盡，沒有盡頭。

　　熙熙：急躁、爭先恐後。

　　如享太牢，如春登臺：如，往也，而非好比、好像。太牢：古代祭祀天地，以牛、羊、豬三牲具備為太牢，以示尊崇之意。太牢：意指盛宴。台，觀四方而高者。——《說文》

　　我獨泊兮其未兆：只有我停留在還沒有徵兆，也就是只有我不做一點點壞事，不讓任何不幸的事情有發生在我身上的可能。獨，單單；兆，事情發生前的徵候。未兆：還沒有徵兆。

　　如嬰兒之未孩：如，好像、好比。孩，孩子。

　　纍纍兮若無所歸：即若無所歸纍纍兮，也就是好像無家可歸、好像失意不得志。纍纍，失意不得志的樣子。無所歸，即無歸所，也就是無家可歸、無處可去。

　　眾人皆有餘：所有的人都在追求越多越好。餘，多、不盡、無窮。有餘，有剩，指比所需要的還要多。

　　而我獨若遺：只有我好像被遺棄了。獨，只、僅；若，好像；遺，遺棄。

　　我愚人之心也哉：我的心就像傻瓜一樣，傻呼呼的，不在乎是否被人家佔便宜、被人家欺負。愚，頭腦遲鈍。

　　沌沌：讀音「盾」，昏昧無知，猶言沒有開竅。

　　鬻人昭昭：每個人都像生意人那樣眼睛雪亮、一分一毛都要計較；昭，亮也；昭昭，眼睛睜得大大的。鬻：賣。鬻人：賣東西的人，也就是商人、生意人。

　　我獨昏昏：只有我看不清楚；昏，暗而無光，引申為看不清楚。

　　鬻人察察：察，分辨、精明。

悶悶：默不吭聲，指不計較。

眾人皆有「以」：目的、為了什麼。

獨頑以鄙：頑，頑固、堅定不移；鄙，簡單、質樸。以，用。

貴食母：重視生命本源的墾耕。貴：重視。食：墾耕，按「我死則擇不食之地而葬我焉」——《禮記‧檀弓上》。母：本源、本質、根本。

明德說

一、馬序倫、蔣錫昌、易順鼎、晁公武、歸有光、姚鼐等人都主張「絕學無憂」四字，應當歸在第十九章結尾，我認為放在第二十章開頭才是對的，也就是維持王弼版本。理由是「故令有所屬：見素抱樸，少私寡欲」作為第十九章的結尾，在文義上已經完結，若再加上「絕學無憂」，那就不通了。而「絕學無憂」放在第二十章開頭是沒有問題的，原因是，「絕學無憂」也就是「不去分別，就能沒有憂愁」，也才能看出唯與訶、善與惡之間，其實都是主觀、相對的東西，並不具有絕對價值。嚴格來說，並無分別，因為沒有分別，所以能夠沒有煩惱。

二、「唯之與訶，相去幾何？」老子這一句話是問號。他問我們，我們如何面對「被人恭維以及被人斥責」這兩種情形？如果相去甚遠，那麼，我們就會有很多煩惱；如果相去不遠，我們的煩惱就會比較少；如果能做到沒有差別（也就是別人恭維我們，我們不因此高興；別人斥責我們，我們也不因此難過），那麼，我們就能「無憂」，真是一點煩惱都沒有。

三、「如嬰兒之未孩」這句話中的嬰兒與小孩有什麼差別？嬰兒，天真無邪；小孩，已經不天真了，已經開始有習氣、污染了。

四、「眾人皆有餘」有省略成份，如果沒有省略，那麼應該是「眾人皆求有餘」。

五、「而我獨若遺」有倒裝，若沒倒裝應該是「而獨我若遺」，也就是只有我好像被世界遺棄，因為大家都去擠名利這一道窄門，唯獨老子的追求與眾人都不一樣，因此，會給別人這種感覺，那就是不合群，因此，好像是被遺棄，記得，是好像，而非實際。

六、「纍纍兮若無所歸」不是說老子真的無家可歸、很疲倦或落落寡

合，而是老子跟別人不一樣，別人就誤以為老子不得志、無家可歸。事實上，老子並沒有不得志，也沒有無所歸。

七、「無所歸」的相反詞是門庭若市、冠蓋雲集，這是所有人都嚮往的，但是，老子不嚮往，老子的若無所歸是一種自在。有房子跟沒房子、有家跟沒家，對老子而言都不是問題。

八、「貴食母」即王聖人陽明說的致良知。

九、劉笑敢說 (2005:250)：「開篇的『絕學無憂』四個字與上下文聯繫不明，但仔細閱讀下文，我們可以嘗試推測作者的用意。為什麼要『絕學』呢？為什麼說『絕學無憂』呢？似乎答案在於世事難料，沒有一定之規則可以遵循、依靠。……在這樣模糊莫測的現實中學習如何自處、處人，何其難也！如果索性不理會這一套呢？豈不是輕鬆無憂？」劉氏此說誤讀了老子。首先，他認為「絕學無憂」四個字與上下文聯繫不明，這不對。聯繫很清楚。如果某甲不在乎別人對他的恭維、也不在乎別人對他的斥責，換言之，他都能不動心，某甲不就無憂了嗎？因此，下上文是聯繫清楚的。老子先把主旨說出來，接下來進行說明。主旨是絕學無憂，「唯之與阿，相去幾何？善之與惡，相去若何？」是老子對我們的問話。如果相去甚遠，那麼，就會很痛苦，如果沒有差別，那就能無憂。其次，劉氏把「絕學」的「學」，理解為「學習」、學習自處、處人，這是對「學」字的誤讀。「學」不作「學習」解，而作「分別」解；第三、為什麼「絕學」能「無憂」呢？這個答案不是世事難料。我們之所以有憂愁，就是因為我們有分別，一旦我們沒有分別，我們怎麼會有憂愁呢？

十、如享太牢，如春登臺」的「如」，並非如任繼愈、陳鼓應所說是「好像」，而是「往」、「至」的意思。

十一、陳鼓應把「絕學無憂」理解為「棄絕異化之學可無攪擾」，即把「學」理解為「異化之學」，顯然是牽強附會，「異化(Entfremdung)」一詞，既不通俗，更是對本文的誤解。

十二、任繼愈把「絕學無憂」的「絕學」理解為「拋棄學問」，這也不對。老聖人從不反對學問，他自己還說「為學日益」，怎麼會有「拋棄學問」，才能使人無憂的主張！

十三、「荒兮其未央哉」，陳鼓應將之理解為「精神領域開闊啊，好像沒有盡頭的樣子！」我無法理解陳老師這句話在說什麼，而任繼愈理解為「遠古以來已如此，這風氣還不知道何時停止！」這樣的理解也不對。老子主張「人之所畏，不可不畏」，而要是按照任老師的說法，反成了「人之所畏，不可不畏」是不對的。因為任老師說「這風氣不知道何時停止」，這就意謂，前一句是不好的情形，而事實上，老子是肯定，而非否定「人之所畏不可不畏」。那，什麼是「荒兮其未央哉」？那就是世間荒唐的事情，是沒完沒了啊！這樣的例子滿地都是。例如，邪惡的人控制了一個國家，甚至控制了全世界，可是，我們還把他們當慈善家、偉人、救星，這不是荒謬透頂嗎？小人在位，享盡榮寵；正人君子反而被抹黑，受盡委屈，這不是很荒唐嗎？老子在二千五百年前，就預言今天我們所生活的世界。可憐啊，被蒙蔽的人們！可悲啊，貪生怕死的人們！荒兮其未央哉是誰造成的？是自己啊！

版本差異比較

一、根據樓觀台版本，「鸞人察察，我獨悶悶」之後沒有「澹兮其若海；飂兮若無止」兩句話。我認為，樓觀台版本才是對的。因此，在本章中沒有「澹兮其若海；飂兮若無止」兩句話，並將這兩句話移到第十五章「混兮其若濁」之後。

二、帛書甲本「纍纍兮」，王弼版本「儽儽兮」，「纍」、「儽」可通。

三、帛書甲本「唯與訶」，王弼版本「唯之與阿」、郭店楚簡「唯與呵」，三個版本的用字雖不同，但意思一樣。換言之，「阿」＝「呵」＝「訶」，意思是「大言而怒」。

四、唯阿是什麼意思呢？《漢典》、百度漢語、漢語網的說法是「喻差別極小」，這種說法不對。唯阿並不能作為一個概念，就像黑白不是一個概念一樣。此外，漢語詞庫、百度百科把「唯阿之間」說成是「比喻差別不大」，這種說法也不對，因為唯阿之間並不能作為一個概念來使用。此外，「唯阿」的「阿」不能讀成「啊」，要讀成「呵」。

五、

帛書甲本	鬻人昭昭	鬻人察察
王弼版本	俗人昭昭	俗人察察
郭店楚簡	無	無
本書主張	從帛書	從帛書

理解差異比較

絕學無憂	陳鼓應	棄絕異化之學可無攪擾
	任繼愈	拋棄學問，可以使人無憂
	明德	不去分別，才能沒有煩惱
唯之與阿，相去幾何	陳鼓應	應諾和呵聲，相差好多？
	任繼愈	應諾與斥呵，相差有好多？
	明德	被恭維與被斥責，兩者相差多少呢
荒兮其未央哉	陳鼓應	精神領域開闊啊，好像沒有盡頭的樣子！
	任繼愈	遠古以來已如此，這風氣還不知道何時停止！
	明德	不合理的事情啊！沒有盡頭。
我獨泊兮其未兆	陳鼓應	我卻獨個兒淡泊寧靜啊，沒有形跡
	任繼愈	獨有我，卻淡淡地，無動於衷
	明德	只有我獨自一人保持在連徵候都還沒出現的狀態。
如嬰兒之未孩	陳鼓應	好像不知嘻笑的嬰兒
	任繼愈	還像不會發出笑聲的嬰兒
	明德	就像嬰兒一樣的天真純樸，還沒有孩子的習氣、污染。
眾人皆有餘	陳鼓應	眾人都有多餘
	任繼愈	眾人都多餘而豐饒
	明德	所有的人都追求有剩、年年有餘

而我獨若遺	陳鼓應	唯獨我好像不足的樣子
	任繼愈	而我卻處處不足
	明德	只有我一個人好像被遺棄
纍纍兮	陳鼓應	落落不群
	任繼愈	疲倦
	明德	失意不得志
眾人皆有以	陳鼓應	眾人都有所施展
	任繼愈	眾人都有一套本領
	明德	眾人做什麼事都懷有一種目的
而我獨頑以鄙	陳鼓應	唯獨我愚頑而拙訥
	任繼愈	獨我又笨又無能
	明德	只有我堅持質樸
貴食母	陳鼓應	重視進道的生活
	任繼愈	找到了根本（母）
	明德	只在乎生命本源的墾耕

他版譯文

一、陳鼓應：「棄絕異化之學可無攪擾。應諾和呵聲，相差好多？美好和醜惡相差好多？眾人所畏懼的，我也不能不有所畏懼。精神領域開闊啊，好像沒有盡頭的樣子！眾人都興高采烈，好像參加豐盛的宴席，又像春天登臺眺望景色。我卻獨個兒淡泊寧靜啊，沒有形跡，好像不知嘻笑的嬰兒；落落不群啊，好像無家可歸。眾人都有多餘，唯獨我好像不足的樣子。我真是「愚人」的心腸啊！渾渾沌沌啊！世人都光耀自炫，唯獨我暗暗昧昧的樣子。世人都精明靈巧，唯獨我無所識別的樣子。沈靜的樣子，好像湛深的大海；飄逸的樣子，好像無有止境。眾人都有所施展，唯獨我愚頑而拙訥。我和世人不同，而重視進道的生活。」

二、任繼愈：「拋棄學問，可以使人無憂。應諾與斥呵，相差有好多？善良與罪惡，差得了好多？別人所怕的，不能不怕，遠古以來已如此，這

《老子原意》

風氣還不知道何時停止！眾人是那樣無憂無慮的歡喜，好像參加盛大的筵席，像春日登台眺望那樣暢適。獨有我，卻淡淡地，無動於衷，還像不會發出笑聲的嬰兒，疲倦地，竟像無家可歸！眾人都多餘而豐饒，而我卻處處不足。我這愚人的心腸啊，渾渾沌沌地！人們都那麼明白，我卻這樣糊塗。人們是那麼精明，我卻在一旁沉悶。遼闊啊，像無邊的大海，無盡啊，像疾吹的長風。眾人都有一套本領，獨我又笨又無能。我跟人家不同之處，在於找到了根本（母）。」

第二十一章

孔德之容，惟道是從。道之為物，惟恍惟惚。惚兮恍兮，其中有象。恍兮惚兮，其中有物。窈兮冥兮，其中有請。其請甚真，其中有信。自古及今，其名不去，以閱眾甫。吾何以知眾甫之狀哉？以此。

語譯

　　有大德行的人，他的言行只根據道。道這種東西，微妙不可測、模糊看不清。雖然微妙不可測、模糊看不清，但是是有個樣子的。雖然模糊看不清、微妙不可測，但是有個東西存在的〔，而不是不存在的〕。〔道這個東西，〕很深遠、很幽暗，這當中是有情感的，而且，這個情感是真實的，可以驗證的。道這種東西，從古到今，從沒消失過。因此可以考察各種生命。我怎麼知道各種生命的情況呢？因為我得道了啊！

字義

　　孔德之容，惟道是從：有大德的人的行為，只依據「道」，不根據其他。孔：大；德：德行。容：假借為用，使用，猶言「言行」。

　　惟恍惟惚：恍：模糊不清。惚：微妙不測的樣子。

　　其中有象：其中：這裡面、那裡面。象：形狀、樣子。

　　窈兮冥兮：窈：深遠。冥：幽暗。

　　其請甚真：請，同「情」，感情。甚，確定、確實、真的，例如：左右皆曰甚然。——《戰國策・秦策》。注：「謂誠也。」

　　信：憑證。

　　不去：沒有消失過，一直存在著。

　　閱：考察。

　　眾甫：一切生命。眾，一切；甫，我也。

　　狀：情況。

明德說

一、「孔德之容,惟道是從」中,德是什麼?德與道之間的關係怎麼理解?德是遵循本心、順乎自然。而道呢?更高境界,必須致虛極、守靜篤才能知道該做什麼。簡單的說,德是我們自以為的好的德性,而道則不一定如此。到了道的境界,可能會否定德的行為。簡單的說,德是主觀的、是隨時間、地域而有不同的、是會有錯的;而道則是客觀的、沒有時間、空間的問題,都是對的。

二、「漢語網」、「百度百科」、《漢典》等把「眾甫」理解為「萬物的開始」,非也,眾甫是指「所有生命」。

版本差異比較

王弼	其中有精,其精甚真	吾何以知眾甫之狀哉
帛書	中有請也,其請甚真	吾何以知眾甫之然
本書主張	從帛書	從王弼

說明:一、精=情=請。二、狀=然。

理解差異比較

孔德之容, 惟道是從	任繼愈	大「德」的品格,在於它與「道」一致
	陳鼓應	大德的樣態,隨著道為移轉
	明德	有大德行的人,他的言行只根據道

他版譯文

一、任繼愈:「大『德』的品格,在於它與『道』一致。『道』這個東西,沒有固定的形體。它是那樣的惚恍啊,惚恍之中是它的形象;它是那樣的恍惚啊,恍惚之中是它的實體;它是那樣的深遠暗昧啊,深遠暗昧中卻涵著精氣,這精氣,最具體,最真實。從古到今,它的名字不能廢去,根據它,才能認識萬物的開始。我何以知道萬物開始的情況呢?原因在此。」

二、陳鼓應：「大德的樣態，隨著道為移轉。道這個東西，是恍恍惚惚的。那樣的惚惚恍恍，其中卻有實物。那樣地深遠暗昧，其中卻有精質；那樣地暗昧深遠，其中卻是可信驗的。從當今上溯到古代，它的名字永遠不能消去，依據它才能認識萬物的本始。我怎麼知道萬物本始的情形呢？從『道』認識的。」

《老子原意》

第二十二章

曲則全，枉則直，窪則盈，敝則新，少則得，多則惑。是以聖人執一以為天下牧。不自見故明，不自是故彰，不自伐故有功，不自矜故長。夫惟不爭，故天下莫能與之爭。古之所謂曲則全者，豈虛言哉？誠全而歸之。

語譯

　　委屈反能圓滿，走彎路反而最快到達；有凹陷才能增加，破舊之後才能迎來新的世界；需求少，反而能讓自己得到更多；需求太過，反而會被迷惑。因此，聖明的君主抱持一個原則就足以統治天下：不彰顯自己才是聰明的；不自以為是，才能看清事情的全貌；不誇讚自己才能有功勞；不自大才能長久。就是不爭，天底之下才沒有人能與他較量。古人說，委屈才能圓滿，這哪裡是假話，實在是百分之百的真理。

字義

　　曲則全：曲，委屈。則，表示轉折，卻的意思；全，完美、圓滿。

　　枉則直：走彎路反而最快到達（反而是直線距離）。枉，彎曲；直，直線。直線是兩點之間的最短距離，意謂著最快到達目的地。

　　窪則盈：窪，凹陷。盈，增加。

　　見：同「現」，顯露。

　　敝則新：敝，破舊。

　　少則得，多則惑：少，數量少，這裡當指需求少；多，超過正確的或需要的數目；惑，迷惑、疑惑、分辨不清。

　　聖人：聖明的君主。

　　牧：統治。

　　不自是故彰：彰，明也，也就是看得清楚。

　　伐：誇。

不自矜故長：矜，大、自恃，「恃」音「是」。長，讀音「常」，長久，這裡指好日子長久。自大的人，好日子不會久的，只有謙虛的人，才能常盛不衰，也就是易經的謙卦、《尚書・大禹謨》說的「滿招損，謙受益」，這裡的「謙」必須是發自內心，否則就是偽君子了。

明德說

一、「少則得，多則惑」是一句話，不是兩句話。

二、老子本章所說「執一」或是「抱一」的「一」不是指「道」，而是指一種具體的方法、一個清楚的原則，這一個東西就是反、相反。所以，老子才接著說：「不自見故明，不自是故彰，不自伐故有功，不自矜故長。夫惟不爭，故天下莫能與之爭。」

三、以下是一篇很好的文章，未知作者（明德這裡向您致敬），這裡引用：「『夫唯不爭，故天下莫能與之爭』出自《老子》。被很多國人嘲笑，騙子忽悠啊，阿Q啊，你不爭怎麼天下就給你了，你不掙錢天下錢就給你了。其實國人把這個問題想庸俗了，你理解不了是層次不夠，道行不夠。人家《老子》是給你們講道的層次，你們理解不了，非要降低到術的層次來理解。其實你們看看開源運動就知道了，開源運動是不爭，放棄了經濟利益，甚至要求用開源的也得開源，代代相傳。無數的公司在跟微軟鬥法的過程中灰飛煙滅。但是就是這麼一個看似傻逼的行動，卻成就了偉大的事業。一個芬蘭赫爾辛基大學的本科生 linus 的大作業，逐漸發展壯大，佔據了世界伺服器的大部份市場。甚至通過 Android 在移動作業系統領域逆襲，徹底擊敗了微軟。」

四、朱熹說（《朱子語類》頁 3266）：「老子心最毒，其所以不與人爭者，乃所以深爭之也。其設心措意，都是如此。閒時他只是如此柔伏，遇著那剛強底人，他便是如此待你，張子房亦是如此。如云『推天下之至柔，馳騁天下之至堅』，又云『以無為取天下』，這裡便是它無狀之處。」朱子誤解老子很深，而且書也沒讀準確。首先，老子是說「以無事取天下」，而非「以無為取天下」，兩者指涉不同。以無事取天下是不用打仗就能獲得天下，就像古代的禪讓和現代的公平選舉，這不是很好嗎？要是

需要打仗才能獲得天下,那要死傷多少人!其次,老子所說,如「天下之至柔,馳騁天下之至堅」,都是大自然的「不言之教」,朱子不懂,反而責怪懂的人,這不就印證了老子說的「荒兮其未央哉」這句話;其三、老子所說不過是戰略戰術的運用,那是活生生的存在,不只敵人會用,自己也要能看得懂、會用;否則,必敗無疑。這讓我想起了經濟學家海耶克的話:「通往地獄的道路經常是由善意所鋪就 (The road to hell is paved with good intentions)。」海氏的這一句話告訴我們,善意經常被魔鬼利用,而幫助魔鬼成就了惡事。所謂的「善意」,包括愛國、愛民、慈善、公益、理想……有些人自命善良、清高,偏偏就是這些人把自己引向地獄,犯了無知的毛病。面對邪惡,我們不只要懂得抵抗,更要懂得不言之教。總之,面對人與人之間的爾虞我詐、民族與民族之間的生死鬥爭,老聖人把他的智慧教給我們,反而讓一些「衛道之士」說成是「心最毒」,老聖人身上所背的罪名大矣,不過,他一點都不在意。

版本差異比較

王弼	聖人抱一為天下式
帛書甲本	聖人執一以為天下牧
本書主張	從帛書

理解差異比較

屈則全	任繼愈	委屈反能保全
	陳鼓應	委屈反能保全
	明德	委屈反能圓滿
不自見故明	任繼愈	不專靠自己的眼睛,所以看得分明
	陳鼓應	不自我表揚,反能顯明
	明德	不彰顯自己才是聰明的
不自是故彰	任繼愈	不自以為是,所以功過清楚
	陳鼓應	不自以為是,反能彰顯

	明德	不自以為是,事業才能做得大

問答

問:老子說:「夫唯不爭,故天下莫能與之爭」,不爭的力量確實有這麼大嗎?

答:我完全贊成老子。爭什麼?你要的那個東西是爭來的嗎?不是。你要什麼?你是不是具備了那些條件?如果你具備了那些條件,那個東西就是你的。如果那個東西,你沒有得到,只說明了,你本身所具備的條件不夠或者時間還沒到或者標的不對。不需要爭,但是,要明白。明白了,就知道該怎麼做了。我們所有人的問題都出在不明白上面,卻以為自己明白。

他版譯文

一、任繼愈:「委屈反能保全,彎曲反能伸直,卑下反能充盈,敝舊反創新奇,少學反有收穫,貪多反增困惑。因此,『聖人』用『道』作為觀察的工具。不專靠自己的眼睛,所以看得分明;不自以為是,所以功過清楚;不自己誇耀,所以有功;不自高自大,所以當首領。正因為不與天下爭,所以天下無人敢與他爭輸贏。古人所謂『委屈反而能保全』,〔這些話〕哪裡是空話呢?確實能使人圓滿成功。」

二、陳鼓應:「委屈反能保全,屈就反能伸展,低窪反能充盈,敝舊反能生新,少取反而多得,貪多反而迷惑。所以有道的人堅守這一原則作為天下事理的範式。不自我表揚,反能顯明;不自以為是,反能彰顯;不自己誇耀,反能見功;不自我矜持,反能長久。正因為不與人爭,所以天下沒有人和他爭。古人所說的『委屈可以保全』等話,怎麼會是空話呢!它實實在在能夠達到的。」

第二十三章

希言自然。飄風不終朝,驟雨不終日。孰為此者?天地。天地尚不能久,而況於人乎?故從事於道者,同於道,德者同於德,失者同於失。同於道者,道亦樂得之。同於德者,德亦樂得之,同於失者,失亦樂得之。

語譯

　　大自然說的法是無聲的〔,需要我們去體悟〕。旋風再怎麼吹,最多也不過是一個早上的時間;暴雨再怎麼下,最久也不過一整天的時間。誰這麼做的呢?天和地。天和地都無法長久處於鼎盛狀態了,何況是人?因此,致力於道的人就會和同樣致力於道的人在一起;致力於德的人就會和同樣致力於德的人在一起;而致力於做壞事的人就會和同樣致力於做壞事的人在一起。同樣致力於道的人,他們會因為修道而快樂;同樣致力於德的人,他們會因為修德而快樂;同樣致力於做壞事的人,他們會因為一起做壞事而得到快樂。

字義

　　希言自然:大自然的說話是我們聽不到的。那麼,大自然說了什麼?說了「飄風不終朝,驟雨不終日」。「希言自然」乃「自然希言」的倒裝。希,聽之不聞名曰希,因此,希是寂靜無聲。希言:不說話。

　　飄:同「飇」,《集韻》《韻會》《正韻》從卑遙切,讀音標。《玉篇》旋風也。《詩‧檜風》匪風飄兮。

　　驟:迅疾、猛快。

　　從事:致力於(某件事情)。

　　同:一起分享、從事。

　　失者:失去道、失去德的人,指沒有從事道與德的人,簡單的說,就是壞人。

德：品行、操守。

明德說

一、大自然告訴我們，所有的事情都是短暫的，連讓狂風暴雨發生的天地都是短暫的（老子說，天地尚不能久），何況是人一生的榮華富貴或是不如意和痛苦，那更是短暫了。你到底要追求短暫的名利快樂，還是追求永恆的快樂呢？

二、任繼愈把「希言自然」理解為「少表現，才是本來面目」，此與原意差距太大，不妥。

三、陳鼓應把「希言自然」理解為「少聲教法令是合於自然的」，不對。此外，「希言自然」作為如「絕學無憂」的點題句，不能如陳鼓應書中所示單獨成為一段，而是必須緊接著要闡述的內容，也就是「希言自然。飄風不終朝，驟雨不終日……」而不是「希言自然」，然後另起一段「飄風不終朝，驟雨不終日……」。

版本差異比較

一、根據王弼版本，本章章末有「信不足焉，有不信焉」一句，然這句話與本章主旨似乎無關。而且，此句已在第十七章出現過。再者，帛書並無此句。因此，「信不足焉，有不信焉」應是錯簡重出，故在本章中予以刪除。

二、

帛書	飄風不終朝	故從事而道者同於道
王弼	故飄風不終朝	故從事於道者，道者同於道
河上公	飄風不終朝	故從事於道者，道者同於道
樓觀台	故飄風不終朝	故從事於道者同於道
明德	從帛書	從樓觀台

《老子原意》

理解差異比較

希言自然	陳鼓應	少聲教法令是合於自然的
	任繼愈	少表現，才是本來面目
	明德	大自然說的法是無聲的〔，需要我們去體悟〕
失者同於失	陳鼓應	表現失道失德的人，就會喪失所有
	任繼愈	追求過失的，就與"過失"在一起
	明德	沒道沒德的人就會與沒道沒德的人在一起。

他版譯文

一、陳鼓應：「少聲教法令是合於自然的。所以狂風颳不到一早晨，暴雨下不了一整天。誰使它這樣的？是天地。天地的狂暴都不能持久，何況人呢？所以從事於道的人，就合於道；從事於德的人，就合於德；表現失道失德的人，就會喪失所有。行為與德相同的，道也會得到他；行為失德的，道也會拋棄他。統治者的誠信不足，人民自然不相信他。」

二、任繼愈：「少表現，才是本來面目。所以，狂風颳不到一個早晨，暴雨下不到一整天。誰使它這樣的？是天地。天地〔的狂暴勢力〕尚且不能持久，何況人呢？所以求『道』的人〔應知道〕：追求『道』的，與『道』在一起，追求『德』的，與『德』在一起，追求過失的，就與『過失』在一起。同於『道』的人，『道』也願意得到他；同於『德』的人，『德』也願意得到他；同於過失的人，過失也願意得到他。對於『道』信心不足〔的人〕，才不信任『道』的存在。」

第二十四章

企者不立,跨者不行,自見者不明,自是者不彰,自伐者無功,自矜者不長。其在道也曰:「餘食贅行。」物或惡之。故有道者不處。

語譯

踮起腳跟站不了多久,腳步邁得太開走不了多遠。喜歡表現自己的人反而不明智;自以為是的人看不清楚事情的全貌;說自己功勞的人反而沒有功勞;自大自尊的人無法長久。這些事情,就道而言,就叫「多餘的食物、不必要的行為」〔,也就是「畫蛇添足」〕。這樣的人,任誰都討厭,因此,有道的人不做那些事情。

字義

企:踮起腳跟。

跨:超過,指腳步邁得太開,超過自己的能力範圍。

自見者不明:見,音義同「現」,表現;明:聰明、明智。

自伐者無功:伐,彰顯功勞。《史記‧功臣侯表》:「古者人臣功有五等,明其等曰伐(同閥),積日曰閱。」《左傳‧莊公二十八年》:「且旌君伐。」《注》伐,功也。功,功勞。

自是者不彰:彰,明也;不彰,看不清楚。

自矜者不長:矜,大、自大、自恃;長,讀音「常」,長久。

其:指示代名詞,也就是指前面那些事:自見、自是、自伐、自矜。

餘食贅行:多餘的食物、不必要的行為。這裡的「行」,包括動作、說話、想法三部份,也就是佛教裡面的身、口、意三業。

物或惡之:任誰都厭惡他。物,人也;或,有也;惡,讀音「務」,厭惡。之,代名詞,指做那些事情的人,也就是自見、自是、自伐、自矜的人。

有道者不處：有道的人不做那些事情。處，辦理，也就是做。
其在道也曰：這在「道」來說。

理解差異比較

自見者不明	任繼愈	專靠自己的眼睛，反而看不分明
	陳鼓應	自逞己見的，反而不得自明
	明德	喜歡表現自己的人反而不明智
自矜者不長	任繼愈	自高自大，就不能領導
	陳鼓應	自我矜恃的，反而不得長久
	明德	自大自尊的人無法長久

他版譯文

一、任繼愈：「抬起腳跟站得高，反而站不牢，兩步並作一步走，反而快不了；專靠自己的眼睛，反而看不分明；自以為是，反而判斷不清；自我誇耀，就沒有功勞；自高自大，就不能領導。〔以上這些〕從『道』的原則看來，這種作風都是剩飯、草包，誰都厭惡它，所以有『道』的人不以此自居。」

二、陳鼓應：「踮起腳跟是站不牢的；跨步前進，是走不遠的；自逞己見的，反而不得自明。自以為是的，反而不得彰顯；自己誇耀的，反而不得見功；自我矜恃的，反而不得長久。從道的觀點來看，這些急躁炫耀的行為，可說都是剩飯贅瘤，惹人厭惡，所以有道的人不這樣做。」

第二十五章

有物混成,先天地生。寂兮寥兮,獨立而不改,周行而不殆,可以為天地母。吾不知其名,字之曰道,強為之名曰大。大曰逝,逝曰遠,遠曰反。故道大,天大,地大,王亦大。國中有四大,而王居一焉。人法地,地法天,天法道,道法自然。

語譯

　　有個東西,本來就有,比我們所在的這個地球還早生成。它啊!安靜無聲、遼闊至極,不受任何影響、不做任何改變、按著一定的軌道運行而永遠不疲憊,可以說是所有生命的來源。我不知道它的名字,但把它取名為道。如何形容道呢?道勉強可以用大來形容;大是多大呢?大到我們看不到;看不到的東西,我們說它是深奧;那為什麼說它深奧呢?因為它跟我們所認識的剛好相反。在一個國家之內,有四個最重要的東西:道、天、地、君主,君主佔了其中之一。人要向大地學習;大地要效法天;天要效法道;而道要效法本來的樣子。

字義

　　有物混成:混,同「渾」,質樸、樸實,天生的。混成,天然生成,本來就有。
　　先天地生:這個東西比地球還早就有。天地:世界,意指我們所在的這個地球。生,有、出現。
　　寂兮寥兮:寂,寂靜、沒有聲音;寥,讀音聊,遼闊。
　　獨立而不改:獨立,不受影響。改,變更。
　　周行而不殆:周,環繞;行,運行;殆,疲憊。
　　天地母:猶言養育萬物。天地:天地之間的所有生命。母:來源,言育養子也。
　　字:取名。

大曰逝，逝曰遠，遠曰反：逝，消逝、看不到；遠，深奧；反，相反。
國中有四大：國，域也、領土、邦也。大，第一。
人法地：人要向大地學習，給人支撐、從不計較。法，學習、效法。
地法天：大地要效法天空，廣大、沒有羈絆、不留痕跡。
天法道：天要效法道，周而復始，永不停止。道：法則，例如陰晴圓缺、潮起潮落、春夏秋冬、盛極而衰、否極泰來。
道法自然：道要效法本來的樣子，渾然天成，不多不少，不增不減。自然：本來的樣子。自，本來。然，樣子，作形容詞或副詞的詞尾。表狀態。按《詩‧邶風‧終風》：惠然肯來。

明德說

一、「先天地生」，天地是指我們生存的這個地球。因此，先天地生是指比我們所住的這個世界還早就出現了。

二、「人法地」，地有什麼好讓人家學習？人沒有地就沒辦法生存。如何才能生存？對人有幫助才能生存，就像土地一樣，既提供一個平台、也提供生物生存所必須的養分，而且，從來不計較。

版本差異比較

帛書甲本	可以為天地母	道大、天大、地大、王亦大	國中有四大，而王居一焉
王弼	可以為天下母	道大、天大、地大、王亦大	域中有四大，而王居其一焉
傅奕	可以為天下母	故道大、天大、地大、人亦大	域中有四大，而王處其一尊
樓觀台	可以為天下母	故道大、天大、地大、人亦大	域中有四大，而人居其一焉
明德	從帛書	從帛書	從帛書

說明：究竟是「人亦大」或「王亦大」？帛書成書最早，且，王大遠比人大來得有意義，因此，本書從帛書。

他版譯文

　　一、陳鼓應：「有一個混然一體的東西，在天地形成以前就存在。聽不見它的聲音也看不著它的形體，它獨立長存而永不衰竭，循環運行而生生不息，可以為天地萬物的根源。我不知道它的名字，勉強叫它做『道』，再勉強給它起個名字叫做『大』。它廣大無邊而周流不息，周流不息而伸展遙遠，伸展遙遠而返回本原。所以說：道大、天大、地大，人也大。宇宙間有四大，而人是四大之一。人取法地，地取法天，天取法道，道純任自然。」

　　二、任繼愈：「它的存在先於天地。既無聲息啊，又無形體，它不依靠外力，循環運行永不停止。當得起天下萬物的母親。我不知怎樣稱呼它，把它叫做『道』，勉強再給它起名叫做『大』。『大』稱作消逝，消逝到極遠，從極遠又返還。所以〔說〕『道』大，天大、地大，人也大。宇宙間有四大，而人居其一。人效法地，地效法天，天效法『道』，『道』效法它自己。」

《老子原意》

第二十六章

重為輕根，靜為躁君。是以聖人終日行不離輕重。雖有榮觀，燕處超然。奈何萬乘之主而以身輕天下？輕則失根，躁則失君。

語譯

  重是輕的根本，而寧靜能夠制伏毛躁。因此，有道的統治者一輩子所作所為都離不開對於孰輕孰重的衡量。即使享有富貴，卻能不受富貴的影響而變得傲慢貪婪。然而，大國君主卻不把人民死活放在眼裡，這怎麼辦呢？不重視人民，就會失去立身的根本；急躁就會失去統治地位。

字義

  重為輕根：根是枝葉的依據。沒有了根，枝葉也就沒有了依據，就活不了了。重：重要，這裡指的是根本、核心，也就是人民。輕：不重，這裡指的是末，就是一己的各種享受。根：根本、依據。

  靜為躁君：寧靜能制伏毛躁。靜，這裡指長遠的利益；躁，這裡指眼前的利益；君：主宰、統治，也可以說是制伏，視前後文而定。

  聖人：聖明的統治者。

  終日：一輩子。日，時間、光陰。

  行，讀音「形」，不是指行走或去哪裡，而是指我們的行為，這裡的行為具體的講，包括身、口、意三業，也就是我們的思想、行為和說話。

  不離輕重：不會離開對輕重的權衡，也就是知道輕重。

  榮觀：榮，富貴；觀，顯示、外觀。榮觀：顯示富貴，即享有富貴。

  燕處超然：燕，安居；超然，不受榮觀的影響。

  奈何：又能怎麼辦呢？

  萬乘之主：諸侯國小的稱「千乘」，大的稱「萬乘」。

  以身輕天下：即統治者憑藉自己的優勢地位而看輕天下百姓，即不重視人民。以，憑藉；身：親自、本人。天下：天下人民。

輕則失根：重視枝微末節就會失去根本，什麼是根本？根本就是人民的支持。什麼是輕？輕就是個人的名譽、聲望、享受。

躁則失君：毛躁就會失去統治地位。

明德說

一、「以身輕天下」是很多統治者的毛病，其結果就是被推翻、身首異處，所以老子才會說「輕則失根」。

二、萬乘之主，指當時的大國君主。在老子的時代，雖然還在春秋，還沒進入戰國時期，但那時稱王的，除了周天子之外，還有楚王、吳王、越王。雖然萬乘之主的本義是指周天子，但說成大國國君也是對的。

三、「聖人終日行不離輕重」或「君子終日行不離輕重」，兩種說法都可以，原因是「聖人」也可說成是「君子」，指的都是統治者。

四、任繼愈說：「這一章，老子舉出輕和重、靜和動（躁）兩對矛盾，發表了這兩對矛盾的看法。認為輕與重對立，矛盾的主要方面是重；靜與躁對立，矛盾的主張方面是靜。可見老子的辯證法是主靜、貴柔的。動與靜的矛盾，本來是對立的統一，強調任何一方，都不是完整的辯證法。老子雖然也接觸到動靜的關係，指出兩者不可分；但他把靜看作矛盾的主要方面，也就是把辯證法理解偏了。因此，老子的辯證法是不全面的。」任氏的這一整段話有很嚴重的錯誤，這裡試說明如下。首先，老子是得道的聖人，而任氏並未得道，一個未得道的人說得道的人錯了，這在邏輯上是行不通的；其次，任氏誤解了老子這章的意思，本章無關矛盾關係，而是主次關係，主次關係不必然是矛盾關係，而可以是和諧關係，例如上級和下級的關係不必然是矛盾的，而可以是休戚與共、團結一致的，這應該是沒有人可以反駁的。本章的重與輕，就是本末關係，是根與枝葉的關係，而非矛盾關係，這一點，應該也是沒有人可以反駁的；同樣的，靜與躁的關係也是如此，是本末關係，而非矛盾對立的關係，不可不察。所以，任氏的說法是錯的；其三，原文是「靜與躁」而非「靜與動」，「動」與「躁」兩者無法等同，而任氏把「靜與躁」說成「靜與動」，顯然犯了邏輯上偷換概念的錯誤。其四、任氏用自以為是的辯證法去理解老子，猶如

以錯的理論為尺度去檢驗正確的理論，這時候，老子還能正確嗎？因此，我這裡誠懇的建議那些有心學老子的人，丟掉辯證法。否則，先入為主，必然誤解了老子，害了自己。

　　五、「奈何萬乘之主而以身輕天下」，陳鼓應理解為「為什麼身為大國的君主，還輕率躁動以治天下呢？」這樣的說法說到邊上，但不準確；而任繼愈則理解為「為什麼身為大國的君主卻低估了對國家舉足輕重的地位呢？」這樣的說法不對，不是老子的意思。

版本差異比較

樓觀台	聖人終日行不離輕重	輕則失根
王弼	聖人終日行不離輜重	輕則失本
本書主張	從樓觀台	從樓觀台

說明：一、「聖人終日行不離輜重」，這種說法很奇怪，因此，本書認為老子的原文應該是「聖人終日行不離輕重」。我以為，「輜」是「輕」的誤寫。

　　二、「輕則失根」或「輕則失本」並無差別。因為根＝本。

理解差異比較

終日	陳鼓應	整天
	任繼愈	終日
	明德	一輩子
「終日行」的「行」	陳鼓應	行走
	任繼愈	走路
	明德	「行為」、「舉止」、「起心動念」。
奈何	陳鼓應	為什麼
	任繼愈	為什麼
	明德	怎麼辦
奈何萬乘之主	陳鼓應	為什麼身為大國的君主，還輕率躁動以治天

而以身輕天下		下呢？
	任繼愈	為什麼身為大國的君主卻低估了對國家舉足輕重的地位呢？
	明德	大國君主不把人民死活放在眼裡，這怎麼辦呢？

他版譯文

　　一、任繼愈：「重是輕的基礎，靜是動的主宰。因此，『聖人』終日走路不離開載著糧秣的輜重。雖享有豪華的生活，卻不沉溺在裡面。為什麼身為大國的君主，卻低估了對國家舉足輕重的地位呢？輕舉必然喪失基礎，妄動必然喪失主宰。」

　　二、陳鼓應：「厚重是輕率的根本，靜定是躁動的主帥。因此君子整天行走離不開載重的車輛。雖然華麗的生活，卻安居泰然。為什麼身為大國的君主，還輕率躁動以治天下呢？輕率就失去了根本，躁動就失去了主體。」

第二十七章

善行者無跡，善言無瑕讁，善數不用籌策，善閉者無關楗而不可開，善結者無繩約而不可解。是以聖人常善救人，故無棄人；常善救物，故無棄物。是謂伸明。故善人者，不善人之師；不善人者，善人之資。不貴其師，不愛其資，雖智大迷，是謂要妙。

語譯

　　擅長走路的人不會留下腳印；擅長說話的人無法讓人挑上毛病；擅長算數的人不需要竹碼子。擅長關門的人不用門閂，所以，沒有人能打開；擅長用繩相鉤連的人不用繩約，所以，沒有人能解開。因為聖人擅長幫助別人，因此，〔在他幫助之下，〕沒有人是廢物；聖人擅長發揮東西的作用，因此，沒有一樣東西會被浪費。這就是所謂的「神般的睿智」。因此，厲害的人是不厲害的人的老師；而不厲害的人是厲害的人的資源。若不珍惜他的老師、若不愛惜他的資源，即使是智商很高，也是在做大糊塗的事情，這就是奧妙之處。

字義

　　善行者無跡：善，擅長、很厲害；行，讀音「形」，走路。無，古同「撤」，免去、免除。跡，步行時所遺留的痕跡。
　　瑕讁：瑕，玉上的斑點。讁，讀音「折」，指缺點、過失、毛病。
　　籌策：亦作「籌筴」，古代用竹子製成的計數工具，俗稱竹碼子。籌，計數的器具；策，古時的一種計算工具，形狀與「籌」相似。「籌」與「策」的區別僅在於前者大些，後者小些。高亨《老子正詁》：「籌策，古時計數之竹筳也。」
　　善閉者無關楗而不可開：關楗，指關閉門戶用的橫木或木閂；而，因而、所以。

善結者無繘約而不可解：結，動詞，是指用繩相鉤連。繘約，繩與繩之間相鉤連的地方。繘，讀音「墨」，《博雅》繩索也。《玉篇》亦作繘。《易‧坎卦》係用徽纆。《說文》三股曰徽，兩股曰纆。皆索名。

是以聖人常善救人：是，助詞，猶夫也，表發端。——王引之《經傳釋詞》卷九，按《禮記‧三年問》：「今是大鳥獸，則失喪其群匹。」以，因為。救：給予幫助使脫離危險或解脫困難。

是謂神明：是謂，這才是、這就是所謂的。「神」通「申」、「神」，這裡指「神」。許慎《說文解字‧申部》：申，神也。明，睿智。

善人：在某一方面領先的人，也可說是在某一方面厲害的人。善：完好、領先於某一方面、高明。

不愛其資的「資」，資源，指一個人所擁有的有形和無形的各種資源。

迷：不辨是非。失去判斷能力、神智不清。

要妙：非常的奧妙，意謂非一般人所能理解。要：重要、大。妙：神奇。

明德說

一、這裡的「善行」不是「美好的德行」，亦非「善於做某事的人」，而是擅長走路。為什麼是擅長，而非「善良」或「從事」呢？這是從句子的整體來說的，因為後面的善言、善數、善閉、善結的善都是擅長的意思。本章的「善人」也不是善良的人，而是擅長某一方面事務的人，白話的說，可以說是很厲害的人。

二、「雖智大迷」，這裡的「智」是「聰明」，即高智商，而非如陳鼓應、任繼愈說的「自以為聰明」，前者是大家公認的，後者是自己以為的，兩者不同。

三、誰是雖智大迷？商紂是也。根據《史記》的記載：「帝紂資辨捷疾，聞見甚敏；材力過人，手格猛獸；知足以距諫，言足以飾非；矜人臣以能，高天下以聲，以為皆出己之下。」可見，紂王是公認非常聰明的，而不只是自以為聰明；但是，他卻做了一大堆蠢事，那就是本章說的「不貴其師，不愛其資」，其結果就只能自焚而死。秦始皇同樣是雖智大迷。

四、任繼愈說 (2015:59):「這裡『無棄人』、『無棄物』的觀點,從無用中看到有用,從棄物中看到物的有用的方面。」任氏的理解是錯的。「無棄人」、「無棄物」的這一整句話的原文是「聖人常善救人,故無棄人;常善救物,故無棄物」,在聖人眼裡,每一個人都有用,每一樣東西都有用,並沒有所謂「從無用中看到有用」、「從棄物中看到物的有用」的情形。換言之,在老子眼裡,從來沒有所謂「無用之人」、「無用之物」,這跟我們不同,我們連自己有用無用都分不清楚,連別人有用無用都分不清楚,又如何談到「無棄人」、「無棄物」。

版本差異比較

帛書甲本	善行者勶跡	怵明
王弼	善行無轍迹	襲明
傅奕	善行無轍迹	襲明
明德	從帛書	從帛書

說明:王弼版本「善行無轍迹,其中,「轍」乃車輪所碾迹也,並非人走路所留痕跡,因此,非老子本意。而按帛書甲本,「善行者勶跡」,這才是對的。因為勶跡就是不留腳印。

理解差異比較

襲明/神明	任繼愈	隱蔽者的聰明
	陳鼓應	保持明境
	明德	神般的睿智
善人之資的「資」	任繼愈	憑借、借鑑
	陳鼓應	借鏡
	明德	資源
雖智大迷的「智」	任繼愈	自以為聰明
	陳鼓應	自以為聰明
	明德	高智商

善人	任繼愈	缺
	陳鼓應	缺
	明德	（在某領域）很厲害的人

他版譯文

一、陳鼓應：「善於行走的，不留痕跡；善於言談的，沒有過失；善於計算的，不用籌碼；善於關閉的，不用栓梢卻使人不能開；善於捆縛的，不用繩索卻使人不能解。因此，有道的人經常善於做到人盡其才，所以，沒有被遺棄的人；善於做到物盡其用，所以沒有被廢棄的物。這就叫做保持明境。所以善人可以做為不善人的老師，不善人可以作為善人的借鏡。不尊重他的老師，不珍惜它的借鏡，雖然自以為聰明，其實是大迷糊。它真是個精要深奧的道理。」

二、任繼愈：「善行路者，不留轍跡；善言談者，無瑕可謫；善計算者，不用籌策；善關閉者，不用鎖鑰，卻使人不能開；善捆縛者，不用繩索，卻使人不能解。因此，聖人總是善於挽救人，所以，沒有無用的人；善於利用物，故無廢棄物。這叫做隱蔽者的聰明。所以。善人是不善人的老師，不善人也可作善人的借鑑。不尊重他的老師，不珍惜他的借鑑，自以為聰明，實為糊塗，這就叫做〔對人處世的〕『訣竅』。」

《老子原意》

第二十八章

知其雄，守其雌，為天下谿。為天下谿，常德不離，復歸於嬰兒。
知其白，守其黑，為天下式。為天下式，常德不忒，復歸於無極。
知其榮，守其辱，為天下谷。為天下谷，常德乃足，復歸於樸。樸散則為器，聖人用之則為官長。故大制不割。

語譯

　　知道自己的強大，但是，寧願當個柔弱的人，處在天下所有人之下，一直這麼做，就能回復到嬰兒的狀態。

　　知道自己的清白，但是，甘願背黑鍋，〔做人家不願意做的事情，〕寧願當天下所有人的扶手，一直堅守這樣不改變，就能夠達到沒有邊界的狀態。

　　知道自己值得人家尊重，可是寧願被別人侮辱。寧願在天下人之下，一直維持如此，直到做到百分之百，然後就能回復到純淨、看到本來的面貌。

　　當一個人看到自己本來的面貌，那麼，他就具有治國才能，聖人就會任用他作為宰相。因此，這樣的人所制定的政策是美好的，不會傷害到無辜的人。

字義

　　知其雄，守其雌：知道自己的強大，但是，寧願當個不起眼的人，寧願當個天下最低下、最謙虛、最柔弱的人。雄，強有力。守，保持、堅守。雌，柔弱。

　　知其白，守其黑：他知道自己的清白，但是，不去辯駁，甘願承擔罪名、背黑鍋，此即後文所提到的「受國之垢、受國不祥」。白，清白、純

潔。黑,污點、罪過。

式,音義同「軾」,軾是一個小部件,是古代車廂前面用做扶手的橫木。古時候車子前方有一個橫木,供人在車子顛簸時抓扶。大多數情況下沒什麼用,可是少了它也不行。軾,用今天的話說,就是打下手、助手。

常德不忒:一直堅守這樣不改變。忒,讀音「特」,差錯。

無極:沒有邊界。極:頂端、最高點。

知其榮,守其辱:他知道自己值得人家尊重,可是寧願被別人侮辱、糟蹋。例如武訓。其:他。榮,受人尊重。

谷:兩山間的夾道或流水道,或指兩山之間。

樸散則為器:樸,沒有細加工的木料,喻不加修飾,指本來的樣子,沒有污染,沒有雜念。散,散發。器,才華,如「廟堂之器」,意思就是有治理國事的才能。

官長:眾官之長,也就是宰相。

大制不割:偉大的制度不會傷及無辜。大,偉大、美好的;制,制度。割,災害、用刀切開。不割,不傷及無辜。

明德說

一、老子的人才觀:聖人用之則為官長。之是指能「守其雌、守其黑、守其辱」的人,這裡的守是指:守住、保持。他知道自己所具有的英雄氣概,但卻能保持柔軟、溫和、低下。

二、這一章的問題在於守。也就是要守雌、守黑、守辱。問題是,我們願意不願意?大部份人都不願意,因此,大部份人的一生都是失敗、痛苦不安的。

三、「樸散則為器」並非如任繼愈所說「『樸』被破壞,分散為具體的東西」,也非陳鼓應所說的「真樸的道分散成萬物」,而是「樸起了作用之後,就成為了不可多得的人才」。樸散不好理解,我們可以這樣理解,樸是一種人格圓滿時的靜止狀態,而散則是人格圓滿之後,具體在生活上、在事業上與人相處、應對能力的展現。

四、大部份的人都是爭功諉過,老子的做法相反,背黑鍋、不爭辯、

只付出、不要回報,把功勞給別人,把黑鍋攬在自己身上。

　　五、關於大制不割:每一個國家或每一個組織都有它的制度。越極權的國家,受到無辜傷害的人就越多,因為人民沒有表達利益訴求的機會;越民主的國家,被無辜傷害到的人就越少,因為人民有更多的管道表達自己的利益訴求。

　　六、南懷瑾說:「人人都自然守法,並不要法律來約束;人人都不必講道德,自然合于道德的標準。所以,『道法自然』,那個社會,本身就是道德,這就是所謂『大制不割』。」然而,我的理解不是這樣,我所理解的大制不割是指一套公平的法律、制度。現今,我們的世界之所以有很多不幸,不管是在台灣、在美國、在沙烏地阿拉伯、在印度等等都是因為制度出了問題、制度不公平,不管是政治制度、教育制度、財稅制度還是其他。

　　七、高亨、易順鼎、陳鼓應等人說:「守其黑,為天下式。為天下式,常德不忒,復歸於無極。知其榮,這六句疑為後人所竄入。」這種說法不妥。蓋「知其雄,守其雌」、「知其白,守其黑」、「知其榮,守其辱」是三種不同情境的應對,各有其存在之必要,而且這三種狀態也是一般人所忽略或不願意做的,而老子把它們說出來,提醒我們應該怎麼做,然後才能「復歸於樸」,才能做到「大制不割」。

　　八、任繼愈把「為天下式」理解為「甘做平凡的工具」,非也,而是寧願當天下所有人的助手,即不當主角,甘當配角(雖然自己有能力當主角)。此外,任繼愈說「式,即『栻』,即古代占卜用的器具」,非也,「式」非「栻」,而是「軾」。

　　九、大制不割非任繼愈所說是「用因勢利導的管理方式」,也非如陳鼓應所說是「完善的政治是不割裂的」,而是「偉大的制度不會傷及無辜」。

理解差異比較

| 知其雄,守其雌。為天下谿 | 任繼愈 | 雖深知什麼是剛強,卻安於弱勢的柔雌,甘做天下的溝溪 |

	陳鼓應	深知雄強,卻安於雌柔、作為天下所遵循的蹊徑
	明德	知道自己的強大,但是,寧願當個柔弱的人,處在天下所有人之下
知其白,守其黑,為天下式	任繼愈	深知什麼是光彩,卻安於沉默的地位,甘做平凡的工具
	陳鼓應	深知明亮,卻安於暗昧,作為天下的川谷。
	明德	知道自己的清白,但是,甘願背黑鍋、做人家不喜歡做的事情,寧願當天下所有人的扶手
為天下式的「式」	任繼愈	即「栻」,即古代占卜用的器具
	陳鼓應	缺
	明德	幫手、扶手
知其榮,守其辱,為天下谷	任繼愈	看透了榮譽,卻安於卑下,甘做天下的溝溪。
	陳鼓應	缺
	明德	知道自己值得人家尊重,可是寧願被別人侮辱、糟蹋。寧願在天下人之下
大制不割	任繼愈	用因勢利導的管理方式
	陳鼓應	完善的政治是不割裂的
	明德	偉大的制度不會傷及無辜

他版譯文

　　一、任繼愈:「雖深知什麼是剛強,卻安於弱勢的柔雌,甘做天下的溝溪;永恆的『德』永不相離,重新到單純的狀態,像嬰兒。深知什麼是光彩,卻安於沉默的地位,甘做平凡的工具;與永恆的『德』不會差池,回復到最後的真理。看透了榮譽,卻安於卑下,甘做天下的溝溪。甘做天下的溝溪;永恆的『德』得以充實,回到『質樸』的境地。『樸』被破壞,分散為具體的東西,『聖人』在『樸』被破壞了的形勢實行管理,所以,

用因勢利導的管理方式。」

　　二、陳鼓應：「深知雄強，卻安於雌柔、作為天下所遵循的蹊徑。作為天下所遵循的蹊徑，常德就不會離失，而回復到嬰兒的狀態。深知明亮，卻安於暗昧，作為天下的川谷。作為天下的川谷，常德才可以充足，而回復到真樸的狀態。真樸的道分散成萬物，有道的人沿用真樸，則為百官的首長，所以完善的政治是不割裂的。」

第二十九章

將欲取天下而為之，吾見其不得已。夫天下，神器也，非可為者也。為者敗之，執者失之。
物或行或隨，或歔或吹，或強或羸，或培或墮。是以聖人去甚，去奢，去泰。

語譯

　　如果想要獲取政權却採取不正當的手段，我看是無法如願的。政權啊，是個很神奇的東西，不是詐欺就能得到的。詐欺，終會敗露；緊緊握住權力不鬆手，反而會失去。

　　人啊！有的喜歡走在前面，有的喜歡跟在後面；有的個性緩和，有的個性急躁；有的強壯、有的瘦弱；有的習慣幫助別人，有的習慣背後捅刀。所以，聖人的做法是：不走極端，不自高自大，不讓自己安逸。

字義

　　將欲取天下而為之：將，如果；取，獲取、得到；天下，政權；而，卻是；為，音義同「偽」，詐也、欺也，也就是採用不正當的手段。

　　不得已：不得，得不到；已，語終詞。

　　神器：神奇的東西。

　　非可為者也：為，音義同「偽」。

　　為者敗之：為，音義同「偽」，虛偽、不正當的。敗，敗露。

　　執者失之：執，執取，也就是牢牢握住，不鬆開。

　　或歔或吹：歔，讀音「需」，輕聲和緩地吐氣，表示一個人的個性緩和。吹，合攏嘴唇用力呼氣，表示一個人個性上的急躁。

　　或強或羸：有的強壯、有的瘦弱。羸，讀音「雷」，瘦弱。

　　或培或墮：或，有的；培，滋養，在植物根部加上泥土和肥料，意謂幫助。墮，掉下來，意謂著破壞、扯後腿。

去甚，去奢，去泰：去，去除；甚，過度；奢，自高自大；泰，安逸。

明德說

一、本章的重點不在於「將欲取天下而為之」的「取」字的解釋，而在於「為」字的解釋。蓋「為」乃「偽」之假借，「為」通「偽」也。我這麼說是有根據的。如《左傳・定公十二年》「子為不知，我將不墜」；又《管子・樞言》「為善者，非善也，故善無以為也」；又《管子・心術上》「變化則為生，為生則亂矣」；又《禮記・檀弓下》「夫子為弗聞也者而過之」以上四個「為」字都是「偽」的假借。

二、何謂「偽」？偽者，人為也，不是自然的，是用欺騙、暴力等不正當手段得來的，是背「道」而馳，而非順取。所謂的順取是順應民心，這樣的得天下，才能長久，也才能安穩，才合乎「道」，例如：周天下、漢天下、宋天下、明天下、清天下。老子總是看得很遠，要記得這一個核心思想。在老子看來，一時的成敗都不在他的討論之列，因為，在他看來，那太膚淺了，不值一提。我舉個例子：獨裁政權即是老子眼中的為者敗之（強摘的瓜不甜），最後都是要倒大楣的。

三、每個獨裁者、每個暴君雖然都能頤指氣使，好不威風、一呼百諾，過足了統治者的癮，但不也都活得提心吊膽嗎？這樣的生活，有什麼意義，何況，報應如影隨形。

四、從河上公以來，都把「將欲取天下而為之」的「取」解釋為「治理」，但這種說法是不對的。取應該理解為取得、獲得、得到。

五、「夫天下」的「天下」，是指政權，應該明確指出來，而不能沒有翻譯。

六、任繼愈說 (2015:65)：「這一章繼續闡發『無為』的政治思想。他認為人對於客觀世界無能為力」任氏的這一說法有問題。首先，本章無關「無為」，任氏把本章的「為」理解為「勉強作為」，非也；其次，老子從來沒說過「人對於客觀世界無能為力」這樣的話，老子是說，取之有道：不要詐騙、不要執取、去甚、去奢、去泰，就有機會取天下了。

問答

問:「夫物或行或隨、或戲或吹、或強或羸、或挫或隳。」這句話在整章中的邏輯所在是什麼?具體怎麼解釋?

答:老子在告訴我們,人的形形色色。先做一下翻譯:人啊!有不同的性:有的喜歡走在前面、有的喜歡跟隨在後面;有的聰明、有的愚笨;有的強大,有的弱小;有的幫助人,有的專門害人。而極端、舒坦、排場大,這些都是不好的,因此,聖人不做這些事情。聖人如果要取天下神器,就要了解人的「行隨、戲吹、強羸、陪墮」,而且,做事情要去甚、去奢、去泰。

版本差異比較

王弼	天下神器	不可為也	故物	或挫或隳
傅奕	夫天下神器	不可為也	凡物	或培或墮
河上公	天下神器	不可為也	故物	或載或隳
帛書甲本	夫天下,神器也	非可為者也	物	或培或墮
劉師培	缺	不可為也,不可執也	缺	缺
本書主張	從帛書	從帛書	從帛書	從帛書

說明:一、劉師培、陳鼓應均認為「不可為也,不可執也」才是對的。陳鼓應說:「王弼本原缺這一句(指「不可執也」),根據劉師培的說法增補」。然而,王弼版本才是對的,在「不可為也」之下,不需接「不可執也」。

二、或培或墮 = 或載或隳,但王弼的「或挫或隳」必然是不對的。原因在於前後必須是相反詞,如「隨」與「行」、「戲」與「吹」、「強」與「羸」均是相反詞,而「挫」與「隳」卻是同義詞。

理解差異比較

將欲取天下而	任繼愈	〔誰〕要想治理天下並有所作為

為之	陳鼓應	想要治理天下卻用強力去做
	明德	如果想要獲取政權却採取不正當的手段
將欲取天下而為之的「取」	任繼愈	治理
	陳鼓應	治理
	明德	得到、取得
將欲取天下而為之的「為」	任繼愈	有所作為
	陳鼓應	用強力
	明德	虛偽、詐欺
為者敗之	任繼愈	誰強做，誰就把事做壞
	陳鼓應	出於強力的，一定會失敗
	明德	詐欺，終會敗露
物或行或隨的「物」	任繼愈	一切事物
	陳鼓應	世人
	明德	人
去泰的「泰」	任繼愈	過份
	陳鼓應	過度
	明德	安逸

他版譯文

　　一、任繼愈：「〔誰〕要想治理天下並有所作為，我斷定他不能達到目的。『天下』這個怪東西，不能勉強作為。誰強做，誰就把事做壞，誰把持，誰就把它喪失。所以，（是以聖人無為，故無敗，無執，故無失。）一切事物〔本來就〕有的前行，有的後隨；有的輕噓，有的急吹；有的強壯，有的瘦羸；有的小挫，有的全毀。因此，『聖人』〔必須〕去掉那些極端的、奢侈的、過份的行為。」

　　二、陳鼓應：「想要治理天下卻用強力去做，我看他是不能達到目的了。『天下』是神聖的東西，不能出於強力〔不能加以把持〕。出於強力

的，一定會失敗；加以把持的，一定會失去。世人性情不一，有的行前，有的隨後；有的性緩，有的性急；有的強健，有的羸弱；有的自愛，有的自毀。所以，聖人要去除極端的、奢侈的、過度的措施。」

《老子原意》

第三十章

以道佐人主者，不以兵強天下。其事好還。師之所處，荊棘生焉。大軍之後，必有凶年。善者果而已矣，不敢以取強。果而勿矜，果而勿伐，果而勿驕。
果而毋得已居，是謂果而不強。物壯則老，是謂不道。不道早已。

語譯
　　一個用正道來輔佐君主的人，不用武力去逼迫別人服從。因為你用武力逼迫別人，別人同樣用武力報復你。〔一旦發生戰爭，〕軍隊所到之處，長出荊棘；兩軍大戰之後，一定鬧飢荒。高明的人，達到目的就好，但是，不敢用勉強的方式取得。一旦達到目的之後，就不要自大、不要自誇、不要自滿。
　　雖然達到目的，但是以暴力方式得到的，這種情形稱為成功但非真正的強大。使用強力才成功的，反而會加速自己的衰敗。這種做法不符合正道，而不符合正道的做法，只會讓自己提早死亡。

字義
　　佐：輔佐。
　　不以兵強天下：不用暴力逼迫天下人民。以，用。兵，武力、暴力。強，音讀搶，勉強、強迫、強制。天下，天下人民。
　　好還：　定歸還，猶言「一定會有報應」。好，讀音「郝」，完成、完畢，也就是沒有疏漏、百分之百；還，歸還。
　　師之所處：軍隊所到之處。師，軍隊。
　　大軍之後，必有凶年：大軍，大戰。軍，攻殺，做動詞用。凶年，鬧飢荒。
　　善者果而已矣：高明的人，達到目的就好。善者，高明的人；果，果

實、實現,這裡意謂達到目的。

不敢以取強:害怕用強迫的方式去得到;敢,膽量;不敢,害怕。

果而勿矜,果而勿伐,果而勿驕:矜,自尊、自大。伐,自誇。驕,自滿。

果而毋得已居:雖然成功,卻是以武力取得。毋得已:不得已,指被迫,這裡指的是採取武力、暴力、軍事手段。居,占。

果而不強:而,卻;強,強盛,指真正的強大。

物壯則老:壯,做動詞,不做形容詞,指增強、加強,也就是強為、勉強得來。則,反而;老,衰敗。

不道早已:不道,不符合道的做法。早已,早死,提早結束。早,提早;已,死也。

明德說

一、我把這一章分為兩段,即「以道佐人主者…果而勿驕」以及「果而毋得已居……不道早已」,或許,這樣分段之後,文義會清楚一點。

二、「物壯則老」並非指一個人從青年,經壯年,到老年的這個過程。這裡的「壯」是壯大,有勉強、強迫的意思,不是指壯年。

三、所謂「是謂不道」,這裡的「是」是指前面所說的「物壯則老」的「壯」,也就是勉強、強迫或武力取得。

四、不道是指不合乎道,這沒有錯,但什麼東西不合乎道呢?是用勉強得來的成功不合乎道,而非陳鼓應說的「凡是氣勢壯盛的就會趨於衰敗,這是不合於道的」。因為,「氣勢壯盛的就會趨於衰敗」,這是道啊!怎麼會是「不道」。那麼,為什麼會出現這種錯誤的理解呢?原因是陳鼓應對於前面的理解(指物壯則老)出現問題,才導致於後面的理解跟著錯了。

版本差異比較

帛書甲本	善者果而已矣	果而毋得已居,是謂果而不強
王弼	善有果而已	果而不得已,果而勿強
傅奕	故善者果而已矣	果而不得已,是果而勿彊

《老子原意》

| 本書主張 | 採帛書甲本 | 採帛書甲本 |

理解差異比較

善者果而已矣	任繼愈	只要達到目的就算了
	陳鼓應	善用兵的只求達到救濟危難的目的就是了
	明德	高明的人,達到目的就好
果而不強	任繼愈	達到了目的就不要逞強
	陳鼓應	達到目的卻不逞強
	明德	雖然是達到目的,但非真正的強大
物壯則老	任繼愈	事物壯大了,就要衰老
	陳鼓應	凡是氣勢壯盛的就會趨於衰敗
	明德	使用強力才成功的,反而加速自己的衰敗

他版譯文

一、陳鼓應:「用道輔助君主的人,不靠兵力逞強於天下。用兵這件事一定會得到還報。軍隊所到的地方,荊棘就長滿了。〔大戰過後,一定會變成荒年。〕善用兵的只求達到救濟危難的目的就是了,不借用兵力來逞強。達到目的卻不矜恃,達到目的卻不誇耀,達到目的卻不驕傲,達到目的卻出於不得已,達到目的卻不逞強。凡是氣勢壯盛的就會趨於衰敗,這是不合於道的,不合於道很快就消逝。」

二、任繼愈:「用『道』輔佐國君的人,不靠兵力在天下逞強。用兵的結果,很快就得到報應;軍隊駐紮過的地方,長滿了荊棘,大戰之後,必有荒年。只要達到目的就算了,不敢用武力逞強。達到了目的不要自大,達到了目的不要自誇,達到了目的不要驕傲,要認識這不得已的辦法,達到了目的就不要逞強。事物壯大了,就要衰老,這(物壯)不是『道』的原則。違反『道』的原則,必然提前死亡。」

《老子原意》

第三十一章

夫兵者，不祥之器。物或惡之，故有道者不處。君子居則貴左，用兵則貴右。兵者不祥之器，非君子之器，不得已而用之，恬淡爲上。勝而不美，而美之者是樂殺人。夫樂殺人者，則不可以得志於天下矣。吉事尚左，凶事尚右。偏將軍居左，上將軍居右，言以喪禮處之。殺人之衆，以哀悲涖之。戰勝，以喪禮處之。

語譯

　　戰爭會帶來不幸，並不是所有人都喜歡。因此，有智慧的人不打仗。統治者在平常時候，都以左邊為尊位，但是，用兵的時候，就不是這樣，反而以右邊為尊位。由於武器會帶來不幸，因此，君子不應該使用，只有在非不得已的時候才使用。君子的日常生活，以澹泊名利為上，即使打仗打贏了，也不因此而得意。如果有人因打仗打贏了而高興，那麼，這個人一定是個喜歡殺人的人。一個喜歡殺人的人，是不可以讓他遂其心願、取得天下的。喜事以左邊為尊位；戰事以右邊為尊位。偏將軍要位列左邊，而上將軍位列右邊，說的就是（這樣安排的用意）要用喪禮對待戰爭。如果，戰爭死了很多人，那麼，就要為這些死傷的人哀悼與難過。如果戰勝，要以喪禮對待這件事情〔，而非大肆慶祝〕。

字義

　　兵：戰爭。
　　物或惡之：並不是所有人都喜歡戰爭。物，特指人，同第二十九章的「物或行或隨」的「物」。或，有的人。惡，讀音「勿」，厭惡、不喜歡；之，指前面所說的戰爭。
　　有道者不處：有道者，有智慧的人；處，辦理，這裡意指使用武器。
　　君子居則貴左：君子，統治者；居，平常。左，面向南時，東的一邊

叫左,地理上指東方;又古代稱契約為券,用竹做成,分左右兩片,左片叫左券,是索取償還的憑證。後來說有把握叫「操左券」;又《史記‧文帝紀》左賢右戚。《注》韋昭曰:「左猶高,右猶下也。」鄭玄注:「喪尚右,右,陰也;吉尚左,左,陽也。」

恬淡:澹泊名利。

勝而不美:即使勝利了也不高興。美,得意、高興。

得志:遂其志向。

凶事:戰事、壞事。

偏將軍:副將,輔佐意。偏:中之兩旁。「偏將軍」其名源于先秦,盛於兩漢。起先「偏」為編制單位,如《周禮‧地官》「五十人為偏」;《左傳‧恒公十二年》「其君之戎,分為二廣,廣有一率,率偏之兩」等。同樣「偏」也有作將佐稱謂,如《左傳‧襄公三十年》「司馬令尹之偏」。

上將軍:將軍名號,位高於偏將軍。右,主殺。上:級別高的。白起為秦國的「上將軍」,上將軍是指揮全軍的總大將,而非專有的軍職。

言以喪禮處之:言,這就是說。處,對待。

以悲哀蒞之:以,用;蒞,視。之,指因戰爭而死的那些人。

明德說

一、為什麼吉事尚左?因為歷來坐北朝南是吉位,在坐北朝南的基礎上,東方是左邊,西方是右邊,而東方又是日出之地,因此,吉。換言之,左邊和右邊之吉凶,是根據日出的方位來的。在北半球,左邊是吉,在南半球,右邊才是吉。

二、陳鼓應說「老子指出了戰爭的禍害,而表達了它的反戰思想」。任繼愈說「老子反對戰爭」。劉笑敢說(2006.657)「老子反對戰爭、極力避免戰爭」。我不認為老子反對戰爭,老子反對的是窮兵黷武,不反對自衛戰爭,不反對拯救人民於水火的義戰,老子自己在本章也說了「兵者⋯⋯不得已而用之」,可見,老子並不反對正義之戰,否則,老子不會在《老子》一書中說了那麼多的兵法。不只老聖人不反對戰爭,孔聖人也不反對戰爭,孔聖人說:「當仁,不讓於師。」很多人誤解了孔子這句話的意思,

這句話的意思是,碰到攸關仁義,必要時,要出兵討伐,而不是坐等敵人來奴役我們。

　　三、「物或惡之」非任繼愈所說「誰也厭惡它」,也非陳鼓應所說「大家都怨惡它」,而是「並不是所有人都喜歡戰爭」。這中間的差別在於「或」不解釋為「所有人」,而是「部份人」、「有人」。老子在後面也說了「樂殺人者」,這就是說,有些人是喜歡殺人、喜歡打仗的。可見,「物或惡之」的「或」不能解釋為「全部」。

版本差異比較

帛書	夫兵者,不祥之器也	以悲哀涖之
王弼	夫佳兵者,不祥之器	以哀悲泣之
傅奕	夫美兵者,不祥之器	則以悲哀泣之
本書主張	從帛書	從帛書

說明:一、王弼版本「以哀悲泣之」,河上公、傅奕本作「以悲哀泣之」,兩個版本的文字差別在於「悲哀」或「哀悲」,義實無差別。

　　二、王弼版本「以哀悲泣之」的「泣」應為「涖」,即看待、對待、處理。

理解差異比較

物或惡之	陳鼓應	大家都怨惡它
	任繼愈	誰也厭惡它
	明德	並不是所有人都喜歡戰爭

他版譯文

　　一、任繼愈:「戰爭啊,不祥的東西,誰也厭惡它,所以有道的人不接近它。君子平時以左邊為上。用兵打仗時就以右邊為上。戰爭這不祥的東西,不是君子所用的,不得已而用它,最好淡然處之。勝利了,不要自以為了不起。如果自以為了不起,這就是以殺人為樂趣。以殺人為樂趣的

人，不可以在天下得志。吉慶事以左邊為上，凶喪事以右邊為上。偏將軍站在左邊，上將軍站在右邊，就是說，打仗要按照辦喪禮的儀式對待。殺傷那樣多，以哀痛的心情參加，戰勝了按照辦喪事儀式辦理。」

　　二、陳鼓應：「兵革是不祥的東西，大家都怨惡它。所以，有道的人不使用它。君子平時以左方為貴，用兵時以右方為貴。兵革是不祥的東西，不是君子所使用的東西，萬不得已而使用它，最好要淡然處之。勝利了也不要得意洋洋，如果得意洋洋，就是喜歡殺人。喜歡殺人的，就不能在天下得到成功。吉慶的事情以左方為上，凶喪的事情以右方為上。偏將軍在左邊，上將軍在右邊，這是說出兵打仗用喪禮的儀式來處理。殺人眾多，帶著哀痛的心情去對待，打了勝戰要用喪禮的儀式去處理。」

第三十二章

道常無名。樸雖小,天下莫能臣也。侯王若能守之,萬物將自賓。天地相合,以降甘露。民莫之令而自均。始制有名,名亦既有,夫亦將知止,知止所以不殆。譬道之在天下,猶川谷之於江海。

語譯

　　道永遠是無法清楚描述的。本真的人,即使他是個小人物,天底之下,也沒有人可以讓他臣服。如果統治者能夠守住本真,那麼,天下所有人都會自動服從。而且,天地之間陰陽之氣相匹配,老天爺降下甘露;不需要君主的命令,人民就能自動分多潤寡。一開始就要制定好名份。名份有了之後,每個人也就跟著知道自己該做什麼,不該做什麼。知道自己該做什麼和不該做什麼就不會給自己帶來危險。就好像道無所不在,也好像川谷的水必然流向江和海那樣的自然,不用多說。

字義

　　道常無名:道永遠是無法名狀、說不清楚的。常,恆也,永遠也。無名,無法名狀。
　　樸雖小:樸,本真。小,輕微,這裡指社會地位、財富、權勢的微不足道。雖,即使、縱使。
　　臣:臣服、屈服。
　　侯王若能守之,萬物將自賓:侯王若能保持本真,所有的人都將自動服從。侯王,君主、統治者;賓,歸順、服從也。
　　天地相合:天地之間陰陽之氣相匹配,猶言風調雨順。合,匹配、合攏。
　　以降甘露:就能降下甘美的露水。
　　民莫之令而自均:不需要君主的命令,人民就能自動調節。自均,自

動調節，猶言自動分多潤寡。均，調，調和、調節。

始制有名：一開始就制定好名份。始：開始。制：制定。名：名份，指官職和與官職相應的職責、本份。

名亦既有，夫亦將知止：名份有了之後，每個人也就跟著知道自己該做什麼，不該做什麼。

知止所以不殆：知道自己該做什麼和不該做什麼，就不會給自己帶來危險。知止：知道什麼該做和不該做。止：停止、不再前進。但老子的意思不是只限於止，也包含進，只是以「止」代替「止」和「進」，這是修辭學上的用法。殆，危險。所以，因而。

譬道之在天下：就好像道無所不在，也就是任何一個地方都能體現到「道的存在」，只是我們不明白。

猶川谷之於江海：就好像川谷的水一定流向江海一樣，不會改變。之，往也、通向。

明德說

一、什麼是樸？樸就是本來的樣子。何謂本來的樣子？清淨、沒有污染、沒有修飾、沒有造假、純真、沒有恐懼、自在等等等，這些才是樸，才是本來的樣子。一個樸的人，就是一個清楚明白、能辨別是非真假、沒有人能夠逃得出她/他的火眼金睛，也是兼具大智、大仁、大勇的人。

二、很多人不能理解老子這裡所說「樸雖小，天下莫能臣也」的意思，甚至把它誤解、曲解了。所謂的「樸雖小」是指有樸的人，縱使他的社會地位再卑微、再貧窮，都沒有人能使他屈服，秦皇漢武不能使他屈服、紂王不能使他屈服、趙高不能使他屈服、孝莊皇后不能使他屈服，這些人例如武訓、張志新、林昭（原名彭令昭）、文天祥、方孝儒等人，天底之下，沒有人可以讓他們臣服，因為這些人是最**接近**樸的，是沒有任何虛偽的，只有具備樸這樣品質的人，才能產生出一種力量，這種力量，任何帝王將相、魔鬼、惡徒，無論使用什麼方法，威脅、利誘、處死、凌遲都無法使他們屈服。

三、「道常無名」，任繼愈、陳鼓應都沒有把「無名」解釋出來，很

可惜。

四、「民莫之令而自均」並非如任繼愈所說「人們沒有令它均勻,而自然均勻」,這樣的翻譯無法理解,而且任氏這句子中的「它」又是指什麼呢?不清楚。也非如陳鼓應所說「人們不須指使它而自然均勻」。最重要的是,「均」不是「均勻」,不是「平均」、不是「均等」,而是透過「調和」、「調節」來達到「公平」。因此,這裡的「均」就是「調和」、「調節」、「公平」。注意,「平均」不一定是「公平」。我們要的是公平,而非平均。

五、「民莫之令而自均」的主詞是侯王,但省略。這句話有倒裝,不倒裝的話是「莫令而民自均」,因此,翻譯下來就是:不需要侯王的命令,人民之間就能自動的調節,意思是不需要統治者的自以為是,統治者只要樸就可以,當然,能樸的統治者,那他／她就是聖人了。

六、陳鼓應說「老子以『無名』喻『道』」,這種說法有問題。這裡的「無名」沒有喻「道」的意思,而只是單純的字面上的意義,即無法名狀,道是「沒有辦法描述」的,其實,在佛經裡面也有同樣的話,釋迦牟尼佛說:「言語道斷」,道一說,就不是道了。

七、「民莫之令而自均」不是接著「天地相合,以降甘露」來的,而是跟著「侯王若能守之」來的。換言之,「侯王若能守之」之下,出現了三種情形,分別是「萬物將自賓」、「天地相合、以降甘露」以及「民莫之令而自均」。

八、任繼愈說:「本章在講『無為』的政治思想」,這樣說,有點偏題。本章不是講無為,而是講「樸」的厲害。

版本句讀差異比較

王弼	知止可以不殆	道常無名,樸雖小
帛書甲本	知止所以不殆	道恆無名,樸雖小
傅奕	知止所以不殆	道常無名,樸雖小
陳鼓應	缺	道常無名、樸。雖小

《老子原意》

| 本書主張 | 從帛書 | 道常無名。樸雖小 |

說明：陳鼓應把「道常無名。樸雖小」，斷句為「道常無名、樸。雖小」，不妥。「雖小」的主詞不是「道」，而是「樸」。

理解差異比較

樸雖小，天下莫能臣也	陳鼓應	樸質狀態的。雖然幽微〔不可見〕，天下卻沒有人能臣服它。
	任繼愈	樸雖然小，天下沒有誰能支配它
	明德	有樸的人，即使她/他是個小人物，天底之下，也沒有人可以讓她/他臣服。
民莫之令而自均	陳鼓應	人們不須指使它而自然均勻
	任繼愈	人們沒有令它均勻
	明德	不需要君主的命令，人民就能自動調節
始制有名	陳鼓應	萬物興作就產生了各種名稱
	任繼愈	有了管理，就有名份。
	明德	一開始就制定好名份

他版譯文

一、任繼愈：「道永遠是無名的，樸雖然小，天下沒有誰能支配它。侯王若能保有它，萬物將會自動地服從。天地〔間陰陽之氣〕相合，就降下甘露，人們沒有令它均勻，而自然均勻。有了管理，就有名份。名份既制定，就適可而止。知道適可而止，可以避免危險。道在天下的地位，正像小河流歸附江海那樣。」

二、陳鼓應：「道永遠是無名而樸質狀態的。雖然幽微〔不可見〕，天下卻沒有人能臣服它。侯王如果能守住它，萬物將會自然地歸從。天地間〔陰陽之氣〕相合，就降下甘露，人們不須指使它而自然均勻。萬物興作就產生了各種名稱，各種名稱已經制定了，就知道有個限度，知道有所限度，就可以避免危險。道存在於天下，有如江海為河川所流注一樣。」

第三十三章

知人者智，自知者明。勝人者有力，自勝者強。知足者富。強行者有志。不失其所者久。死而不亡者壽。

語譯

　　能知道別人的動機和目的的人，那算是聰明人；能知道自己使命的人，算是明白人；能夠打敗別人的人，算是有能力的人；能夠戰勝自己慾望的人，那是真正的強大；知道滿足的人是幸福的；不因阻力而放棄，才算是有志向的人；須臾不離良知的人，才能經得起時間的考驗。一個人的肉體死了，但他的名字、事蹟、精神還留在世間，這樣的人才算長壽。

字義

　　知人者智：知，了解、認識、知道的事物，可以脫口而出。

　　自知者明：自知，即知自的倒裝，認識自己；明，明白、清楚、洞悉一切。

　　自勝者強：自勝，即「勝自」的倒裝；勝，降伏；強，強大。

　　知足者富：富，同「福」，按《詩・大雅・瞻卬》：「何神不富？」傳：「富，福也。」

　　強行者有志：強行，即使遭遇挫折，仍然不放棄，繼續前行。強，勉強；行，前進。志，未表露出來的遠大打算。

　　不失其所者久：失，離也；所，地方，這個地方即為良知。久，時間的長久，猶言經得起考驗。

　　亡：消失。

明德說

　　一、歷來，都把知足者富的「富」理解為富有，但這樣的理解可能有問題。如果把「富」理解為「福」，應該是更準確才是。換言之，知足的

人，並不是富有，而是幸福。

二、死而不亡者壽，一個人雖然死了，但他／她沒有被忘記、永遠被懷念、被感激、被尊敬，例如孔子、老子、釋迦牟尼佛、文天祥、武訓、張志新、林靖娟等人。

問答

問：在「知人者智，自知者明」這句話中，為什麼認為「明」比「智」的境界更高？

答：因為「明」的人可以看到自己的缺點，而「智」的人看不到自己的缺點，「智」的人其實是傲慢自大的人。人通常是這樣：放大別人的缺點，縮小別人的優點，放大自己的優點，縮小自己的缺點。而聰明的人，能夠較為客觀的知道別人的優缺點，但不能看到自己的缺點。而知道自己優點和缺點的人，才是明白人。

理解差異比較

不失其所者久	陳鼓應	不離失根基的就能長久
	任繼愈	不失立場的人經得起考驗
	明德	不離良知的人，才能長久

他版譯文

一、陳鼓應：「戰勝別人的是『智』，了解自己的才算『明』。戰勝別人的是有力，克服自己的才算堅強。知道滿足的就是富有。努力不懈的就是有志。不離失根基的就能長久。身死而不被遺忘的是真正的長壽。」

二、任繼愈：「了解別人的叫做智，了解自己的才是明。戰勝別人的人叫做有力，克服自己〔的弱點〕的人才是剛強。知足的人就富足，堅持力行的人有志氣，不失立場的人經得起考驗，死後而不消失的人才是長壽。」

第三十四章

大道氾兮，其可左右。萬物恃之而生而不辭，功成不名有，衣養萬物而不爲主。常無欲，可名於小；萬物歸焉而不爲主，可名爲大。以其終不自爲大，故能成其大。

語譯

　　偉大的道就像大水氾濫一樣，哪裡是哪一個人能夠左右的。所有的生命都因爲「道」而生生不息，事情做成了，卻不說是自己的功勞，讓所有生命都有得穿、有得吃，卻不主宰他們。它永遠沒有私欲，因此，我們說它是微不足道。所有的生命都歸附它，卻不做他們的主人，我們稱這種情形爲偉大。因爲它始終都不認爲自己偉大，因此，才能成就它的偉大。

字義

　　大道氾兮：大，偉大；氾，通「泛」，大水漫溢。
　　其可左右：其，豈也。反詰語氣，義爲難道，按《遊褒禪山記》「其孰能譏之乎」。左右，支配、影響。
　　恃之：依賴、仗著。之，指「道」。
　　生而不辭：生生不息。辭，止息。
　　常無欲：永遠沒有私欲。常，一直，永遠；欲，私欲。
　　小：渺小，也就是不值一提、無足輕重、微不足道。
　　歸：歸附。

版本差異比較

王弼	功成不名有
帛書	成功遂事而弗名有也
河上公	功成不名有

《老子原意》

陳鼓應	功成而不有
本書主張	從王弼

理解差異比較

其可左右	任繼愈	它周流在身邊
	陳鼓應	無所不到
	明德	哪裡是哪一個人能夠左右的
生而不辭	任繼愈	從不干涉
	陳鼓應	生長而不推辭
	明德	生生不息

他版譯文

一、陳鼓應：「大道廣泛流行，無所不到。萬物依賴它生長而不推辭，有所成就而不自以為有功。養育萬物而不自以為主，可以稱它為『小』；萬物歸附而不自以為主宰，可以稱它為『大』。由於它不自以為偉大，所以才能成就它的偉大。」

二、任繼愈：「大道像氾濫的河水一樣啊，它周流在身邊。萬物依靠他生存，而它對萬物從不干涉，取得成功，卻說不出是誰的功勞。〔它〕養護了萬物而不自以為主宰，從來不求報償，可以算是渺小；萬物向它歸附，而它不自以為主宰，可以算是偉大。由於它不以偉大自居，所以才成為其偉大。」

第三十五章

執大象，天下往。往而不害，安、平、太。樂與餌，過客止。道之出口，淡乎其無味，視之不足見，聽之不足聞，用之不可既。

語譯

　　持守大道的人，去到世界上的任何一個地方〔，即使是再危險的地方〕，都不會受到傷害，都能夠心裡踏實、能解決問題、能繁榮昌盛。音樂和美食等各種誘人的事物，淺嚐即可，不能沈迷。道要怎麼說呢？道是淡到沒有味道，看也看不到，聽也聽不到，但是卻是用之不竭，再怎麼用，都用不完。

字義

　　執大象：持守大道。執：握著、持守、實行。象：現象、樣子、狀態。大象：大的現象，引申為大道。

　　天下往：即「往天下」，指到天下任何一個地方。天下，指世界；往，去。

　　往而不害：去到任何一個地方都不會受到傷害。害，傷害、不利。

　　安、平、太：安，心裡踏實；平，解決問題；太，通「泰」，發達、繁榮昌盛。

　　道之出口：道，說出口來。

　　樂與餌：指音樂與美食。樂，讀音「月」，指音樂。餌，麵粉類製成的糕餅食品。

　　過客止：過客，旅客、路過的人，指短暫停留。止，用於語尾，以加強語氣。《詩經・周頌・良耜》：「百室盈止，婦子寧止。」

　　樂與餌，過客止：各種誘人的東西淺嚐即可，不能沈迷。

　　視之不足見：想要看它卻完全看不到；足，完全。

不可既:不可盡。既,盡也。

明德說

一、「天下往」的「天下」,不是「全國」,而是全世界,是全世界的任何一個地方,或美國、或德國或衣索比亞或冰島或是正在打仗或是新冠肺炎 (Covid-19) 流行的地方。

二、安平太為三個概念,分別是:安、平、太。

三、從字面上來說,「樂與餌」僅指音樂與美食,但老子不會是這個意思,而是以音樂和美食來代替所有讓人感到舒服的東西,例如權力、財富、美食、音樂、美色等等。

四、「天下往」,並非任繼愈所說「全國人投靠他」,也非陳鼓應所說「天下人都來歸往」,而是「去天下任何一個地方」。

版本差異比較

王弼	用之不足既
河上公	用之不可既
帛書	用之不可既也
傅奕	用之不可既
本書主張	用之不可既

理解差異比較

天下往	任繼愈	全國人投靠他
	陳鼓應	天下人都來歸往
	明德	到世界各地去
往而不害	任繼愈	投靠而不互相妨害
	陳鼓應	歸往而不互相傷害
	明德	去了卻不會受到傷害
安、平、太	任繼愈	大家過得平安康泰

	陳鼓應	大家都平和安泰
	明德	能心裡踏實、能解決問題、能繁榮昌盛
樂與餌	任繼愈	音樂與美食
	陳鼓應	音樂和美食
	明德	音樂和美食等各種誘人的事物
過客止	任繼愈	使路人止步
	陳鼓應	能使過路的人停步
	明德	淺嚐即可，不能沈迷

他版譯文

一、任繼愈：「誰要掌握了大象（『道』），全國人投靠他。〔即使全國人向它〕投靠而不互相妨害，大家過得平安康泰。音樂與美食，使路人止步。〔但是〕『道』，說出來，它淡得沒有味道，看它，看不見，聽它，聽不到，用它，用不完。」

二、陳鼓應：「執守大道，天下人都來歸往。歸往而不互相傷害，於是大家都平和安泰。音樂和美食，能使過路的人停步。而道的表述，卻淡得沒有味道，看它卻看不見，聽它卻聽不著，用它卻用不完。」

第三十六章

將欲歙之，必古張之；將欲弱之，必古強之；將欲去之，必古舉之；將欲奪之，必古予之，是謂微明。柔之勝剛，弱之勝強。魚不可脫於淵，國之利器不可以示人！

語譯

　　如果想要把一個東西縮小，就一定要先讓它擴大；如果想要削弱一個人，就一定要先讓他膨脹；想要除去一個東西，就一定要先把他舉高；想要拿走別人的東西，就一定要先給予他想要的東西，這就叫微妙的道理。這就是柔軟能勝過堅硬、弱小能勝過強大的方法了。魚不可離開深水〔，否則，就無法藏身〕；國家最厲害的器具不能讓別人知道〔，否則，就會遭致滅頂之災〕。

字義

　　將欲歙之：將，如果。按《孫子》：「將聽吾計，用之必勝，留之；將不聽吾計，用之必敗，去之。」歙，讀音「細」，收縮之意。
　　必古張之：必，一定。古，先也，相對於未來而言。張，展開、擴大、放縱。
　　必古強之：「強」不是指強大，而是膨脹、讓他驕傲。
　　微明：微妙的道理。微，微妙。明，道理。
　　將欲奪之，必固予之：想要拿走別人的東西，一定要先給他好處。予，給予。
　　魚不可脫於淵：魚是不能離開深水的。脫，離開。
　　國之利器不可以示人：國家最厲害的器具不能讓別人知道。利，要害的；器：用具、器具、人才等。示，看到，猶言知道。

明德說

一、將欲歙之，必古張之的例子：想要讓一個東西縮小，一定要先讓它張開來。例如：我們要摺被子，就一定要先把整條被子攤開來。

二、將欲弱之，必古強之：想要讓一個東西變得衰弱，一定要先讓它膨脹。例如：美國對日本所實施的貨幣戰爭，美國於 1985 年與日本簽定廣場協議，讓日本膨脹、自大起來，結果，弄到今天，經濟實力離美國越來越遠。

三、將欲去之，必古舉之的例子：想要把一個人廢掉，一定要先抬舉他。當初，李登輝想除掉當時的參謀總長郝柏村，就是用了這一招，把他從參謀總長提拔為行政院長，他就離開原來盤據的根據地，就不能再對軍隊發揮他的影響力了，也就不能再威脅到李登輝了。

四、何謂國之利器？最致命的器才，這裡的器才是個統稱，凡是具有本質重要的東西、具有根本殺傷力的東西，既不限於兵器，也不限於有形的器具，也包括國家機密、專利、知識產權、定價權，乃至最重要的戰略和人才。戰略的不可示人固不用多說，連人才也不可示人。伊朗的導彈核武專家老是被暗殺，例如 Mostafa Ahmadi Roshan、Massud Ali Mohammadi，原因即在於他們是國之利器。一旦是國之利器，必然被敵國視為眼中釘，必然要被拔除，因此，不能示人。

五、「將欲弱之，必古強之」並非如陳鼓應的理解「將要削弱的，必先強盛」；任繼愈的翻譯也不夠準確，即「將要削弱它，暫且增強它」。而是：想要削弱一個人，一定要使他膨脹，最好使他瘋狂。西方也有這種說法，古希臘悲劇作家歐里庇德斯 (Euripides) 的名言「神欲使之滅亡，必先使之瘋狂」，說的就是這個意思。

六、老聖人這章並不是要我們學這些陰謀詭計，而是要我們要小心，有人會對我們實施這些陰謀詭計。老聖人要我們做的是無為、是善利萬物、是樸。

七、關於賞罰：

(1) 韓非子說「賞罰，邦之利器」，這是不對的，關鍵問題在於短視，會殺死創造力。因為，賞罰本身帶有必然的引導性，結果就是失去了其他

更好的選擇,甚至引向死胡同。如果人主做錯了決定,那一切就都錯了。

(2) 如果韓非子這一句話成立,那麼,也只是短期有效,而非長治久安之制。例如秦國就是以賞罰強大的,但是,秦朝國祚只有十五年。(前句是秦國,後句是秦朝,兩者是不同的。秦始皇統一天下之前稱為秦國,統一天下之後,稱為秦朝。)

(3) 賞罰是必要的,但並非邦之利器。如果是的話,那就會反客為主。換言之,賞罰只是工具,用來成就善良的工具,當然,也可以用來成就邪惡,但這不是老聖人的用意。

八、「魚不可脫於淵」比喻絕不讓自己暴露於風險之中。魚一旦從深水區進入淺水區,就容易被人發現,性命就不保了。

版本差異比較

王弼	將欲歙之,必固張之;將欲弱之,必固強之;將欲廢之,必固興之;將欲奪之,必固與之	柔弱勝剛強
傅奕	將欲歙之,必固張之;將欲弱之,必固強之;將欲廢之,必固興之;將欲奪之,必固與之	柔之勝剛,弱之勝強
帛書	將欲歙之,必古張之;將欲弱之,必古強之;將欲去之,必古舉之;將欲奪之,必古予之	柔弱勝強
本書主張	從帛書	從傅奕

說明:「必古張之」一句,王弼等版本都寫成「必固張之」,並把「固」解為「姑且」,然而,「固」是否有姑且的意思,值得懷疑,因此,不採「固」。原文應該是帛書甲本的「必古張之」。以下三句同。

理解差異比較

必古強之	陳鼓應	必先強盛
	任繼愈	暫且增強它
	明德	一定要先讓他膨脹

利器	陳鼓應	「利器」有幾種說法，一說指權道（如河上公）；一說指賞罰（如韓非）；一說指聖智仁義巧利（如范應元）
	任繼愈	有效的武器
	明德	最致命的器才
不可以示人	陳鼓應	不可以隨便耀示於人。示，炫耀。
	任繼愈	不輕易展示出來
	明德	絕不能讓別人知道

他版譯文

　　一、陳鼓應：「將要收斂的，必先擴張；將要削弱的，必先強盛；將要廢棄的，必先興舉；將要取去的，必先給予。這就是幾先的徵兆。柔弱勝過剛強。魚不能離開深淵，國家的利器不可以隨便耀示於人。」

　　二、任繼愈：「將要收斂它，暫且擴張它；將要削弱它，暫且增強它；將要廢棄它，暫且興起它；將要奪取它，暫且送給它。這就要做深沈的預見，柔弱勝剛強。〔正如〕魚隱藏在深淵之中，國家的有效的武器也不輕易的展示出來。」

《老子原意》

第三十七章

道常無爲而無不爲。侯王若能守之，萬物將自化。化而欲作，吾將鎮之以無名之樸。無名之樸，夫亦將無欲。不欲、以靜，天下將自定。

語譯

　　道的原則永遠是不去主宰，因為不去主宰，反而什麼事情都做得好。統治者假設能堅守這個原則，所有的生命都能自己生長。要是有人想興風作浪，我就會以無法言說的樸去讓他安定下來。無法言說的樸，也就是保持在一念不起的境界。〔統治者〕不要有私慾、不擾民，人民自動會安分守己。

字義

　　道常無爲而無不爲：無為，不去主宰；無不為的「為」：成功。
　　侯王若能守之：侯王，統治者、國君。之，道，也就是無為之道。
　　化：《皇帝內經》：「物生謂之化，化者生也、生長。」
　　鎮者安也。
　　樸者木素也，無刀斧之斷者謂之樸。
　　夫亦將無欲的「無欲」，同本書第一章的「無欲」一樣，那就是一念不起。
　　不欲以靜：不欲，不要有私慾；以靜，用靜，也就是不擾民。

明德說

　　一、何謂「道常無爲而無不爲」？野花、野草，他們自己可以長得很好，不需要人為的幫助。文景之治即為無為而無不為的例子。當時的文帝、景帝，輕徭薄賦，與民休息，這就是無為，結果呢？國泰民安，這就是無不為，沒有做不到的事情。所有的統治，無不是追求國泰民安、政權穩定，

而漢文帝以他的無為之治達到了。相反的，那些想要以「有為」來達到「無不為」的人，偏偏把自己的江山毀了，例如秦始皇。

二、無為就是「以輔萬物之自然而不敢為」。因此，無為的「為」的最好解釋就是主宰，無為就是不要主宰，而是輔助，不起主導作用。

三、無為而治的「治」具有兩種涵意，第一，指的是一種途徑，以無為做為途徑；第二，指的是結果，指治理的很好，即太平盛世。

四、無為，即不要干涉人民的生活。怎麼樣的情況之下，不干涉人民的生活，卻能夠達到天下太平、風調雨順呢？那就要靠統治者的作為，這時候對統治者的要求非常高，一般統治者做不到。那麼，統治者應該如何的為？(1) 正己：第五十七章提到：我無為而民自化，好靜而民自正，無事而民自富，無欲而民自樸，即：無為、好靜（情）、無事、無欲四個條件。(2) 除害：使夫智者不敢為也，吾將鎮之以無名之樸。(3) 後其身：受國之垢、受國不祥……無為而治之下的統治者是日夜操勞的，而不是像暴君一樣，天天享受、天天美女陪伴、天天說謊。(4) 建立制度：始制有名。(5) 聖人不仁，公平對待每一個臣民。

五、無為而治的五角理論：王（管理者）、天、地、文化、制度。王法天和地，形成文化、建立制度，王在中心，文化是樸的文化；制度是公正的制度。

六、對無為的誤解：無為是一個大概念，並非只是不去主導或是宰制，還包括很多，例如後其身、外其身、樸、善利萬物、處眾人之所惡等等等等。

七、「無為而治」就是預防性治理，平時就要做好養生、鍛鍊，自然就不需要看醫生。為，做也，做什麼？這裡指治療。無：不用、不必、不要。因此，無為之治便是不用治療的治理方式。因此，無為不是手段，而是目標。何謂預防性治理？其安也，易持也；其未兆也，易謀也。其脆易泮，其微易散。為之於其未有；治之於其未亂。

八、賈馥茗說「老子雖然反對人為，對於既有的政治制度和領導者的統治，卻無法徹底反對，或主張消除」，這種理解是錯的。老子從來沒有反對人為，反而主張人為，只是這個人為如何體現？以輔萬物而不敢為，

是輔導，而不是主導，這便是老子的為，這便是老子思想的精髓所在。

九、本章的邏輯：（侯王）無為→（民）自化→（奸詐者）作→（侯王）以樸鎮之→天下定。

十、「不欲、以靜」的主詞是侯王，省略了。

十一、「無名之樸，夫亦將無欲」一句，任繼愈將之解釋為「『無名之樸』也不過是制止欲望」，非也；陳鼓應將之理解為「用道的質樸來安定它，就會不起貪慾」，非也。

問答

問：老子初期就談到「道常無為，而無不為」，即告知道的意義在於無為卻無不為。既然道無為而無不為，當「化而欲作」時，為何還須「吾將鎮之以無名之樸」，而不等待道以無為而無不為？

答：一、你誤會了無為的意思，為的意思不是作為，無為也不是什麼都不做，而是不去主導、不去主宰，但是，要輔助，提供給人民一個安定、能夠自由的環境。為了提供給人民這樣的一個環境，就一定要有法律、教化、國防、死刑等等的這些東西，這些東西都是必須的。死刑的目的不是樂殺人，而是要起到嚇阻、公平、安定的作用。

二、一個社會裡，不管再怎麼樸純、善良的風氣，都一定會有壞人，只是壞人比較少。一旦壞人出現，那麼，一定要給予懲罰。而且，這個懲罰要能讓他不再做壞事。

理解差異比較

道常無為而無不為	陳鼓應	道永遠是順任自然的，然而沒有一件事不是它所為
	任繼愈	道經常是無為的，而沒有一件事物不是它所為
	明德	道的原則永遠是不去主宰，因為不去主宰，所以反而什麼事情都做得好
萬物將自化	陳鼓應	萬物就會自生自長
	任繼愈	萬物將自動向他歸附

	明德	所有的生命都能自己生長，而且，生長得很好
化而欲作	陳鼓應	自生自長而至貪慾萌作時
	任繼愈	歸付了，還要有所作為
	明德	要是有人想要興風作浪
不欲、以靜	陳鼓應	不起貪慾而趨於寧靜
	任繼愈	制止欲望，走向安靜
	明德	〔統治者〕不要有私慾、不擾民

他版譯文

一、任繼愈：「道經常是無為的，而沒有一件事物不是它所為。侯王若能保有它，萬物將自動向他歸附。〔萬物自動〕歸付了，還要有所作為，吾將用『無名之樸』來制止它。『無名之樸』也不過是制止欲望。制止欲望，走向安靜，天下將會自然穩定。」

二、陳鼓應：「道永遠是順任自然的，然而沒有一件事不是它所為。侯王如果能持守它，萬物就會自生自長。自生自長而至貪慾萌作時，我就用道的質樸來安定它。用道的質樸來安定它，就會不起貪慾。不起貪慾而趨於寧靜，天下便自然復歸於安定。」

《老子原意》

第三十八章

上德不德，是以有德；下德不失德，是以無德。上德無爲而無以爲；下德爲之而有以爲。上仁爲之而無以爲；上義爲之而有以爲；上禮爲之而莫之應，則攘臂而扔之。故失道而後德，失德而後仁，失仁而後義，失義而後禮。夫禮者，忠信之薄而亂之首；前識者，道之華而愚之始。是以大丈夫處其厚，不居其薄；處其實，不居其華。故去彼取此。

語譯

　　德行高的人不考慮自己得失。因此，能真正得到。德行低的人，凡事考慮自己的得失，因此，〔即使一開始得到，最終還是〕得不到。

　　德性高尚的人，不考慮自己而做事，而且不會自以為德行高尚。

　　德性低下的人，做什麼事都想到自己，而且，都自以為德行高尚。

　　崇尚仁愛的人，他所做的事都充滿愛心，但不認為自己是有愛心之人。

　　崇尚正義的人，他所做的事，都力求正義，而且相信他所作的事情就是正義的。

　　注重禮法的人，心中總是有個禮法，如果對方沒有以禮法回應，他就會很生氣，朝著那個無禮的人丟東西。

　　當一個人無法掌握道，人們只能遵循本心；當人們無法掌握本心的時候，人們只能追求仁愛；當人們連仁愛都做不到的時候，人們只能做他認為應該做的事情；當人們連自己應該做什麼都無法掌握的時候，人們只能訴諸禮法的規範。

　　因此，當一個社會淪落到只能透過禮法來規範一個人，這時候，就意謂著這個社會已經沒有誠實、信用可言，而且，社會秩序開始混亂了。

　　前面所說的禮法，是道的枝微末節，是整個社會犯傻的開始〔這裡所說的犯傻，其實是自相殘殺，這自相殘殺難道不是犯傻嗎？〕。

　　因此，大丈夫處於安全的地方，不處於危險的地方；重視實質、不重

視外表，因此，大丈夫不在乎禮法，而回復到對道的追求。

字義

上德不德：第一個「德」，德行；上，高尚。第二個「德」，同「得」，得到。不德，不考慮自己的得失。

是以有德：是以，所以；有德，得到，指得到的是真的。

下德不失德：德性低下的人只想得到自己的利益。不失，不偏離，也就是時時刻刻想著。第一個「德」，德行；第二個「德」，同「得」，得到，即得到自己想要的東西。

是以無德：是以，所以；無德，沒有得到，指所有得到的，最終都將失去。

上德無爲而無以爲：德性高尚的人，做事不會想到自己，而且，不會自以為是。無爲，不為了自己，爲，讀音未。無以爲，不會自以為是，爲，讀音唯。

下德爲之而有以爲：德性低下的人，做事都是為了自己，而且，還自以為是。

上仁爲之而無以爲：上者尚也，注重；之，仁愛之事。看重仁愛的人，他做的都是有愛心的事，而且，不認為自己很有愛心。

上義爲之而有以爲：上者尚也，注重；義，正義或合宜的道德、行為、道理。為之，做正義的事情；有以為，相信/認為自己所做都是正義的。

上禮：禮，規矩，也就是人為的規定，包括法律、制度。比方說，明、清兩朝，臣面君要跪下，這就是當時的禮。上者尚也，看重。

攘臂：捋起袖子、伸出胳膊，形容很生氣。

忠信之薄：忠信淡薄。忠信：誠實、遵守諾言。

亂之首，首者開始也；亂者失去秩序也。

前識者：這裡指禮。「識」，通「誌」，是表示、記載的意思。

道之華而愚之始：華者，同「花」，指外表、枝節。愚，做動詞用，犯傻。

處其厚，不居其薄：厚，與薄相對，本義地殼厚，意指安全的地方，

也就是道和德；薄，少也，意指危險的地方，也就是禮。

　　大丈夫：有志氣、有節操、有作為的人。

明德說

　　一、所謂有德，像是漢文帝，歷史上都記得這個皇帝、人民也記得這個皇帝、子孝孫賢、家庭和睦⋯這些就是有德，是不去主宰人民，而且，之所以如此，是沒有原因的，即不考慮自己江山長與久的問題。

　　二、所謂無德，像是秦始皇，所有人都討厭他、害怕他、子孫全部被誅殺⋯⋯這些就是無德，是想去主宰人民，而他的主宰是有原因的，是為了自己的江山。

　　三、上德與下德的關係：上與下是多與少的意思，是相對的概念，上是相對於下；下是相對於上而來。

　　四、道、德、仁、義、禮這幾個含義的區別的準則：(1) 接近本心的程度，越接近本心，德越大，這裡指的是很接近本心了；(2) 沒有應該不應該的問題；(3) 有應該不應該的問題；(4) 達不到本心、也無法分清楚應該不應該，只是外在的規範。外在的規範是最簡單的，是禮；能夠認識到應該做什麼而去做，這就是義，是好人，幫助他，是壞人，毀滅他；不管對方是好人、是壞人都愛他，都去幫助他，這就是仁；認識到本心、本性，這就是無為，因為無為，所以不會為了什麼而做，心中也沒有善惡好壞之分。簡單的說，人的心粗分為兩個檔次，一個檔次是沒有一點雜質的、沒有分別的；下一個檔次的心是有分別的，有分別的心裡面又分為兩個檔次，上檔次是仁、下檔次是義。至於禮，已經跟心沒有直接相關的，屬於身體的部份，是可見的、是外表。

　　五、「下德」不在仁、義、禮之上，而是包含仁、義、禮。

　　六、本章要處理的一個問題就是何謂「禮」？陳鼓應、任繼愈木做說明，可是我認為，禮是什麼要說清楚。禮，是指外來的規範，而非發自內心的判斷。哪些是外來的規範？法律、制度、習俗等等，這些規範具有外在的強制力，而非來自自己內心的約束。

版本差異比較

王弼	下德為之而有以為
河上公	下德為之而有以為
傅奕	下德為之而無以為
帛書	缺
本書主張	從王弼

理解差異比較

攘臂	陳鼓應	伸出手臂
	任繼愈	伸拳擴臂
	明德	很氣憤
下德不失德，是以無德	陳鼓應	下德的人自以為不離失德，所以沒有達到德
	任繼愈	『下德』死守著『德』的名詞，因此就沒有『德』
	明德	德行下者，不想失去，因此，不會有得
前識	陳鼓應	預設的種種禮儀規範
	任繼愈	所謂先見之明
	明德	前面所說的禮法
夫禮者	陳鼓應	禮
	任繼愈	『禮』這個東西
	明德	人為的規範這個東西啊

他版譯文

一、陳鼓應：「上德的人不自恃有德，所以實是有德；下德的人自以為不離失德，所以沒有達到德。上德的人順任自然而無心作為；上仁的人有所作為卻出於無意；上義的人有所作為且出於有意。上禮的人有所作為而得不到回應，於是就揚著胳臂使人強從。所以失去了道而後才有德，失去了德而後才有仁，失去了仁而後才有義，失去了義而後才有禮。禮是忠

信的不足,而禍亂的開端。預設的種種規範,不過是道的虛華,是愚昧的開始。因此,大丈夫立身敦厚,而不居於澆薄;存心篤實,而不居於虛華。所以,捨棄薄華而採取厚實。」

二、任繼愈:「『上德』不把『德』表現在口頭上,因此是有『德』。『下德』死守著『德』的名詞,因此就沒有『德』。『上德』無為,而無所表現;『下德』有為,而故意表現。『上仁』有所表現,但非故意表現它的『仁』;『上義』有所表現,並故意表現它的『義』;『上禮』有所表現,而得不到回應時,就伸拳攊臂,敵對報復。所以,喪失『道』而後才有『德』,喪失『德』而後有『仁』,喪失『仁』而後有『義』,喪失『義』而後有『禮』。『禮』這個東西,是忠信的不足,是大亂的開始。所謂先見之明,它是『道』的假象,是愚昧的開始。因此,大丈夫立足於淳厚,遠離虛假,立足樸實遠離浮華。所以要捨棄後者〔虛假浮華〕,採取前者〔淳厚、樸實〕。」

問答

問一:「失道而後德,失德而後仁,失仁而後義,失義而後禮、夫禮者忠信之薄而亂之首」該如何理解,老子為何對「禮」進行批判?

答一:原因很簡單,因為禮是表象的東西,很可能是假的、不善的。所有假的東西最容易對自己、對別人、對社會造成悲劇、不幸。

問二:「上德無為而無以為,下德為之而有以為,上仁為之而無以為,上義為之而有以為」中,德、仁、義該如何具體理解?

答二:德、仁、義的區別。德是無為而無以為;仁是為之而無以為;義是為之而有以為;禮是有形的規範和節制。

問三:我的疑問是第三十八章中的「夫禮者,忠信之薄而亂之首」。儒家的核心思想就是「禮」,而這恰恰是老子所不贊同的,那這可以說儒道是對立的嗎?兩者的關係是怎樣的?

答三:儒家的禮,範圍很廣,有四個組成:價值理想、法律、制度、儀式,因此,不能把儒家的「禮」與老子這裡的「禮」給對立起來。老子這裡的禮,範圍比較窄,偏向禮節、儀式、禮法這些東西,與儒家的「禮」

的內涵有所不同。

問四、「夫禮者，忠信之薄，而亂之首。」這裡的「禮」和孔子所提倡的「禮」一樣嗎？為什麼說禮是亂之首呢？

答四：不一樣。老子這裡把「禮」當作亂之首是可以理解的，而且也是對的。當禮能起到作用的時候，意謂著忠信已經不存在了。假設忠信還存在，那就不需要禮了。因為禮是外顯的行為規範，我們看不到他內心是好是壞，是善是惡。

問五：老子認為「夫禮者忠信之薄而亂之首」，那麼在老子眼中，「禮法」是完全沒有意義的，不應該存在的東西嗎？

答五：可以這麼說。老子重視樸，自然反對禮。因為老子說了「當一個社會淪落到只能透過禮法來規範一個人，這時候，就意謂著這個社會已經沒有誠實、信用可言」，假設活在這樣的社會，人與人之間經常要互相猜忌，難道不累嗎？所以，老子才接著說「前識者，道之華而愚之始」。

《老子原意》

第三十九章

昔之得一者：天得一以清，地得一以寧，神得一以靈，谷得一以盈，萬物得一以生，侯王得一以爲天下正。其致之也，天無以清將恐裂，地無以寧將恐發，神無以靈將恐歇，谷無以盈將恐竭，萬物無以生將恐滅，侯王無以為貞而貴高將恐蹶。故貴以賤爲本，高以下爲基。是以侯王自稱孤、寡、不穀。此其賤之本與？非也。故至譽無譽。不欲琭琭如玉，珞珞如石。

語譯

　　自古以來，凡是能夠得到一的〔，也就是（動態）平衡〕，就能夠大順：天空得到平衡，天空就會安定；大地得到平衡，大地就能平靜；神明得到平衡，神明才能顯靈；山谷得到平衡，就會有泉水一直流進溪裡；萬物得到平衡，就能夠生生不息，侯王得到平衡，天下就能安定。相反的，天若無法平衡，天很可能就會裂開；地面若不平靜，很可能就要發生地震；神明無法顯靈，那麼，人們就不會再去朝拜；山谷的各種條件要是不平衡，泉水就無法一直流進溪裡，那麼，這條溪水大概就要枯竭；萬物自身的各種條件要是無法平衡，就無法生長，一旦無法生長，有一天就要滅絕；侯王做不到公正，而且把自己看得很高貴，自己的王位就不保。因此，沒有卑賤，就沒有高貴；沒有低下做基礎，哪來的高上？因此，侯王都自稱孤家、寡人、不穀，他們之所以這麼稱呼自己，難道是他們真的低賤嗎？不是啊！最值得讚美的是得不到讚美的。不希望自己像美玉一樣〔被人稱讚、懷著、保護著〕；〔寧願〕自己被視為堅硬的石頭〔，不被人喜歡、任意踐踏〕。

字義

　　昔之得一者：昔，始也，指自古以來。一，平衡，是動態平衡，也就是剛剛好。

清：安定、太平。

　　谷得一以盈：谷：泉出通川為谷，兩山間流水之道也。按《爾雅‧釋水》水注溪曰谷。《疏》謂山谷中水注入澗溪也。盈，往器皿中連續添加。這裡指一直有泉水流進山谷。

　　致：盡也，盡頭之後，就是另一方，因此，致者反也、相反的。

　　歇：停止。

　　侯王得一以為天下正：正，同「貞」，安定也。上一下止念正，表示上級或長輩做好榜樣守一不犯錯，下級或晚輩才能停止。

　　侯王無以為貞而貴高將恐蹶：無以為，沒有做到；「貞」同「正」，公正、公平也。而，而且。蹶，讀音「決」，意指跌倒、受挫、失敗。

　　不穀：長得不好。穀，生、生存、生長。《詩經‧王風‧大車》：「穀則異室，死則同穴。」《後漢書‧卷五九‧張衡傳》：「發昔夢於木禾兮，穀崑崙之高岡。」不穀就是生長得不好、活得不好或不會生。古代王侯以此自警、自謙。

　　此其賤之本與：難道這些侯王真的是低賤嗎？此，指自稱孤、寡、不穀的侯王。其，豈、難道，表示反詰。本，本來，猶言「真的」。與，同「歟」，讀音「於」，表示「疑問」。

　　琭：琭，音讀路，指（玉）有光澤的樣子。

　　珞：讀音落，意指石頭堅硬的樣子。

明德說

　　一、不欲琭琭如玉，珞珞如石：不希望自己像美玉一樣被人稱讚、懷著、保護著，反而希望自己被視為堅硬的石頭，任意踐踏，原因是「寵為下」。

　　二、為什麼「至譽無譽」？為什麼最值得讚美的人反而得不到讚美？因為他不讓我們知道他做了什麼，而我們也看不出來他做了什麼。譽，讚美也。我們什麼情況下會讚美別人？知道這個人很了不起、很偉大、對我們很重要，沒有他就不行。老子說，最應該讚美的人，是沒有得到讚美的。例如：空氣、水、陽光，還有一些默默行善的人，他們從來沒有得到讚美，

但是，剛好是這些人是最值得讚美的。相反的，我們所讚美的，在老子來看，剛好是不值得讚美的，因為他們得到的榮譽，是有所為的，是想讓別人看到的。看一看中共就知道，中共人民一天到晚要讚美領導人的偉大，可是在老子來看，他們最可能是贗品了。

三、為什麼侯王要自稱不穀呢？因為物或損之而益，說自己活得不好，這樣才有改善的空間。有一句話是愛之適足以害之，也是同樣的道理，那就是不愛他才是愛他，因為不愛他，他就必須盡早學會獨立，因此，反而是幫助了他。

四、稻穀的穀、山谷的谷，本來是兩個字，《簡化字總表》將這兩個字都寫成谷。但這種做法不妥，因為很容易混淆。例如：這裡的兩個谷，究竟是哪一個意思。如果不把稻穀的穀簡化為谷，就不會發生這個問題了。

五、陳鼓應說：「得一，即得道」，這種理解不對，原因是「一」還不是「道」。如果得一即是得道的話，那麼，神得道了？萬物得道了？侯王得道了？顯然沒有，雖然沒有，但並不妨礙他們顯靈、滋生、成為侯王。

六、那麼，一是什麼？一就是平衡，是一種動態的平衡，就像我們的翹翹板一樣，當翹翹板保持平衡的時候的那個樣子，就是一。

七、「不欲琭琭如玉，珞珞如石」並非如陳鼓應所說「不願像玉的華麗，寧可如石塊般的堅實」。這裡無關華麗或堅實，而是有關希望別人怎麼對待我們。一般人都希望被別人肯定、呵護、被捧上天，老子說，「沒關係，你就踩吧！」一般人都怕受傷，老子不怕受傷，老子的境界高啊，因為老子「無身」。

版本差異比較

王弼	其致之	侯王無以貴高，將恐蹶
河上公	其致之	侯王無以貴高，將恐蹶
傅奕	其致之，一也	王侯無以為貞而貴高將恐蹶
帛書甲本	其致之也	侯王毋已貴以高將恐蹶
樓觀台	其致之	侯王無以貞將恐蹶

《老子原意》

| 本書主張 | 從帛書 | 從傅奕，但改「王侯」為「侯王」 |

王弼	此非以賤為本耶？非乎	故致數輿無輿
河上公	此非以賤為本耶？非乎	故致數車無車
傅奕	是其以賤為本也，非歟	故致數譽無譽
帛書甲本	此其賤之本與？非也。	故致數與無與
樓觀台	此非以賤為本邪？非乎	至譽無譽
本書主張	從帛書	故至譽無譽

理解差異比較

侯王得一 以為天下正	任繼愈	侯王得到「一」，才可以當國家的首領
	陳鼓應	侯王得到「一」而使得天下安定
	明德	侯王能得到平衡，天下就能安定
其致之	任繼愈	他們都從「一」得到他們所要得到的。
	陳鼓應	推而言之
	明德	相反的
神無以靈將恐歇	任繼愈	神不能保持神靈，怕要滅絕
	陳鼓應	神不能保持靈妙，難免要消失
	明德	神明無法顯靈，那麼人們就不會再去朝拜
侯王無以為貞 而貴高將恐蹶	任繼愈	侯王失去高貴，怕要失國
	陳鼓應	侯王不能保持清靜，難免要顛覆
	明德	侯王做不到公正，而且把自己看得很高貴，這樣，王位就不保了。
至譽無譽	任繼愈	追求榮譽就沒有榮譽
	陳鼓應	最高的稱譽是無須誇耀的
	明德	最值得讚美的是得不到讚美的

他版譯文

一、任繼愈:「自古得到『一』的〔例如〕,天得到『一』,因而清明,地得到『一』,因而穩定,神得到『一』,因而神靈,河谷得到『一』,因而充盈,萬物得到『一』,因而滋生,侯王得到『一』,才可以當國家的首領。他們都從『一』得到他們所要得到的。〔離開了『一』,〕天不能保持清明,怕要破裂;地不能保持穩定,怕要振動;神不能保持神靈,怕要滅絕;河谷不能保持充盈,怕要涸竭;萬物不能滋生,怕要滅絕;侯王失去高貴,怕要失國。所以,貴立足於踐,高立足於下。因此,侯王自稱為『孤』、『寡』、『不穀』。這不是貴以踐為根本嗎?不是嗎?所以,追求榮譽就沒有榮譽。不想做什麼高貴的美玉,〔寧做〕普通的頑石。」

二、陳鼓應:「從來凡是得到『一』(即道)的:天得到『一』而清明;地得到『一』而寧靜;神得到『一』而靈妙;河谷得到『一』而充盈;萬物得到『一』而生長;侯王得到『一』而使得天下安定。推而言之,天不能保持清明,難免要崩裂;地不能保持寧靜,難免要震潰;神不能保持靈妙,難免要消失;河谷不能保持充盈,難免要涸竭;萬物不能保持生長,難免要滅絕;侯王不能保持清靜,難免要顛覆。所以貴以賤為根本,高以下為基礎。因此,侯王自稱為『孤』、『寡』、『不穀』。這不是把低賤當作根本嗎?豈不是嗎?所以最高的稱譽是無須誇耀的。因此不願像玉的華麗,寧可如石塊般的堅實。」

第四十章

反者道之動，弱者道之用。天下萬物生於有，有生於無。

語譯
　　道的運動方式是往相反的方向進行；道的用法就是堅持柔弱。天下所有的生命都是從「一」而來，而這個「一」又是從「本來沒有」而來的。

字義
　　反：相反。
　　用：使用、採用、表現、應用、做法。
　　動：運行。
　　有：一也，也就是結合。
　　無：不存在、什麼都沒有、確實沒有。

明德說
　　一、何謂「有生於無」？「有」是從「沒有」來的。這世界上，原本沒有一張椅子，但是，因為有了土地、水、竹子，有了木匠，有了製造竹子所需的各種條件，於是，椅子就出現了。
　　二、正因為「有」是各種條件聚合而成的，因此，一旦這些條件消失，「有」也就不見了，就回到了「無」，這就是所謂的「反者道之動」。
　　三、「反者道之動」的另一種解釋：反者返也、回來、反覆循環的意思，例如：春夏秋冬、生老病死、日出日落、潮起潮落，就是反者道之動。道的運行是循環反覆的。因此，把「反」解釋成「循環反覆」其實是「相反」的另一種說法而已，並無不同。
　　四、所有的生命都逃不了春夏秋冬，有花開，必然有花謝，不明白這樣的道理，就會做出錯誤的事情，例如獨裁者以為自己是永不落日的太陽，其實，這些人都是老子眼中的下士。

五、無是起點,也是終點。因為有「無」,才有「有」,然而「有」終將消失,而成為「無」。例如這世界上,本來是沒有一個「你」,但是,因為你的父母親的結合,還必須加上其他條件也配合的情況之下(佛教講「眾緣和合」),你的母親就懷孕了,「一」也就產生了。因此,是有生於無。然而,這個「你」有一天也一定要結束,這就又回到無了。因此才說,無是起點,也是終點,而「有」只是過客。

　　六、任繼愈把「天下萬物生於有,有生於無」理解為「天下萬物生於『有』〔看得見的〕,而『有』由〔看不見的〕『無』產生」,這種理解不對。「有」都是看得見的嗎?非也。風、氧氣、一氧化碳、電、磁場、能量、地心引力、電磁波……這些「有」,我們看得見嗎?看不見。雖然看不見,但「無」嗎?非也。

版本差異比較

郭店楚簡	返也者,道動也
帛書甲本	反也者,道之動也
王弼	反者,道之動
本書主張	從王弼

說明:「反」同「返」,因為視角(比較基礎)的不同,所以,會得到不同的結果。然其本質卻是一樣的。從短時間來看,道的運動方式是往相反的一個方向,但是,從長時間來看,卻只是回歸。例如白天走完是黑夜,但,黑夜走完又回到白天,如此循環往復。

他版譯文

　　一、陳鼓應:「道的運動是循環的;道的作用是柔弱的。天下萬物生於有,有生於無。」

　　二、任繼愈:「走向反面,是『道』的運動。柔弱謙下是『道』的功用。天下萬物生於『有』〔看得見的〕,而『有』由〔看不見的〕『無』產生。」

《老子原意》

第四十一章

上士聞道，勤而行之；中士聞道，若存若亡；下士聞道，大笑之，不笑不足以為道。故建言有之：明道若昧，進道若退，夷道若纇，上德若谷，大白若辱，廣德若不足，建德若偷，質真若渝，大方無隅，大器免成，大音希聲，大象無刑，道隱無名。夫唯道，善貸且成。

語譯

　　聽聞老子的「道」之後，努力奉行，這種人稱為上等人；聽聞老子的「道」之後，有時候修道，有時候又不修道，這種人稱為中等人；聽聞老子的「道」之後，〔覺得老子的「道」根本是個屁，於是〕大笑三聲，〔揚長而去，〕這種人稱為下等人。正是因為他們的嘲笑，反而證明了老子說的是真理。因此，我對有心修道的人的建議是：想要有智慧，就要能認識到自己的無知；想要進步，就得退讓；想要走在平坦的路上，就要先經歷顛簸；想要獲得上等的東西，就要像山谷一樣低下；想要得到大白之身，反要接受侮辱；想要有很大的德性，就要知道自己還有很多的不足〔，必須不斷改進、不斷學習，永遠沒有停下來的時候〕；想要建立恩德，就要像小偷一樣，為善不欲人知；想要獲得純樸的本性，就要布施；怎麼說一個地方大呢？看不到角落才能說大；最了不得的人才是沒有套路的；很大的聲音是聽不到的；最偉大的法律，〔因為公正，大家都認可，所以〕是用不上刑罰的；道是看不到的，而且是無法描述的。〔雖然如此，〕只有道才能最好的幫助眾生而且成就眾生。

字義

　　士：對人的美稱。上士：上等人；中士：中等人；下士：下等人。
　　若存若亡：亡，音義同「無」。
　　建言：建議。建，倡議、提出；言，話。

辱：玷污。

明道若昧：想要自己變得明白的方法，就是要知道自己很愚昧，也就是不要自以為聰明。明，明白，就是有智慧；道，方法。昧，昏暗不明，也就是愚昧。

進道若退：想要進步，反而隨時要退讓。道，方法。

夷道若纇：想要走在平坦的路上，就要先經歷顛簸。夷：平坦。纇：讀音累，《說文解字》：「纇、不平也。从糸。頪聲。盧對切。十五部。」

上德若谷：上，最好的。德者得也。

廣德若不足：想要有很大的德性，就要知道自己還有很多的不足。

建德若偷：建，建立；德，恩德。偷，行動瞞著別人。

質真若渝：質，樸素；真，本性；渝，捐獻、布施。

大方無隅：方，地也；隅，讀音「於」，角落的意思。

大器免成：大器，了不得的人才；器，人才，按《法言‧先知》「先自治而後治人之稱大器」。成，必也。按《吳語》勝未可成。《註》猶必也。免成：沒有套路、沒有定式。

大音希聲：聽之不聞名曰「希」。很大的聲音是聽不到的。

大象無形：最偉大的法律，殺戮是派不上用場的。象，法律、法令。按《國語‧齊語》：「設象以為民紀，式權以相應。」《尚書‧舜典》：「象以典刑，流宥五刑。」張協《七命》：「解羲皇之繩，錯陶唐之象。」《韓詩外傳》卷六：「是君之所以象典刑而民莫犯法。」形，古同「刑」，《韓非子‧二柄》「殺戮之謂刑」；又《周禮‧大司寇》「以五刑糾萬民」。

道隱無名：隱，看不到；無名，無法描述；名，描述。

夫唯道，善貸且成：只有道能最好的給予別人，而且成就別人。善，最好的；貸，施、予。《左傳‧文公十六年》：「宋饑，竭其粟而貸之。」

明德說

一、老子所說的「上士」、「中士」、「下士」無關智商、名位，而與善良與否有關。換言之，善良的人就是老子所說的上士；邪惡的人就是老子所說的下士。我們一般人都是中士，一下子善，一下子惡，若存若無。

二、道是不變的道理，是圓滿的境界。這世界上有什麼事情是不變的呢？愛情？親情？友情？權力？金錢？美麗？這些都會變的。因此，都不是道。但是，我們知道，很多人奮不顧身追求上述那些東西，尤其是權力和金錢，為了權力，不擇手段，為了發財，不擇手段，對於這些人而言，他們視勤於行道的人為笑話，然而，正是被這些人視為笑話的東西：善良，才是道。在我們的社會中，常常譏笑那些善良、老實、被欺負的人，視他們為無能，而視那些翻手為雲，覆手為雨的人為高明、厲害、狠角色，他們被我們崇拜。然而，三、五年之間，還看不到高下，需要經過幾十年的考驗，才能知道誰笑在最後。因此，所謂的下士，其實不是愚笨的人，反而都是那些非常聰明的人。他說：「哈！哈！哈！他（你們）又被我騙（玩弄於股掌之中）了！」在他們心裡，「道」又如何？能買房子，能讓人低頭？能主宰人生死嗎？他們根本不屑於道。

三、「上士聞道，勤而行之；中士聞道，若存若亡；下士聞道，大笑之。不笑，不足以為道。」。這一句話宜這樣理解：一個人聽到「道」之後，很勤奮的實踐它，這種人，我們說他是上士；一個人聽到「道」之後，他對「道」的態度是，有時候遵守它，有時候違背它，這種人，我們稱他為「中士」。還有一種人，他聽到「道」之後，對它大笑三聲，這種人我們稱他為「下士」，正因為下士笑這個「道」，正好證明了它（這個東西）是道，如果下士聽到「道」而不笑，那就不能說它是「道」了。這裡的上中下和我們一般所說的聰明才智沒有關係，老子指的是和「道」的相應程度。例如：一些獨裁者、暴君、魔鬼，確實聰明，玩弄別人於股掌之中，可是呢，在老子眼中，他是個下士，因為，他剛好是聞道，大笑之的那個人。正因為他大笑，所以反過來證明了被他笑的那個東西是「道」。

四、大白若辱：人格潔白的人，看起來反而好像是有很多污點的人，例如：袁崇煥就是以通敵叛國的名義被凌遲處死的。這句話很有意思，我們可以倒過來看另一種情形：「大辱若白」，骯髒污穢邪惡的人，卻被推崇為聖人、善人、民族救星、世界偉人，這樣的例子多的是。

五、能被獨裁者、大奸大惡的人哈哈大笑的是什麼？答案是「善有善報、惡有惡報」，他們相信因果嗎？不相信。因此，道是什麼？因果而已。

六、「建德若偷」並非如陳鼓應所說「剛健的德好似懦弱的樣子」，也非如任繼愈所說「建德好似怠惰」，而是「想要建立恩德，就要像小偷一樣，為善不欲人知，也就是要廣積陰德」。換言之，原文沒有問題，「偷」不作「惰」解；至於「建」字，俞樾說「建德若偷」的「建」當為「健」、百度百科也持同樣看法，把「建」通「健 (health)」，理解為剛健，我以為不可。

七、王弼版本「大器晚成」，長沙馬王堆三號漢墓出土帛書《老子》經文此句甲本殘缺，乙本作「大器免成」。由於大器晚成的少，早成的多，因此，大器晚成這種說法不對。本書從帛書。那麼，什麼是大器免成呢？有人把它解釋為大器「無須刻意為之而成，渾然天成」，我不贊成這種理解。原因是大器從來不會是渾然天成，相反的，大器是受盡苦難得來的。其次，「免成」也不是免去刻意為之，這樣的理解顯然是穿鑿附會、自圓其說。「免成」是跳脫了格式、套路、標準作業程序 (SOP)，而能夠變化萬千。

八、本章中的「若」不能一概解釋為「好像」。若存若亡的「若」是「好像」，但其他地方的「若」是「反而」，例如「明道若昧」、「進道若退」、「夷道若纇」、「上德若谷」、「大白若辱」、「廣德若不足」、「建德若偷」、「質真若渝」的「若」就不是「好像」，而是「反而」。

九、高亨以為，建言是書名，這不對，建言是給那些想要得道、修道的人的建議。因為前面說到「聞道」，所以，老子接著說，如何修道，換言之，在建言之後的那些內容就是修道的具體做法。

十、傅奕版「質真若輸」或王弼版「質真若渝」哪一個正確呢？一般都是採取王弼版。先假設「質真若渝」是正確的。在這個基礎上，任繼愈把「質真若渝」理解為「純真好似庸俗」，但這是什麼意思呢？不知所云。而陳鼓應理解為「質性純真好似隨物變化的樣子」，這又是什麼意思呢？不知所云。

至於高亨說：「渝當讀為窬。《說文》云：『窬，一曰空中也。』」而百度百科也做同樣的理解，渝，「《文言》通『窬』。空虛」。在我看來，這個理解比較說得通。當「渝」做「空虛」解時，「質真若渝」的白話變

成了「想要獲得純樸的本性，就要空虛」，這樣的解釋說得過去。但是，在《老子》中，用來表示空虛的字就是「沖」（道沖而用之、大盈若沖、沖氣以為和），換言之，如果老子真的想表達空虛的意思，就不需要用另一個字「渝」了，直接寫「質真若沖」即可。這就意味著老子不是要表達「空虛」的意思。因此，把「渝」理解為「窬」是不對的。

那麼，是不是有一種可能，也就是「渝」其實是「輸」的誤讀？那麼，我們來看一看「輸」有什麼意思？「輸」的古意有運送、捐獻、毀壞等幾個意思。其中，捐獻這個意義放到「質真若輸」的「輸」字，整句話就變成了「想要獲得純樸的本性，就要布施」，這句話本身是對的，而且很有意義。因此，應該也是老子的原意。故，本書採用傅奕的版本。

十一、「道隱無名」的「無名」是什麼意思呢？陳鼓應翻譯為「沒有名稱」，劉福增的解釋是「無聲無名」，我的理解是「無法描述」，名者稱說也。

十二、任繼愈把「無名」理解為老子的專用概念，舉出「道常無名」、「鎮之以無名之樸」、「道隱無名」作為證據，把「無名」理解為「道」的同義詞，這種說法不對。「無名」並非專有名詞，在任繼愈所舉的上述幾個例子當中，「無名」就只是無法描述的意思而已。至於第一章中的「無名，天地之始」的「無名」是指沒有生命，「名」通「命」。

十三、「夫唯道，善貸且成」，任繼愈把它理解為「『道』於萬物善始善終」，非也，蓋「貸」並沒有「始」的意思，即使把「成」理解為「終」。

版本差異比較

帛書	夷道如類	質□□□	大器免成	天象無刑
王弼	夷道若纇	質真若渝	大器晚成	大象無形
河上公	夷道若類	質直若渝	大器晚成	大象無形
傅奕	夷道若纇	質真若輸	大器晚成	大象無形
郭店楚簡	夷道如繢	□真如愉	大器曼成	天象亡形

《老子原意》

| 本書主張 | 從王弼 | 從傅奕 | 從帛書 | 大象無刑 |

說明：此處，纇＝纇，但，是「纇」的意思，意義是不平；「形」通「刑」。

理解差異比較

建言	任繼愈	可能是古代的現成的諺語或歌謠
	陳鼓應	言自古立言之士有此數語
	明德	建議
明道若昧	任繼愈	明顯的「道」，好似暗昧
	陳鼓應	光明的道好似暗昧
	明德	想要明白，就得知道自己的無知
進道若退	任繼愈	前進的「道」好似後退
	陳鼓應	前進的道好似後退
	明德	想要進步，就得退讓
進道若退的「道」	任繼愈	未做翻譯
	陳鼓應	未做翻譯
	明德	方法
進道若退的「若」	任繼愈	好似
	陳鼓應	好似
	明德	反而
夷道若纇	任繼愈	平坦的「道」好似崎嶇
	陳鼓應	平坦的道好似崎嶇
	明德	想走在平坦的路上，就要先經歷顛簸
上德若谷	任繼愈	崇高的「德」好似深谷
	陳鼓應	崇高的德好似低下的川谷
	明德	想要獲得上等的東西，就要像山谷一樣謙虛低下

《老子原意》

廣德若不足	任繼愈	廣大德好似不足
	陳鼓應	廣大的德好似不足
	明德	想要有很大的德性，就要知道自己還有很多的不足
建德若偷	任繼愈	建德好似怠惰
	陳鼓應	剛穩的德好似懦弱的樣子
	明德	想要建立恩德，就要像小偷一樣，為善不欲人知
質真若渝	任繼愈	純真好似庸俗
	陳鼓應	質性純真好似隨物變化的樣子
	明德	想要獲得純樸的本性，就要布施
大方無隅	任繼愈	最方正，反沒有稜角
	陳鼓應	最方正的反而沒有稜角
	明德	怎麼能說一個地方叫大？看不到角落。
大器免成	任繼愈	大器物，將最後完成
	陳鼓應	貴重的器物總是最後完成
	明德	了不得的人才是沒有定式的
大象無形	任繼愈	大形象，反而無形
	陳鼓應	最大的形象反而看不見形跡
	明德	最偉大的法律是用不上刑罰的
道隱無名	任繼愈	「道」，幽隱而「無名」
	陳鼓應	道幽隱而沒有名稱
	明德	道是看不到的，而且是無法描述的。
夫唯道善貸且成	任繼愈	「道」於萬物善始善終
	陳鼓應	只有道，善於輔助萬物並使它完成
	明德	只有道能最好的給予別人，而且成就別人

《老子原意》

他版譯文

　　一、任繼愈：「『上士』聽到了『道』的道理，趕快照著實施；『中士』聽到了『道』的道理，將信將疑；『下士』聽到了『道』的道理，〔認為空洞〕，橫加嘲笑。不笑那才稀奇！所以古人說得好：『明顯的「道」，好似暗昧，前進的「道」，好似後退，平坦的「道」，好似崎嶇，崇高的「德」好似深谷。最光彩好似屈辱，廣大德好似不足，建德好似怠惰，純真好似庸俗，最方正，反沒有稜角，大器物，將最後完成，大聲音，反而希聲，大形象，反而無形。』『道』，幽隱而『無名』，『道』於萬物善始善終。」

　　二、陳鼓應：「上士聽了道，努力去實行；中士聽了道，將信將疑；下士聽了道，哈哈大笑。——不被嘲笑，那就不足以成為道！所以古時候立言的人說過這樣的話：光明的道好似暗昧；前進的道好似後退；平坦的道好似崎嶇；崇高的德好似低下的川谷；最純潔的心靈好似含垢的樣子；廣大的德好似不足；剛穩的德好似懦弱的樣子；質性純真好似隨物變化的樣子；最方正的反而沒有稜角；貴重的器物總是最後完成；最大的樂聲反而聽來無音響；最大的形象反而看不見形跡；道幽隱而沒有名稱。只有道，善於輔助萬物並使它完成。」

第四十二章

道生一,一生二,二生三,三生萬物。萬物負陰而抱陽,沖氣以為和。人之所惡,唯孤、寡、不穀,而王公以為稱。故物或損之而益,或益之而損。人之所教,我亦教之。強梁者不得其死,吾將以為教父。

語譯

　　從道生出了本能,本能生出了陰陽,陰陽相交產生了子嗣,子嗣之間相交就產生了各種生命。所有生命都是同時具備了陰陽兩面。透過虛心來達到恰到好處的境界。人們討厭:孤獨、貧窮、沒有子嗣。而諸侯國王卻自稱是孤、寡和不穀。因此,所有的事物的發展往往是讓他受苦,結果反而是在幫助他;幫助他,結果往往是害了他。別人這樣教給我,我也這樣教給別人。強橫兇暴的人是不會有好死的,我把這句話時刻牢記心中。

字義

　　道生一:一是從道產生出來的。一是什麼?一是本能。道是圓滿,如果不圓滿就不可能產生本能。道既是可見的,也是不可見的,所有我們看到的,就是道的體現,山、川、人物、道路等等所有我們看得到、摸得到、感覺得到的東西;然而,道又是無形的道路,也就是各種解決辦法,無處不通,無所不能。生:自無出有。

　　一生二:二是從一產生出來的。二是什麼?二是陰陽、正反、高下、善惡,簡單的說是相對的兩個東西。

　　二生三:三是從二產生出來的。三就是兩個相對的東西交互作用(這個交互作用必須跨越臨界點)的結果,一個男的跟一個女的,交互作用之後會有什麼結果?生了一個孩子,這個孩子就是三。

　　三生萬物:萬物是從三來的,也就是交互作用來的,藉由不斷的交互作用,就產生了無數、無量、不可數、不可稱(秤,第四聲)、不可量

（計測）的生命。

　　萬物負陰而抱陽：所有生命都是同時具備了陰陽兩面，背面是陰，正面是陽。負，抱有、具有；抱，心裡存著，懷有。

　　沖氣以為和：沖，謙虛、空虛、使減弱；氣，人的精神狀態。以為：猶而為，而成。以，而，連詞。另一種解釋：作為、用作。和，恰到好處。

　　孤：年幼喪父或失去父母。《管子‧輕重》：「民生而無父母，謂之孤子。」《禮記‧王制》：「少而無父者謂之孤。」在人幼小的時候就失去父母當然是人最不願意的，因為一旦如此，就得不到照顧，能不能活下去很成問題。

　　寡：少。這裡的少，指的是物質的少，也就是窮，沒有錢可以買東西、沒有房子可以遮風擋雨、沒有錢可以買溫暖的衣服，穿得破破爛爛。

　　不穀：不能生、沒有子嗣。穀，生也。

　　或：有也。──《小爾雅‧廣言》或躍在淵。──《易‧乾》。在此，「或」可解釋為：往往。

　　損：損害、受苦。

　　強梁：強橫兇暴。

　　教父：即「父教」也，父親的教誨、最重要的教誨，猶言時時刻刻記在心中。父，至尊也。──《儀禮‧喪服傳》。按朱芾煌云：「言生則稱母，言教則稱父。」

明德說

　　一、沖氣以為和：人透過虛心來達到恰到好處的境界。我們做人做事怎麼樣才能恰到好處？按照老子的說法就是沖氣。要注意的是，沖氣的意思不是像南懷瑾老師說的是一種「調和的力量」。那麼，什麼是沖氣？其實一點都不玄，就是要我們修養，讓我們的氣能夠虛止的做到沖，也就是虛、空，這樣子，我們做人處事就能恰到好處，該哭則哭，該笑則笑，該剛則剛，該柔則柔，該正則正、該奇則奇，因為，老子告訴我們「萬物負陰而抱陽」，萬事萬物都有陰面有陽面，只有看清楚了生命的這種本質，我們才能據以因應，而不為萬物的外表所迷惑，以至於有了錯誤的認知，

導致於屢屢做出錯誤的判斷和決定。那麼，什麼是陰面？什麼是陽面？陰面就是別人看不到的地方以及不想讓別人看到的地方；而陽面則是別人看得到的地方以及想（故意）讓別人看到的地方。我們知道，在動物的世界裡面，很多獵手為了捕捉獵物，一定要偽裝和隱藏，讓獵物沒有警覺，才能增加成功的機率，這就是獵手的陰面。

二、物或損之而益，或益之而損，老子這句話當中有個「或」，意思是「有可能」，不是必定。物或損之而益或益之而損的例子非常多。各舉一個例子。宋朝大臣歐陽修早年喪父，非常貧窮、困頓，但是正因為如此，激發了他的鬥志，我們可以說，若不是他早年喪父、家境貧窮這個損，可能無法成就後來他的益。至於物或益之而損的例子，這種例子也非常多，被溺愛的孩子，沒有一個成材的，甚至害了孩子一輩子。然而，「損之而益或益之而損」不是必定的，也是因人而異，有的人，益之更益，損之更損。因此，教育是如此困難，少有老師或父母能知道損益學生或子女之間如何拿捏！

三、何謂沖氣？就是心虛。何謂心，我也。何謂虛？空、沒有。因此，心虛就是無我，也就是不要把自己當一回事。

四、「吾將以為教父」並非如陳鼓應所說「我把它當作施教的張本」，也非如任繼愈所說「我要把這一成語作為教人的開始」，而是：我將以此作為最重要的法則，時刻謹記在心。

五、張默生說「道指無極，一指太極」，但什麼是無極呢？什麼又是太極呢？《漢典》解釋，「天地混沌未分以前，稱為太極」，但是這樣子嗎？實在沒有必要再起是非。

版本差異比較

王弼	強梁者不得其死	吾將以為教父
河上公	強梁者，不得其死	吾將以為教父
傅奕	彊梁者不得其死	吾將以為學父
樓觀台	強梁者不得其死	吾將以為教父

《老子原意》

帛書	故強良者不得死	吾將以為學父
本書主張	從王弼	從王弼

說明:「吾將以為教父」、「吾將以為學父」的「教」、「學」,兩字沒有不同,原因是「學」是「教」的意思。按張揖《廣雅‧釋詁四》:學,教也。

理解差異比較

萬物負陰而抱陽	陳鼓應	萬物背陰而向陽
	任繼愈	萬物內涵陰陽對立的勢力
	明德	所有生命都是同時具備了陰陽兩面
沖氣以為和	陳鼓應	陰陽兩氣互相激盪而成新的和諧體
	任繼愈	陰陽在看不見的氣中得到統一
	明德	透過虛心來達到恰到好處的境界
吾將以為教父	陳鼓應	我把它當作施教的張本
	任繼愈	我要把這一成語作為教人的開始
	明德	我將時時刻刻謹記這句話

他版譯文

一、任繼愈:「宇宙原始處於渾沌狀態,渾沌開始分化,分化再分化,產生千差萬別的東西。萬物內涵陰陽對立的勢力,陰陽在看不見的氣中得到統一。人們所厭惡的就是『孤』、『寡』、『不穀』。王公們卻以這些貶義字稱他們自己。所以,一切事物,有時貶低它,它反而得到抬高;有時抬高它,它反而受到貶抑。人們所互相教導的,我也用這一原則教人;『強暴的人不得好死。』我要把這一成語作為教人的開始。」

二、陳鼓應:「道是獨立無偶的,渾沌未分的統一體產生天地,天地產生陰陽之氣,陰陽兩氣相交而形成各種新生體。萬物背陰而向陽,陰陽兩氣互相激盪而成新的和諧體。〔人所厭惡的就是『孤』、『寡』、『不穀』,但是王公卻用來稱呼自己。所以,一切事物,減損它有時反而得到

增加,增加它有時反而受到減損。別人教導我的,我也用來教導別人。強暴的人不得好死,我把它當作施教的張本。〕」

第四十三章

天下之至柔，馳騁天下之至堅。無有入無間，吾是以知無為之有益。不言之教，無為之益，天下希及之。

語譯

　　天底下最柔軟的東西可以毫不費力地制伏天底下最堅硬的東西。沒有形體的東西可以破壞沒有間隙的東西。我因此知道了不去主導的好處。無聲的教誨，不去主導的好處，天底下很少有人能夠理解。

字義

　　馳騁：原意是縱馬急馳，這裡引申為制伏，而且是游刃有餘。

　　無有入無間：何謂無有？沒有形體的東西，像空氣。何謂無間？沒有間隙的東西，也就是至堅的東西，像花崗岩、金剛石。入的意思是進入、侵襲、破壞。所有這些沒有形體的東西都能摧毀岩石這些堅硬的固體，當然，它需要時間，不會是一時片刻。但這世界上，有什麼能立竿見影？沒有，全部都需要時間或長或短，全部都需要該有的時間。

　　不言之教：無聲的教誨，所有的自然現象都是無聲的教誨。

　　無為之益：不去主導的好處。無為：不去主導。

　　天下希及之：天底下很少有人能理解。希，同稀，意謂稀少；及，抓住，猶言理解。之，代名詞，指前面所說的「不言之教、無為之益」。

明德說

　　一、張默生說「無有即是無」，這是不對的。無有是沒有形體，而沒有形體不是無。風沒有形體、火沒有形體、陽光沒有形體、愛恨情仇也沒有形體，但它們都存在。

　　二、為什麼無為是有益的？因為無為就是至柔，柔軟到感覺不到它的存在，只有至柔才能降伏至堅，沒有其他方式，因此無為當然是有益的啊！

三、任繼愈把「天下希及之」理解為「天下罕能企及」，這是不對的。「及」不理解為「企及」（企及，踮起腳才能達到、盼望趕上），而是「理解」。那麼，不能理解什麼呢？不能理解「不言之教」、「無為之益」。就說不言之教好了。例如老子說「飄風不終朝，驟雨不終日」，光能意識到這個現象的，恐怕就不多。在意識到這個現象之後，還能推出「孰為此者？天地。天地尚不能久，而況於人乎？」這樣的道理的，那恐怕就更少了。又例如老子說：「合抱之木，生於毫末；九層之台，起於累土；千里之行，始於足下。」光是看到「合抱之木」、「九層之台」、「千里之行」而能有觸動的，就已經很少了，而有觸動之後，還能得出「生於毫末」、「起於累土」、「始於足下」這樣的道理的，那就更少了。知道這個道理，還願意死心塌地去做的，那就更少了。又老子說「萬物草木之生也柔脆，其死也枯槁」，光是能有這種認識的，就已經很少了，有這樣的認識，還能得出「堅強者死之徒、柔弱者生之徒」，那就更少了。所以，老子的「道」其實都是無言之教，而且處處都是，都來自於大自然。因為無言，所以，天下希及之，少有能理解。

三、老子是全世界第一個經濟學家，也是最偉大的經濟學家，他的「無為」理論足以讓一個國家達到最富強、最和諧的狀態。先說富強，老子反對強梁、苛捐雜稅、反對法令滋彰、反對統治者的自以為是，主張「我無事而民自富」、不去主導人民該做什麼不該做什麼、主張統治者做好純樸、少私寡慾、絕聖棄智等等，如果統治者能做到老子所說的千萬分之一就好，那國家還能不富強嗎？次說和諧。老子說「天之道，損有餘而補不足」，「損有餘而補不足」就是當代社會的財政政策和社會福利。一個好的政府應該透過稅賦和社會福利（而不是獨裁的共產主義）來進行社會財富的二次分配，以促進公平、減少不幸。換言之，從1883年德國開始的現代社會福利制度的理論原型，老子在二千多年前就提出來了。

他版譯文

一、任繼愈：「天下最柔弱的力量，能在最堅硬的實體中穿來穿去。這個看不見的力量，能穿透沒有間隙的實體。我因此認識到『無為』的有

益。『不言』的教導,『無為』的益處,天下罕能企及。」

　　二、陳鼓應:「天下最柔軟的東西,能駕馭天下最堅硬的東西。無形的力量能穿透沒有間隙的東西,我因此知道無為的益處。不言的教導,無為的益處,天下很少能夠做得到的。」

第四十四章

名與身孰親？身與貨孰多？得與亡孰病？是故甚愛必大費；多藏必厚亡。知足不辱，知止不殆，可以長久。

語譯

　　名聲與生命，哪個更值得珍惜？生命與錢財哪個更重要呢？得到與失去哪個更值得讓人憂慮呢？因此，愛的過份必然花費巨大。積藏的多，失去的必然也多。能夠掌握分寸就不會被羞辱；能心安，就不會有危險，因此，可以長久。

字義

　　名與身孰親？名：名聲、名譽；身指的是身體、生命。親者愛也，這裡指珍惜。

　　身與貨孰多？生命與財富，哪一個更重要呢？貨，財貨，這裡指財富；多，重也。

　　得與亡孰病？亡者失去，得者得到。病：擔心、煩惱。得到與失去，哪一個更讓人擔心呢？

　　甚愛必大費：費，支出。這裡指時間、金錢、精神等各種付出。甚愛，愛甚也，甚者，過份也。

　　多藏必厚亡：藏，收藏。厚亡：即亡厚，即失去很多。厚：多；亡：失去。

　　知足不辱：知，得，猶言能夠；足，猶言分寸，所謂的分寸是該進則進，該退則退；辱，羞辱。

　　知止不殆：知，猶得、得到，按《列子・湯問》：「臣恐彼國之不可知之也。」；止，安住、心之所安爲止。按《書・益稷》「安汝止，惟幾惟康」，又按《禮記・大學》：「止於至善。」殆，危險。

明德說

一、「名與身孰親」，陳鼓應的翻譯是「聲名和生命比起來哪一樣親切」、任繼愈的翻譯是「虛榮與生命哪一個更親切」，把「親」翻譯成「親切」並不貼切，比較好的翻譯是：珍惜。

二、「得與亡孰病」的「得」與「亡」並非如陳鼓應所說是「得指得名利，亡指亡失生命」，而是「得」與「失」哪一個更讓人煩惱。「得」不限於名利，而是指得到我們想要的東西。亡，也不限於死亡，而是失去。

三、老聖人在本章所提出的三個問題都是有明確的答案的。第一個問題：名聲與生命，哪個更值得珍惜？生命是也；第二個問題：生命與錢財哪個更重要呢？生命是也；第三個問題：得到與失去哪個更值得讓人憂慮呢？得到，而非失去。老聖人的這種思想，尤其是第三個問題的答案與絕大部份人背道而馳。絕大部份人一定都認為，失去比得到更值得讓人憂慮。

四、「甚愛必大費」並非如陳鼓應所理解的「過份的愛名就必定要付出重大的耗費」，也不是如任繼愈所理解的「過份吝惜，破費會更多」，而是：過份的愛必然在時間、金錢、精神上面花費巨大。愛什麼呢？那可多了，愛名、愛利、愛女人、愛小孩、愛寵物、愛打電動玩具，太多了，這裡不一一列舉。費，費什麼？時間、精力、心血、青春、生命、感情，太多了，這裡不一一列舉。

五、任繼愈在他的《老子繹讀》一書中說 (2015:97)：「老子提倡貴生重己」，這種理解是對老子的誤讀，老子不提倡貴生，也不提倡重己，相反的，反貴生、反重己。老子說：「吾所以有大患者，為吾有身，及吾無身，吾有何患？」這句話其實就是老子一書的書眼，最能呈現此書的主旨，那就是，無我才能沒有煩惱，一旦有我，就會有煩惱、痛苦。

六、王淮 (1972:181) 說：「老莊貴生之思想在先秦為一大發明，貴生思想之精義，在視生命本身為『目的』，且為一絕對之『主體』，且有絕對之『價格』，凡無益於生之身外之物，皆不值得重視。」王淮的這種說法不對。名、貨、身、無身這幾樣，在老子眼中的排序是：名、貨＜身＜無身，而身即生，也就是生命，也就是我。所以，老子並不視生命為目的，而以無身為目的，如果一定要他說有個目的的話。但是，由於一般人無法

理解無身的可貴（天下希及之），老子只好退而求其次的告訴我們，名聲、利益都沒有生命的可貴，這一點，普通人都能理解，原因是大家都知道，失去了生命，再有名、有再多的錢，又有什麼用呢？那麼，老子為什麼還要說「名與身孰親，身與貨孰多」這個大家都已有的認識呢？原因是「天下熙熙，皆為利來；天下攘攘，皆為利往」，所有人的眼裡都只看到了名利、權力的「好處」，而忘了它本身也是陷阱，以至於很多人落得身敗名裂、身首異處的地步。老子是在提醒我們啊！

七、劉笑敢說 (2006:456-457)：老子「並非真的反對重生或重身」、老子「反對一般人的直接求生的方法，其實際主張的恐怕還是以反求正式的求生」。這種說法不對。老子既反對直接求生的方法，也反對間接求生的方法，老子的說法不是「以反求正式的求生」。老子真真確確反對重生，真真實實主張無身。理由如前述我駁王淮之說。

八、劉笑敢說 (2006:457)：「第十三章所說的大患之身則不是自然生命之身，而是利益之身，寵辱若驚之身，這裡的『無身』是去掉私利之身，而不是不要肉體生命，也不是通過不要生命而獲得生命的意思。」劉氏此說亦不然。蓋第十三章所說的「無身」，不只是去掉寵辱之身、私利之身，也是去掉自然生命之身，更是要去掉意識之身。因為，只有做到這樣，才能無患。

九、「知止不殆」的「知止」並非如任繼愈、陳鼓應所說是「知道適可而止」，而是「能夠心安」。「知」並非「知道」，而是「得」，猶言「能夠」，「止」並非「適可而止」，而是「安住」。

十、「知足不辱」並非如陳鼓應所說是「知道滿足就不會受到屈辱」，而是「能夠掌握分寸就不會被羞辱」。

十一、任繼愈在《老子繹讀》一書中說 (2015:97)：「老子提倡……適可而止、知足的思想」，這種理解是對老子的誤讀。「適可而止」只是止的一個面向，但還有另一個面向，那就是該進則進。此外，老子所說的「知足」，並非一直以來我們所以為的知道滿足或安於現狀，而是安心，能讓人不遭遇危險的，不是知道滿足或安於現狀，而是心安。心能安，自然就不會遭遇危險，而我們絕大部份人的問題就是無法心安。

十二、康熙字典把「知止不殆」的「止」理解為停,不對。按《廣韻》,止,停也,足也。

理解差異比較

甚愛必大費	陳鼓應	過份的愛名就必定要付出重大的耗費
	任繼愈	過份吝惜,破費會更多
	明德	愛的過份必然花費巨大
知足不辱	陳鼓應	知道滿足就不會受到屈辱
	任繼愈	知足不會遭困辱
	明德	能夠掌握分寸就不會被羞辱
知止不殆	陳鼓應	知道適可而止就不會帶來危險
	任繼愈	知止不會遇險
	明德	能夠心安,就不會有危險

他版譯文

一、陳鼓應:「聲名和生命比起來哪一樣親切?生命和貨利比起來哪一樣貴重?得到名利和喪失生命哪一樣為害?過份的愛名就必定要付出重大的耗費;豐富的藏貨就必定會招致慘重的損失。所以,知道滿足就不會受到屈辱,知道適可而止就不會帶來危險,這樣才可以保持長久。」

二、任繼愈:「虛榮與生命哪一個更親切?生命與財產哪一個更重要?佔有與喪失哪一個更有害?因此,過份吝惜,破費會更多,儲藏豐富,損失必重大。知足不會遭困辱,知止不會遇險,可以長保安全。」

第四十五章

大成若缺,其用不弊。大盈若沖,其用不窮。大直若屈,大巧若拙,大辯若訥。靜勝躁,寒勝熱,清靜為天下正。

語譯

　　想要有大成就,就要找出自己的缺點,並改正自己的缺點,就能永不衰落。想要得到大大的盈滿,就要非常的虛心〔;越是虛心,越能圓滿,小沖小盈、大沖大盈〕,虛心就能夠無所不能;想要得到最大程度的伸展〔也就是施展自己的才華〕,那就越要受盡委屈;想要在技術上得到最大的巧妙,那就要老老實實的鍛鍊;最有力的辯解就是不去辯解。冷靜的人能夠制伏焦躁的人;寒門能戰勝有權勢之人。心純淨不動才能治理天下。

字義

　　大成若缺:成,全、就也。若:對付,處置,按「寇深矣,若之何?」——《左傳‧僖公十五年》;缺:缺點。

　　其用不弊:用,用處、優點;弊,衰落、疲憊。

　　大盈若沖:盈者滿也,沖者通「盅」。空虛,虛也。大盈相對於小盈而來。小盈就是小容器,小容器一點點水注進去之後,就滿了;而容器越大,要注入的水就要越多,才能滿;至於,容器大到無法想像,那麼,再多的水注進去也不會滿,這就叫大盈。沖就是空虛,意指容器非常大、非常大,也就是指人的心胸非常大非常大。人的心胸越大,智慧就越高,福報就越大,關鍵就在於「沖」,虛心是也,佛教的用語叫「心包太虛」。

　　大直若屈:直,伸直;若,反而。屈,與伸相對,彎曲。

　　大辯若訥:最有力的辯解反而是不去辯解。辯,爭論是非曲直。訥,言不辯也。

　　寒勝熱:寒,窮困;熱,有權勢。

　　清靜為天下正:心純淨不動可以治理天下。清者,純淨沒有混雜物。

靜者不動也。正，政也，治理。

明德說

　　一、「大直若屈」並非如任繼愈所說「最正直好似枉屈」，也非如陳鼓應所說「最正直的東西好像是彎曲一樣」。首先，「最正直好似枉屈」、「最正直的東西好像是彎曲一樣」這兩句話不通。其次，把「直」解釋成「正直」，也是不對的，這裡的「直」是伸直。

　　二、大直若屈，按我們現在的話就是「吃得苦中苦，方為人上人」，「大直」相當於「人上人」，「屈」相當於「苦中苦」，這樣解釋，讀者應該能理解。

　　三、「大成若缺」、「大盈若沖」、「大直若屈」、「大巧若拙」、「大辯若訥」的「若」，不是任繼愈等人所說「好像」，而是「如此」、「處置」、「就要」的意思。

　　四、「大辯若訥」究竟是什麼意思？任繼愈的理解是「好辯才好似木訥」，陳鼓應的理解是「最卓越的辯才好像是口訥一樣」，他們的理解沒有不同，但這是老子的意思嗎？我不認為。首先，這樣的理解意義不大，如果真是如他們所說，那麼，老子的思想也太沒有價值了。其次，他們都把辯字理解為辯才，但我認為辯應該是爭論是非曲直。其三，訥也不解為不善於講話，而是不去爭辯。老子在這裡提出人間一個很常看到的現象，那就是我們經常想去爭論是非、想去證明自己，老子說，不用。如果你真是對的，最後，老天會還給你公道，但請你要有耐心。

版本差異比較

王弼	躁勝寒，靜勝熱
帛書	躁勝寒，靜勝熱
傅奕	躁勝寒，靖勝熱
樓觀台	靜勝躁，寒勝熱
本書主張	從樓觀台

理解差異比較

大成若缺	陳鼓應	最完滿的東西好像有欠缺一樣
	任繼愈	最圓滿好似欠缺
	明德	想要有大成就，就要找出自己的缺點，並改正自己的缺點
大盈若沖	陳鼓應	最充盈的東西好像是空虛一樣
	任繼愈	最充實好似空虛
	明德	想要得到大大的盈滿，就要無限的虛心
大直若屈	陳鼓應	最正直的東西好像是彎曲一樣
	任繼愈	最正直好似枉屈
	明德	想要施展自己的才華，那就要受盡委屈
大巧若拙	陳鼓應	最靈巧的東西好像是笨拙一樣
	任繼愈	最靈巧好似笨拙
	明德	想要在技術上得到最大的巧妙，那就要老老實實的鍛鍊
大辯若訥	陳鼓應	最卓越的辯才好像是口訥一樣
	任繼愈	好辯才好似木訥
	明德	最有力的辯解就是不去辯解
清靜為天下正	陳鼓應	清正無為可作為人民的模範
	任繼愈	無為清靜可以做天下的首腦
	明德	心純淨不動才能治理天下

他版譯文

一、任繼愈：「最圓滿好似欠缺，其作用不會敗壞。最充實好似空虛，其功能永不窮竭。最正直好似枉屈，最靈巧好似笨拙，好辯才好似木訥。急走能戰勝寒冷，安靜能克服暑熱。無為清靜可以做天下的首腦。」

二、陳鼓應：「最完滿的東西好像有欠缺一樣，但是他的作用是不會衰竭的。最充盈的東西好像是空虛一樣，但是他的作用是不為窮盡的。最

《老子原意》

正直的東西好像是彎曲一樣,最靈巧的東西好像是笨拙一樣,最卓越的辯才好像是口訥一樣。疾動可以戰勝寒冷,安靜可以戰勝炎熱。清正無為可作為人民的模範。」

《老子原意》

第四十六章

天下有道，卻走馬以糞。天下無道，戎馬生於郊。禍莫大於不知足，咎莫大於欲得。故知足之足，常足矣。

語譯

　　明君在位時〔，不用打仗，因此〕，快馬從戰場上退下來，用於田裡翻土施肥；昏君、暴君在位時，〔由於一天到晚打仗，以至於〕戰馬直接在戰場上分娩〔懷胎的母馬也必須上戰場〕。最大的不幸莫過於不知道分寸；最大的災禍莫大於想要滿足貪慾。因此，能夠完全的掌握分寸，就能永不欠缺。

字義

　　天下有道：政權有道義，即明君在位。天下，政權，主政者。道，道義、公平、正義。
　　卻走馬以糞：快馬從戰場上退下來，用於田裡翻土。卻，退也。走馬，能跑很快的馬，即快馬。走，奔跑；糞，翻土施肥。
　　天下無道：政權沒有道義，即昏君、暴君在位。無道，亂來、欺壓百姓。
　　戎馬生於郊：戎，兵也。戎馬，戰馬、軍馬也。郊，田野也，此指戰場。
　　禍：災禍、不幸。
　　咎莫大於欲得：咎，災禍；欲，貪慾；得，滿足。
　　知足之足：能夠完全的掌握分寸。第一個足，分寸；第二個足，滿、完全、徹底。之，虛詞，無所指。
　　常足矣：永遠不會缺乏。常，一直；足，不缺乏、沒有欠缺。

明德說

一、任繼愈把「戎馬生於郊」翻譯成「懷胎的母馬也用來作戰」，他的理解最到位。換言之，評價一個政權的好壞就在於有沒有出現「戎馬生於郊」的這種情形，有的話，就是無道。2019年冬，新冠肺炎爆發時，一名名叫林妙的武漢某醫院的女醫生，懷孕三十七週還在第一線看診，結果在2020年一月中旬得了新冠肺炎；已經懷孕的姣姣是武漢當地醫院的一名護士，雖然有孕在身，但還是在第一線工作，一月二十一日被診斷為新冠肺炎。另一位女護士趙瑜，懷孕九月即將臨盆，不顧周圍的人的反對，每天挺著大肚子繼續在抗「疫」一線工作。武漢女護士黃杉在流產十天後重回前線。為什麼共產黨大肆宣傳這些事蹟？不過是利用人們的愛國情操／虛榮心罷了，以成就他們的私心。

二、「禍莫大於不知足」並非如陳鼓應所說「禍患沒有過於不知足的了」，也非如任繼愈所說「最大的禍患在於不知足」，而是「最大的不幸莫過於不知道分寸」。這裡的「足」，不理解為「滿足」，而是「分寸」。

三、「知足之足，常足矣」的第二個「足」，之所以理解為「完全」、「徹底」，是呼應「常足矣」的「常」，也就是說，要「常足」，就一定得完全徹底的「知」，否則，就無法「常」。

他版譯文

一、任繼愈：「國家政治安定，戰馬用來種田。國家政治混亂，懷胎的母馬也用來作戰。最大的禍患在於不知足，最大的罪過在於貪得無饜。所以，滿足於『知足』，就永遠滿足啦。」

二、陳鼓應：「國家政治上軌道，把運載的戰馬還給農夫用來耕種。國家政治不上軌道，便大興戎馬於郊野而發動征戰。禍患沒有過於不知足的了；罪過沒有過於貪得無饜的了。所以懂得滿足的這種滿足，將是永遠的滿足。」

問答

問：我想知道的是我們所說的知足常樂，與我們平時所宣導的要懂得

進取，有什麼區別呢？

  答：知足常樂沒有不好，而共產黨政府所宣傳的要你們「懂得進取」，不過是利用你們，讓你們替他做事，例如從嚴格一胎，變成開放三胎，以成為他統治中國的工具而已，都是韭菜啦！

《老子原意》

第四十七章

不出戶，知天下。不闚牖，見天道。其出彌遠，其知彌少。是以聖人不行而知，不見而名，不為而成。

語譯

不用離開家門，就能知道天下的人事。不用打開窗子往外看，就能知道外面的天氣。離開本心越遠，越沒有智慧。因此，聖人不用經歷就能明白；不用到現場看，就能正確描述；不去主宰，卻能成功。

字義

戶：古院落由外而內的次序是門、庭、堂、室。進了門是庭，庭後是堂，堂後是室。室門叫「戶」。

闚牖：窺，讀音「虧」，泛指觀看。牖，讀音「友」，室和堂之間的窗子叫「牖」。

天道：大自然的道理、大自然的變化，例如天氣變化、潮起潮落、陰晴圓缺、花開花謝等等。

其出彌遠：離開本心越遠。出，從裡面到外面，也就是離開，離開哪裡？離開本心。

其知彌少：越不能看得清楚。知，讀至，智慧，看得清清楚楚。

不行而知：不用經歷就能知道是怎麼一回事。行者經歷。

不見而名：不用到現場看，就能正確描述。見，看到。名，描述。

不為而成：不去主宰，反而能成功。漢文帝就是是一個例子，他並沒有想到會有文景之治，但因為他的無為，所以成就了文景之治。相反的，最想有作為的，應該就是秦始皇這些暴君，他千方百計，希望大秦帝國能千秋萬世，可是，沒想到，適得其反。為，主宰。而，反而。

明德說

一、其出彌遠，其知彌少的例子：作惡多端的人雖然聰明，卻終要付出代價，報應或許不是在他本身，而是在他的後代，例如秦始皇，無論如何，終究是要還的。

二、其出彌遠，其知彌少，為什麼？因為我們知道的，其實都是表象，都是沒有用的知識，都是別人故意用來混淆我們的錯誤信息。想要真正的知道不是向外求，而是老子這裡說的，向內求，是不出戶知天下。為什麼不出戶可以知天下？因為，人心是一樣的。我並沒有去過美國，但是，我對美國的了解，大大多於在美國生活、留學多年的許多人。這不奇怪，很多人連自己都不了解，何況說是能了解別人。

三、「不為而成」並非陳鼓應所說是「不妄為卻能成就」，也非如任繼愈所說是「不必去做就會成功」，而是不用主宰就能成功。其中，「為」不是「做」、「妄為」，而是主宰、主導。

四、任繼愈說 (2015:103)：「科學發達到今天，『不出戶，知天下。不闚牖，見天道』，已成為普通的常識。」真的嗎？我們日常生活當中，出現了海量的消息，我們因此知道了天下嗎？還是只知道別人想讓我們知道的事情？在這種前提之下，能夠說「知天下」嗎？固然現在科學發達，人類能上太空，但能因此就說「見天道」了嗎？當然不能，差得遠呢！

五、任繼愈說 (2015:103)：「今天我們的人如果仍舊提倡『其出彌遠，其知彌少』，就不對了。」從任繼愈的這段話可以證明，任氏對該句話的理解一定是錯誤了。說明見如下的理解差異比較表。「其出彌遠，其知彌少」，沒有不對，永遠是對的，過去是對的，現在是對的，未來還是對的，說不對，是任氏自己誤解了這句話的意思。

六、不管是任繼愈或是陳鼓應，都把「不見而名」讀做「不見而明」，但「不見而名」才是對的。原因是，首先，不管是王弼、帛書、傅奕、河上公都寫「不見而名」，可見「不見而名」錯誤的可能性很小。其次，我們如何判斷一個人是否得道？老子說，很簡單，他不用出現在現場，他就能描述當時發生了什麼，這個描述，就是「名」。

七、劉笑敢 (2006:475-476)：「本章開始說『不出於戶，以知天下。不

闚於牖，以知天道』，這是講的直覺主義的認識方法。」劉氏的這種說法有問題。老子自己所做到的「不出戶，知天下。不闚牖，見天道」，並不是出於直覺，何況，直覺還會有錯；而且也不是出自於理性思維的推理，因為人的理性都是有限的。那麼，老子是怎麼做到的？致虛極，守靜篤。因為致虛極，守靜篤，所以老子能看到萬物並作，能夠不行而知、不見而名。

八、任繼愈說 (2015:103)：「這一章老子再次強調『道』不能用感官接觸，要靠靜觀、玄覽。」此解有誤。首先，通篇，老子並沒有說『道』不能用感官接觸；其次，老子也沒有說，只有透過靜觀才能認識道；其三、何謂「玄覽」？任氏將之理解為「靜觀」，非也，玄覽不是靜觀，而是不可靠的想法。

九、「其知彌少」，陳鼓應將之理解為「他對道的認識也越少」，換言之，他將「知」理解為「認識」，非也。這裡的「知」，同「智」，智慧也。

理解差異比較

其出彌遠，其知彌少	陳鼓應	他越向外奔逐，他對道的認識也越少
	任繼愈	走得越遠，所知越少
	明德	離開本心越遠，反而越沒有智慧
不見而名	陳鼓應	不察看卻能明曉
	任繼愈	不必親見就能明瞭
	明德	不用到現場看，就能正確描述
不為而成	陳鼓應	不妄為卻能成就
	任繼愈	不必去做就會成功
	明德	不去主宰，反而能成功

版本差異比較

王弼	不見而名

帛書	不見而名
河上公	不見而名
樓觀台	不見而明
本書主張	從帛書、王弼、河上公

他版譯文

　　一、陳鼓應：「不出門外，能夠推知天下的事情；不望窗外，能夠了解自然的規律。他越向外奔逐，他對道的認識也越少。所以，有道的人，不出行卻能覺知，不察看卻能明曉，不妄為卻能成就。」

　　二、任繼愈：「不出大門，能知國事。不望窗外〔的天空〕，能識天道。走得越遠，所知越少。因此，聖人不必經歷就有知識，不必親見就能明了，不必去做就會成功。」

問答

　　問一：雖然當今社會網路發達，可以「不出戶知天下」，但如何才能「不行而知，不見而名」？我們常說實踐出真知，但又為何「其出彌遠，其知彌少」？

　　答一：實踐就能出真知嗎？我們每天不是在實踐嗎？你有了真知了嗎？年紀大的人，不也都實踐了多少年了，他們都有真知了嗎？沒有。原因在於，我們的所謂知，根本不真，當然，再怎麼實踐都沒有用。所以，最重要的是，要有真知。

　　問二：我們應該如何做，才能趨向「不行而知，不見而明」？

　　答二：就怕你不相信，就怕你不做。想要「不行而知，不見而明」就要「為道日損，損之又損，以至於無為」，就能做到。

　　問三：「不出戶知天下，不窺牖見天道」，這句話如何理解，是如何怎麼做到的？

　　答三：回歸本心就能做到。因為老子說了，「其出彌遠，其知彌少」。

　　問四：第四十七章裡，「不出戶知天下。不窺牖見天道。其出彌遠，其知彌少。是以聖人不行而知。不見而名。不為而成」，是否與實踐相矛

盾？

　　答四：(1) 老子沒有反對到外面去，老子的意思是，厲害的人不用到外面去，就什麼都知道了。而不用心的人即使環遊世界一百圈，還是不知道別人在玩什麼花樣。(2) 老子沒有反對實踐。(3) 實踐也不一定要到外面去。在家裡面就不能實踐嗎？在家裡面就不能翻天覆地嗎？

第四十八章

為學日益。為道日損,損之又損,以至於無為。無為而無不為。取天下常以無事,及其有事,不足以取天下。

語譯

做學問的方法是每天增加一點〔正確的〕知識;修道的方法是每天減少一點自己的私欲。每天不斷的,一點一滴的減少自己的私欲,最後到達無我的境界。因為無我,〔什麼事情都看得透徹,〕以至於沒有什麼事情做不到。要取得天下,必須萬眾擁戴。一旦用到武力,就不配取得天下。

字義

為學日益:學,知識和見聞。益,增加、鑽研。

為道日損:修道的話,每一天都要不斷的減少自己的慾望,一直到完全沒有慾望,才可能達到圓滿的境地。圓滿就是至高無上的智慧,什麼都懂、沒有迷惑、沒有煩惱。道,指的是心性、品德、德行。損,減少、放下。放下什麼、減少什麼?減少、放下執著,不要有執著。

以至於無為:以至於,最後達到;無為,不為了自己,即無我,為,讀音「位」,為了,表示行動的目的。

無為而無不為:第一個為,讀音位,為了自己;第二個為,讀音圍,指達到、建立。

取天下常以無事:取者得到也。無事,不動干戈。如何可以不動干戈?順天應人而已。常,永遠;事,指兵革之事。

有事:使用武力、暴力。事,事故、事變、兵事。

不足以取天下:指沒有資格取得天下。不足:不夠格、不配。足,值得;取:獲得。

《老子原意》

明德說

一、我把本章分成兩段，或許整個文意會變得清楚。第一段是：「為學日益……無為而無不為。」第二段是：「取天下常以無事……」

二、做學問要用加法，修道要用減法，不斷的減（放下），一直到沒得減了。問題是要減損我們的什麼？貪、瞋、癡、慢、疑。我們會貪心、我們會生氣、我們會痴迷、我們會傲慢、我們會懷疑，但是，老子告訴我們，對於這些，我們應該日損，每天減少一點，不斷的減少（放下）。比方說，看到小人得志，我們會生氣，但是，不要生氣，一天減少一點；我們希望獲得別人的肯定和獎賞，但，這樣的想法，每天都減少一點；對於別人受到表揚，我們內心可能興起一點點不快，對於這樣的想法，我們要每天減少一點；我們可能為了滿足一己的慾望或自己的便利，而有意無意的傷害別人……老子告訴我們，若是要修道，上述那些習氣必須一天一天，一點一滴的減少。

三、「取天下常以無事」並非如任繼愈所說「治理國家，經常不要勉強」，也非如陳鼓應所說「治理國家要常清靜不擾攘」，而是「要取得天下，不能用兵事」。

四、「為道日損」並非如任繼愈所說「從事於『道』，〔知識〕要一天比一天減少」，這種理解不對，老子所要減少的不是知識，而是「我」，也就是自己的貪、瞋、癡、慢、疑。

五、千萬不要再說老子反對知識，這是曲解。知識的存在不只無礙於道的追求，還有助於道的追求，只是主次有別。

六、任繼愈、陳鼓應對於「以至於無為」的翻譯是「最後減少到『無為』」、「一直到『無為』的境地」，他們都沒有把「無為」做出解釋。這當然很可惜。無為就是，所作所為一點都不是為了自己，而是純粹的想利益他人。

七、為學日益：做學問的方法是對某一個問題不斷的鑽研，直到徹底了解，而不是每一天都讀書，這種幫助是有，但不大。

八、為學日益，學什麼？難道是學壞嗎？學鬥爭、耍陰謀嗎？學魔道邪說嗎？該學的是孔孟之教、老子、佛經這些善的典籍，而非拉仇恨、搞

分化、教人怎麼害人、利用別人這類的書和宗教。

九、任繼愈說 (2015:105):「從事於學識,〔知識〕一天比一天增加,從事於道,〔知識〕要一天比一天減少。」這種理解是錯的,「為學日益」與「為道日損」並非對立關係,而是一致的。

十、「取天下常以無事」一句的重點是在「無事」,而不在於「取」。固然,從河上公以下的眾多學者都把重點放在取,而把「取」誤解為「治理」,事實上,取就是取得、獲得,不管難易。而劉笑敢專注在「取」的解釋,他認為其意思是「取得容易、輕易」,並說 (2000:29):「『取』字用在『取國』『取邑』中則有容易的意思,不論出兵不出兵,一定是沒有大困難、大阻力的,更沒有激烈的戰鬥或重大犧牲。」這種說法也是不對的,其不對在於:取的重點不在難或易,而在於不能有兵事、武力、流血,也就是要以和平的方式取得政權,這就是「無事」。古代的禪讓,現代的民主選舉,不都以無事取天下嗎?

理解差異比較

無為而無不為	任繼愈	雖然「無為」,而沒有一件事情不是它所為
	陳鼓應	如能無為那就沒有什麼事情做不成的了
	明德	因為無我,以至於沒有什麼事情做不到
取天下常以無事的「取」	任繼愈	治理
	陳鼓應	治,猶攝化
	明德	取得
取天下常以無事的「無事」	任繼愈	不要勉強
	陳鼓應	無擾攘之事
	明德	沒有兵事
及其有事的「有事」	任繼愈	非勉強去做不可
	陳鼓應	繁苛政舉
	明德	使用武力

說明：張默生把取天下常以無事的「無事」理解為「無為」，不妥。

他版譯文

一、任繼愈：「從事於學問，則〔知識〕一天比一天增加，從事於『道』，〔知識〕要一天比一天減少。減少再減少，最後減到『無為』。雖然『無為』，而沒有一件事情不是它所為。治理國家，經常不要勉強，到了非勉強去做不可的地步，就不配掌握天下了。」

二、陳鼓應：「求學一天比一天增加〔知見〕，求道一天比一天減少〔智巧〕。減少又減少，一直到「無為」的境地。如能無為那就沒有什麼事情做不成的了。治理國家要常清靜不擾攘，至於政事繁苛，就不配治理國家了。」

第四十九章

聖人常無心，以百姓心為心。善者吾善之，不善者吾亦善之，德善。信者吾信之，不信者吾亦信之，德信。聖人在天下，歙歙焉，為天下渾其心，百姓皆注其耳目，聖人皆咳之。

語譯

　　聖明的統治者永遠沒有自己，以人民的利益為自己的利益。好人，我以善良對待他；壞人，我同樣以善良對待，最終，得到善良的對待。誠實的人，我對他誠實；不誠實的人，我對他一樣誠實，最終得到誠實的對待。聖人治理天下，為了使人民能和洽相處，就要使人心都變得純樸。然而，百姓只專注在自己的耳目享受，聖人為此感到惋惜。

字義

　　聖人常無心：聖明的統治者永遠沒有自己。聖人，聖明的統治者。常，通「恆」，永遠、一直。心，我。
　　德善：得到善；德，得也。
　　德信：得到信。信，誠實。
　　在天下：治理天下。在，居也，猶言治理。
　　歙：讀音「系」，古同「翕」，和洽，和諧融洽。
　　為天下渾其心：使人心歸於樸實。為，讀音「圍」，使也，按《易經・井卦・象曰》：「井渫不食，為我心惻。」渾者，質樸、樸實。
　　注其耳目：專注在他們耳目的享受上。
　　皆咳之：皆，都、全。咳，讀音「孩」，嘆詞，表示傷感、後悔或惋惜。之，代詞，指人民。

明德說

　　一、「善者吾善之，不善者吾亦善之」，這裡很重要的是，聖人能區

別善者與不善者,因此,能做到皆善之,因此,得善。德者得也。我們一般人,因為不是聖人,自然無法區別善者與不善者,因此,自然得不到善。

二、這裡要注意,不善者吾亦善之的做法是有講究的,不是按照不善者的心意而行,比方說,陪他賭博、陪他吸毒,不是的,而是做對不善者有利的事,也就是循循善誘,使他回到正途,不要再做壞事。

三、「德善」、「德信」並非如陳鼓應、任繼愈所說「這樣可使人人向善」、「這樣可使人人守信」、「就人人得到信任」。這裡的「德善」、「德信」是指就聖人而言,是聖人得到對方的善和信,而非「人人向善」或「人人得到信任」。

四、「聖人常無心」並非如任繼愈所說「『聖人』沒有固定不變的意志」,也非如陳鼓應所說「有道的人沒有主觀成見」,而是「聖人永遠沒有我自己」。

五、就「皆注其耳目」,高明 (1996:63) 說:「『屬』、『注』二字同誼,乃謂百姓皆注意使用耳目體察世情,以智慧判斷是非,猶若王弼註云『各用聰明』。」高明和王弼對這句話的理解不對,「皆注其耳目」是指人們只關注自己的耳目感官享受。

六、劉笑敢把「聖人皆咳之」理解為「聖人把百姓當作嬰孩而呵護之、信任之、因任之」(2006:489),不對。

七、根據劉笑敢 (2006:491) 的引文,王淮把「無為而治」理解為「因循放任」(1972:195)。這種理解不對。「無為」不是因循,也不是放任。如果是因循放任,那這個國家還能好嗎?不能。

八、劉笑敢提出一個問題 (2006:491-492):老子「為什麼主張對百姓不分善與不善、信與不信而一視同仁呢?」「這樣豈不是不辨是非,混淆善惡嗎?」劉氏自己的回答是:「這是因為他的最高原則是『道法自然』……為了實現這種『道法自然』,必然要承認和堅持這樣一個派生的原則,那就是自然的和諧、自然的秩序高於嚴辨是非、懲惡揚善的原則。」關於劉氏對老子這段話的理解,有三個地方出了問題:第一、沒有找對版本。帛書版本的這句話的語意不夠清楚,王弼的版本才清楚。第二、老子並沒有主張每一個人都應該善不善者、信不信者,老子是說他自己「不善者吾亦

善之」、「不信者吾亦信之」。第三，固然「道法自然」是老子的最高原則，但是，老子從來沒有「不辨是非」、可以「混淆善惡」，相反的，老子明辨是非善惡、懲惡揚善，否則他就不會說「使夫智者不敢為也」、「吾將鎮之以無名之樸」。那麼，為什麼他自己能善不善者、信不信者呢？因為是非善惡已經不能影響他（不動心），而非在他眼中沒有是非善惡，這是兩個完全不同的概念和境界，也是聖人與我們之間的巨大差別。

九、劉笑敢說 (2006:492)；「嚴辨是否擁護黨的領導，造成了錯劃五十幾萬右派分子的反右運動，摧殘了大批精英份子；嚴辨姓社姓資，造成了寧要社會主義的草，不要資本主義的苗的荒誕現實；嚴辨是否堅持毛主席的革命路線，造成了文化大革命中全國範圍的群眾分裂和大規模武鬥。」劉笑敢對毛澤東並不了解，為什麼毛氏會要嚴辨是否擁護黨的領導（其實是毛的領導，這裡又是毛氏語言，即偷換概念）、是姓社還是姓資、是否堅持毛的革命路線？它們都有一個共同的原因，而且是唯一的一個原因，那就是維護毛個人的威望，如果沒有嚴辨，那麼，他的血腥統治就無法維持，換言之，毛氏比任何人更講究是非善惡，只不過是以他個人的是非善惡為標準，聽他話，服從他的，沒良心的、賣力說謊的，就是「是」、就是「善」，相反，不聽他的話，敢批評的，有良心的、說真話的，就是「非」、就是「惡」，對於「是」，必賞之，對於「非」，必除之，所以，哪有劉氏所謂的錯劃！

至於毛氏所發起的文化大革命，權力之爭並非主要原因，而是他本來就要做的事情，因為主張仁愛節操的中華文化與主張仇恨鬥爭的馬克思主義水火不容。（這是毛氏自己說的，他說：「我們是共產黨人，馬克思列寧主義是我們思想的理論基礎。中國共產黨革命就是從批孔開始的……把孔夫子再請回來，尊孔，祭孔，這說明你的統治也已難以為繼了。」）這是為什麼毛氏務必剷除傳統文化──即儒釋道，尤其是孔孟之道的原因，他要建立的，確實是一個新中國，這個新中國並不在維護中國利益，相反的，是在剷除中國的根，在這個新中國裡，只有仇恨、鬥爭、利益、舉報親人，而沒有一點點善良的基因在裡面，是一個血腥的、獨裁極權的外來政權，而不是一個自由民主的新中國，自由民主只是在他還沒奪權之前，

用來騙取知識份子支持他（也就是統戰），用以打敗蔣介石的的工具而已。至於武鬥不武鬥，對於毛氏來講，沒有任何意義，該武鬥就武鬥，不需要武鬥就不武鬥，事情就是如此簡單，所有把事情複雜化的人，要不是無知就是邪人。

十、老子說：「善者吾善之，不善者吾亦善之」、「信者吾信之，不信者吾亦信之。」光是能做到這樣，就已經能夠稱為聖人了，這也是本書作者尊稱老子為老聖人的原因。

十一、為什麼老子能「善者吾善之，不善者吾亦善之」、「信者吾信之，不信者吾亦信之」？原因是老子對「善者」、「不善者」、「信者」、「不信者」都一視同仁，沒有分別，沒有分別就是聖人的境界，因此，只有聖人才能「無憂」、才能「希」，無憂是從「絕學」而來，「希」是從「知我者」而來。

問答

問：「善者吾善之，不善者吾亦善之，德善。信者吾信之，不信者吾亦信之，德信。」這是不是體現出一種德治（以道德來感化人民）？如果是德治，那麼是不是也違背了老子所說的無為而治？

答：你誤會了無為，無為不是什麼都不做，而是不要去主宰。道家本來就是主張德治、仁政，這一點與儒家是一樣的。只不過，道家比較抽象，儒家比較具體。

版本差異比較

帛書甲本	善者善之，不善者亦善□，□善也。信者信之，不信者亦信之，得信也。	聖人恆無心	聖人皆咳之
傅奕	善者吾善之，不善者吾亦善之，得善矣。信者吾信之，不信者吾亦信之，得信矣	聖人無常心	聖人皆咳之
王弼	善者吾善之，不善者吾亦善之，德善。信者吾信之，不信者吾	聖人無常心	聖人皆孩之

	亦信之，德信		
河上公	善者吾善之，不善者吾亦善之，德善。信者吾信之，不信者吾亦信之，德信	聖人無常心	聖人皆孩之
本書主張	從王弼	從帛書	從帛書

說明：一、「善者善之，不善者亦善之，得善也。信者信之，不信者亦信之，得信也。」帛書這個版本是有問題的，其問題在於缺少主語。那麼，主語是誰呢？這個問題，其他版本，如王弼、傅奕、河上公就很清楚，主語是「吾」，也就是老子，而非一般人。因此，本書從王弼，不從帛書。

二、帛書甲本寫「聖人恆無心」，而「恆」＝「常」。究竟是「常無心」還是「無常心」？雖然兩者都解釋得通，但我更傾向於「常無心」，原因是「無心」才能跟「百姓心」相對應。因為沒有自己的心，才能放下百姓的心。相反的，有了自己的心之後，就放不下別人的心了。此外，羅振玉說，龍景碑本、敦煌本都無「常」字，也作「聖人無心」。因此可以推論，「無心」才是對的，「常心」是錯的。

理解差異比較

聖人常無心	任繼愈	「聖人」沒有固定不變的意志
	陳鼓應	有道的人沒有主觀成見
	明德	聖人永遠沒有自己
善者，吾善之；不善者，吾亦善之	任繼愈	百姓的意志，善的，我好好對待它，百姓的意志，不善的，我也好好對待它，就得到了善。
	陳鼓應	善良的人，我善待他；不善良的人，我也善待他；這樣可使人人向善。
	明德	好人，我以善良對待他；壞人，我同樣對他好，最終，可以得到善報。
歙歙焉	任繼愈	諧和的樣子
	陳鼓應	收斂

百姓皆注其耳目	明德	和諧融洽
	任繼愈	百姓都全神專注他們的聖人
	陳鼓應	百姓都專注他們自己的耳目
	明德	百姓只專注在自己的耳目享受
聖人皆咳之	任繼愈	「聖人」像對待嬰兒那樣對待百姓
	陳鼓應	有道的人使他們都回到嬰兒般〔真純〕的狀態。
	明德	聖人可憐他們

他版譯文

一、陳鼓應:「有道的人沒有主觀成見,以百姓的心為心。善良的人,我善待他;不善良的人,我也善待他;這樣可使人人向善。守信的人,我信任他;不守信的人,我也信任他;這樣可使人人守信。有道的人在位,收斂自己的主觀意志與意欲,使人心思化歸於渾樸,百姓都專注他們自己的耳目,有道的人使他們都回到嬰兒般〔真純〕的狀態。」

二、任繼愈:「『聖人』沒有固定不變的意志,以百姓的意志為意志。百姓的意志,善的,我好好對待它,百姓的意志,不善的,我也好好對待它,就得到了善。百姓中,可信的,我信任它,百姓中,不可信的,我也信任它,就人人得到的信任。『聖人』治理天下,使天下人心歸於渾樸,〔而百姓都全神專注他們的聖人,〕『聖人』像對待嬰兒那樣對待百姓。」

第五十章

出生，入死。生之徒十有三；死之徒十有三。而民生生，動皆之死地，亦十有三。夫何故？以其生生之厚。
蓋聞善攝生者，陸行不避兕虎，入軍不被甲兵。兕無所投其角，虎無所用其爪，兵無所容其刃。夫何故？以其無死地。

語譯

離開死地就生，進入死地就死：三分之一長壽；三分之一短命；三分之一的人，原本是可以長壽的，卻自找死路，早死了，這是為什麼呢？因為這些人縱容自己的欲望。

我聽說，擅長養生的人，他走在高平地上，不怕碰到兕和老虎；打仗的時候，不用身披鎧甲、手執兵器。〔就算真的碰上了兕、老虎和敵人，〕兕的角無法靠近他，老虎的爪子派不上用場，敵人的武器傷不了他。為什麼呢？因為他根本就沒有弱點。

字義解釋

出生，入死：離開死地就生，進入死地就死。出，離開；入，進入。

生之徒：生，長壽；徒，同一類人。

十有三：猶言三分之一。十，這裡的十不是九加一之和，而是全部、齊全的意思。

死之徒：死，短命。除了夭折之外，英年早逝、不到平均壽命就死都屬於這一類。

而民生生：第一個生，出生、生下來，猶言原本、本來；第二個生，長壽。

動皆之死地：動，事物改變原來位置，即從生的位置挪動到死的位置。之，至、到；死地，短命，即比原來能活的壽命短，例如，原本可活八十歲，最後只活了六十歲。

生生之厚：對自己〔生命、物質慾望、權力、金錢〕的看重過份了。為了滿足自己的慾望，當然會陷入死地。生生，自己；厚，原意是重視、推崇，但這裡的厚，指的是過份。

蓋善攝生者：蓋，發語詞，不用翻譯。善，擅長；攝，保養；生，生命（肉體和精神生命）。

陸行不辟兕虎：走在高平地上，不怕碰到兕和虎。陸，高平地；辟，同「避」。不辟：不迴避，也就是不怕碰到。兕，讀音「四」，如野牛而青，象形。——《說文》

兕無所投其角：身上沒有一個地方可以讓兕的角靠近。投：投向、靠近。

虎無所用其爪：身上沒有一個地方可以讓老虎的爪有施展的空間。

兵無所容其刃：身上沒有一個地方有讓敵人的武器有揮發的餘地。兵，敵人的武器；容：假借為用、使用。無所：沒有地方。

入軍不被甲兵：入軍，打仗。被，音讀批，披覆、遮蓋、穿著。甲兵，鎧甲和兵器。

明德說

一、老子把人分為三類，但善攝生者不在其中。生之徒十有三，指的是能終老的人。有三分之一死之徒，指的是短命的人。另外三分之一是哪些人？找死的人。

二、「動皆之死地」的「死地」：何謂死地？會讓我們提早死的地方，哪些地方會讓我們早死？想想看，機關算盡、逞強鬥狠、殺人放火、與人結仇、貪污腐敗、做事衝動，再想看看，還有哪些？反之，就是無死地，例如：與人為善、小心謹慎、不要逞強鬥狠，不要貪污腐敗……死地最白話的說法就是弱點。我們有哪些弱點？貪、嗔、癡、慢、疑……一旦我們這些弱點被別人抓住了，我們還能活嗎？這不就是真的是陷入死地了嗎？

三、陳鼓應說：「另外的十分之一，則是不妄為、任自然、注意『營魄合一』的形神修煉的『善攝生者』。」這樣的理解是錯誤的。首先，本章的「十有三」，不是指十分之三，而是三分之一，因此，沒有所謂「另

外的十分之一」的這個部份;其次,「善攝生者」的比例不可能高到一個群體的十分之一,不要說百分之一,連千萬分之一都不可能。

　　四、「出生,入死」乃本章點題之句,因此,如果解成「從出生到死亡」或「不能生存必然死亡」,那這句話就成了廢話,也就沒有意義了。我對「出生,入死」的理解是「離開死地就生,進入死地就死」,本章在講死地的問題。

　　五、何謂生生之厚?即縱容自己的欲望。何謂「縱容自己的欲望」?想生氣就生氣、想說謊就說謊、想整誰整誰、想雙修誰就雙修誰,不在乎別人感受、不在乎天地感受。

版本句讀差異比較

帛書甲本	出生,入死	陸行不辟兕虎	而民生生,動皆之死地之十有三
王弼	出生入死	陸行不遇兕虎	人之生動之死地,亦十有三
傅奕	出生,入死	陸行不遇兕虎	而民之生生而動,動皆之死地,亦十有三
河上公	出生入死	陸行不遇兕虎	人之生,動之死地十有三
本書主張	從帛書	從帛書	而民生生,動皆之死地,亦十有三

理解差異比較

出生、入死	陳鼓應	人出世為生,入地為死
	王弼	出生地,入死地
	任繼愈	不能生存必然死亡
	明德	離開死地就生,進入死地就死
十有三	陳鼓應	佔十分之三
	王弼	猶云十分有三分
	任繼愈	佔十分之三

《老子原意》

以其生生之厚	明德	三分之一
	陳鼓應	因為奉養太過度了
	王弼	缺
	任繼愈	因為求生的欲望太迫切，〔反而達不到目的〕
	明德	因為縱容自己的欲望
以其無死地	陳鼓應	因為他沒有進入死亡的範圍
	王弼	缺
	任繼愈	因為他沒有進入死亡的範圍
	明德	因為他沒有弱點

問答

問：老子談到「善攝生者，不遇兕虎，不被甲兵」，是因為他「無死地」，我想知道「無死地」是什麼意思，為什麼十分之九的人都死去，而這活著的十分之一靠的是什麼？

答：無死地就是沒有任何弱點。你所謂的剩下的十分之一是對原文的誤解。原文是把所有人三等分（原文的十不是九加一之和，而是全部、完備、齊全，如同十全十美的十），三分之一是生之徒，三分之一是死之徒，三分之一是自以為聰明（生生之厚）的那些人。

他版譯文

一、任繼愈：「不能生存必然死亡。生存的機遇，佔十分之三，死亡的機遇，佔十分之三，活〔得好好的〕動不動陷入死亡的機遇也佔十分之三。這是為什麼？因為求生的欲望太迫切，〔反而達不到目的〕。曾聽說，善於保養生命的人，陸行不受犀牛、猛虎侵害，戰陣不受遭到殺傷。〔對於善攝生者〕犀牛用不上它的角，猛虎用不上它的爪，兵器用不上它的刃，這是什麼原故？因為他沒有進入死亡的範圍。」

二、陳鼓應：「人出世為生，入地為死。屬於長壽的，佔十分之三；屬於短命的，佔十分之三；人的過份地奉養生命，妄為而走向死路的，也

佔了十分之三。為什麼呢？因為奉養太過度了。聽說善於養護生命的人，在陸地上行走不會遇到犀牛和老虎，在戰爭中不會受到傷害；犀牛用不上牠的角，老虎用不上牠的爪，兵器用不上它的刃。為什麼呢？因為他沒有進入死亡的範圍。」

《老子原意》

第五十一章

道生之而德畜之，物形之而勢成之。是以萬物尊道而貴德。道之尊也，德之貴也，夫莫之命而常自然。道生之，畜之、長之、遂之、亭之、毒之、養之、復之。生而弗有也，為而弗恃也，長而勿宰也，此之謂玄德。

語譯

〔所有的生命都是〕從道生出來的，由〔父母的〕恩德所培養長大，然後，再由萬事萬物來讓他／她成形，最後還受到一種無形力量的牽引。正因為如此，所有的生命都推崇道，重視〔父母的〕恩德。道的尊貴、〔父母的〕恩德的崇高，這種事情是不需要頒佈教令而理所當然的。因此，有了道之後，就能養育萬物、使萬物成長、讓萬物前進、能安頓萬物、能治理萬物、能滋養萬物、能庇護萬物。〔有道之人〕不因為生育他而佔有他，不因為有功勞而驕傲；不因為撫育了他而要宰制他，此種偉大的德行就稱之為玄德〔，像天一樣高的恩德〕。

字義

道生之：生，起動、發出。之，代名詞，指所有生命。

德畜之：德，恩德，此指對新生生命起到養育、照顧、培養的恩德，一般是指所有生命的父母，但不限於父母，也包括養父母，或者在一些情況下，是指祖父母、外祖父母等。畜，讀音續，養育、培植。

物形之：物，萬事萬物。這裡指各種有形的、看得到、摸得者的物體。形，成形，成為某種樣子。

勢成之：成，成就、完成；勢，局勢、機會，而形勢是一種力量，這是一種無形、無法名狀、無法解釋的力量，這種力量會迫使或誘使人或使人樂於做某一種事或往一個方向去，人在這種情境之下，其實是一種無意識狀態，是被推著走的，只是自己不覺得。

夫莫之命而常自然：命，教令也，即一國元首所頒佈的規定。

故道生之：因此，有了道之後。

長之，遂之：長，撫育、使……成長。遂，進、通達，按《易經‧大壯卦‧上六》：「象曰：不能退，不能遂。」

亭之、毒之：亭，留也，人所安定也，是古代設在路旁的公房，供旅客停宿。毒，通「督」，統治、治理、管理。

養之、覆之：養，滋養；復，覆蓋，引申為庇護。

為而不恃：為，有作為、有成就，指有功勞。恃，讀音是，自鳴得意、自負、驕傲。

玄德：像天一般高的恩德。玄，天也。

明德說

何謂「道生之，德畜之，物形之，勢成之」？這是在講一個生命是如何的變成現在的這個樣子？這取決於四個要素，道是所有生命的源頭，我把它理解為種子（業力）。沒有種子，則道雖然存在，則不會有一個你（生命）。有了種子之後，還要有父母的結合與養育。具備了形體之後，這個形體的成長依靠有形和無形的物質，有形的物質像是水、食物、土地、親朋、好友、師長、認識和不認識的人，這些都是有形的；無形的物質，例如當地的文化、風氣、氣候、地理、風水、制度等等；換言之，這四個要素就是種子（業力，也就是因）、父母、有形的物質（老子稱為物）、無形的東西（老子稱為勢）。

版本差異比較

帛書甲本	道生之而德畜之	物刑之而器成之
王弼	道生之，德畜之	物形之，勢成之
傅奕	道生之，德畜之	物形之，勢成之
本書主張	從帛書	物形之而勢成之

帛書甲本	是以萬物尊道而貴德	道之尊也，德之貴也（乙本）	道生之，畜之、長之、遂之、亭之、毒之、養之、復之。
王弼	是以萬物莫不尊道而貴德	道之尊，德之貴	故道生之，德畜之、長之、育之、亭之、毒之、養之、覆之
傅奕	是以萬物莫不尊道而貴德	道之尊，德之貴	故道生之，德畜之、長之、育之、亭之、毒之、蓋之、覆之
本書主張	從帛書	道之尊也，德之貴也	從帛書

理解差異比較

道生之而德畜之，物形之而勢成之	陳鼓應	道生成萬物，德畜養萬物，萬物呈現各種型態，環境使萬物成長
	任繼愈	道使萬物生長，德使萬物繁殖，體質使萬物得到形狀，〔具體的〕器物使萬物得到成形
	明德	所有的生命都是從道生出來的，由〔父母的〕恩德所培養長大，再由萬事萬物來讓他／她成形〔變成現在這個樣子〕，最後還受到一種無形力量的牽引

他版譯文

一、任繼愈：「道使萬物生長，德使萬物繁殖，體質使萬物得到形狀，〔具體的〕器物使萬物得到成形。因此，萬物沒有不尊崇道而重視德的。道所以被尊崇，德所以被重視，並沒有誰來命令，它從來就是這樣的。所以，道使萬物生長，德使萬物繁殖，使萬物成長、發展，使萬物結果、成熟，對萬物愛養、保護。生養了萬物而不據為己有，幫助了萬物，而不自以為盡了力，做萬物的首長，而不對它們管制，這叫做深遠的德。」

二、陳鼓應：「道生成萬物，德畜養萬物，萬物呈現各種型態，環境

使萬物成長。所以萬物沒有不尊崇道而珍貴德的。道所以受尊崇，德所以被珍貴，就在於它不加干涉，而順任自然。所以道生成萬物，德畜養萬物；使萬物成長作育；使萬物安寧心性；使萬物愛養調護。生長萬物卻不據為己有，興作萬物卻不自恃己能，長養萬物卻不為主宰。這就是最深的德。」

《老子原意》

第五十二章

天下有始，以為天下母。既得其母，以知其子。既知其子，復守其母，沒身不殆。塞其兌，閉其門，終身不勤。開其兌，濟其事，終身不救。
見其小曰明，守柔曰強。用其光，復歸其明，無遺身殃。是為習常。

語譯

　　天下萬事萬物的發生都有個源頭，這個源頭我們稱之為母〔母也就是事物發生的根源〕。知道源頭，就能推論後果〔子就是後果〕。既然知道後果，就應該回過頭來守住源頭〔，不讓源頭出一點差錯，如此〕，就可以一輩子不會發生危險。〔那麼，何謂源頭？源頭就是〕管住嘴巴、不聽是非，〔如此〕就能一輩子不用擔心會出事。不管住自己的嘴巴、耳根子軟，就會終其一生處於危險當中。

　　能看到一個東西的細微處才能說是睿智，能夠堅守柔弱才能稱得上強大。在發揮自己的才華之前，一定要回歸到真假善惡的辨識之上〔，也就是把一切都看得明白、通透，〕如此，才不會給自己惹來災難，這樣的人才是真正通曉道理。

字義

　　始：起頭、最初。
　　復寸其母：復，返回；守，守住。母，這裡指事物據以產生出來的，即本、源頭。
　　子：孩子，這裡指果實、結果、後果。
　　塞其兌：管住自己的嘴巴。塞，堵住。兌，口。
　　閉其門：不要去聽是是非非，不受是是非非的影響。閉：關閉。門，聞也。

勤：通「廑」，讀音「秦」，憂慮、擔心。

濟其事：讓自己所要處理的事情變得很多，原因是容易受是是非非影響，猶言耳根子軟。濟，增加、助益、助長；事，事情。

終身不救：一輩子處於危險當中。救，使人脫離危險或解除困難。

見其小曰明：小，物之微也。明，睿智。

用其光：發揮自己的才華。用，使用，即發揮。光，光芒，猶言才華。

復歸其明：復歸，回到原來的地方，猶言「立足於……基礎之上」。歸，返回、回到本處。明，監察是非，也就是能辨別是非善惡。

無遺身殃：不會給自己帶來災殃。遺，給予。身，自身、自己。殃，災殃。

是為習常：是為，這就是；習常，（真正）通曉道理。習，通曉。常，恆久不變、規律，作「道理」解。

明德說

一、光與明的區別。光，是外顯的，例如太陽光，是我們看得到的，也就是一個人顯現於外的聰明才智。而明則是內含的，我們看不到的。如果他不表現，我們是完全不知道的。那麼，明是什麼？明就是沒有疑惑，對什麼事情都清楚明白。對自己、對別人，都明白。別人說謊，他明白，別人欺騙他，他明白，別人想要陷害他，他也明白，別人對他好，他也明白。自己能做什麼，可以做什麼，適合做什麼，他都明白。換言之，有光不一定有明，而有明一定有光，差別只在於他要不要顯現。因此，光需要明的指導，因此，需要復歸其明，回到明白。只有對什麼事情都清楚明白，才能「無遺身殃」，不會蒙受禍害。在老子而言，光與明是不同的。光是外顯的才能，而明是對什麼事情都清楚明白，而這個世界上，沒有幾個人是清楚明白的。因此，一般人只有光，而沒有明。

二、復歸其明就是回到清楚明白，只有清楚明白，才能「無遺身殃」，否則，單單只有才能，反而惹來殺身之禍，例如劉少奇。因此，這句話的解釋是：我們聰明才智的使用必須以清楚明白為基礎（復歸）。歷史上很多聰明人都是死於自己的不明白，例如曹操的謀臣楊修，且看羅貫中對楊

修的評價：「聰明楊德祖，世代繼簪纓。筆下龍蛇走，胸中綿帛成。開談驚四座，捷對冠群英。身死因才誤，非關欲退兵。」

三、見其小曰明：能看到一個東西的細微處才能說是明白。什麼叫細微之處？一句話、一個苗頭、一個眼神、一個簡單的行為、一件衣服、一個數字等等，而這些是那麼的不顯眼、隱約。簡單的說，就是能看得懂蛛絲馬跡所隱含的意義。也就是《韓非子》所說的「聖人見微以知萌，見端以知末」；也是老子在這一章所說的「既得其母，以知其子」。

四、守柔曰強：能夠堅守柔弱才能說是強大，例如韓信因為能承受胯下之辱，才有機會在後來彰顯他的強大。

五、任繼愈說老子要我們「不要知識」(2015:113)，這一說法是錯的。老子從來沒有反對知識，他主張「為學日增」，怎麼會反對知識呢？

六、任繼愈把「塞其兌，閉其門，終身不勤；開其兌，濟其事，終身不救」解釋成：「塞住〔知識的〕穴竅，關上〔知識的〕大門，終身不遭禍患。〔如果相反〕，打開〔知識的〕穴竅，完成〔知識的〕事業，終身不可救藥。」這是錯誤的理解。老子這句話與知識完全無關，這是嚴重的誤導。

七、「襲常」或「習常」？古「襲」「習」相通，問題是是「習」的意思還是是「襲」的意思？我以為是「習」的意思，也就是通曉，而非陳鼓應所說「因襲、承襲」，也非任繼愈所說「覆蓋、暗藏」。

版本差異比較

王弼	見小曰明	是為習常
傅奕	見小曰明	是謂襲常
帛書	見小曰明	是謂襲常
樓觀台	見其小曰明	是為習常
本書主張	從樓觀台	從王弼

理解差異比較

塞其兌，閉其門	任繼愈	塞住〔知識的〕穴竅，關上〔知識的〕大門
	陳鼓應	塞住嗜欲的孔竅，閉起嗜欲的門徑
	明德	管住嘴巴、不聽是非
用其光，復歸其明	任繼愈	發揮涵蓄著的「光」，回到深細的「明」
	陳鼓應	運用智慧的光，反照內在的明
	明德	在發揮自己的才華之前，一定要回歸到真假善惡的辨識之上
是為習常	任繼愈	這就是不顯露的常道
	陳鼓應	這叫做永續不絕的常道
	明德	這是真正通曉道理

他版譯文

一、陳鼓應：「天地萬物都有本始，作為天地萬物的根源。如果得到根源，就能認識萬物；如果認識萬物，又持守著萬物的根源，終身都沒有危險。塞住嗜欲的孔竅，閉起嗜欲的門徑，終身都沒有勞擾的事情。打開嗜欲的孔竅，增添紛雜的事件，終身都不可救治。能觀察細微的叫做『明』，能持守柔弱的叫做『強』。運用智慧的光，反照內在的明，不給自己帶來災殃；這叫做永續不絕的常道。」

二、任繼愈：「天下一切事物有其源始，作為一切事物的根本。已經掌握了萬物的根本，就能認識萬物（子）。已經掌握了萬物，還必須堅守著萬物的根本，就終身沒有危險。塞住〔知識的〕穴竅，關上〔知識的〕大門，終身不遭禍患。〔如果相反〕，打開〔知識的〕穴竅，完成〔知識的〕事業，終身不可救藥。〔所以說〕觀察深細，稱為『明』，保持柔弱，稱為『強』，發揮涵蓄著的『光』，回到深細的『明』，不給自己帶來災禍，這就是不顯露的常道。」

第五十三章

使我介然有知，行於大道，唯施是畏。大道甚夷而人好徑。朝甚除，田甚蕪，倉甚虛。服文采，帶利劍，厭飲食，財貨有餘，是謂盜夸。非道也哉！

語譯

讓我很堅定不移、很清楚的一件事是：走路就一定要走在正道上，就怕走入了邪路。正道非常平坦，而一般人卻喜歡走小路。

朝廷非常豪華，〔就會導致〕田地雜草叢生、倉庫沒什麼糧食。〔統治者〕穿著華麗的衣裳、攜帶鋒利的武器、有吃喝不完的酒池肉林、搜刮來的財貨遠遠大於他自己的需要，這樣的統治者就稱為強盜頭子。不是正道啊！

字義

使我介然有知：使，讓、令、叫；介，鎧甲，引申為堅定。知，明白。

唯施是畏：就怕走入了邪路。施，讀音「迤」，斜的古字。即斜行、迂回曲折著走路。《孟子·離婁下》：「蚤起，施從良人之所之，遍國中無與立談者。」

大道甚夷：大，猶言「正」。夷，平坦、安全。

而人好徑：而，反而；人，一般人；好，喜歡；徑，小道也、陡直的山路、狹窄的道路，也就是投機取巧。

朝甚除：朝廷的建築非常奢華，也是河上公所說「高臺榭，宮室修」。朝，讀音「潮」，帝王接見官吏，發號施令的地方。甚，非常、過了。除，宮殿的台階。因此，甚除是非常多台階，也就是建築物非常豪華。

蕪：讀音「無」，亂草叢生。

倉甚虛：倉，糧倉；虛，空。

厭飲食：指酒池肉林以供統治者享用。厭，音義同「饜」，滿足、飽。

盜夸：即盜之夸，即強盜頭子。夸，大也。——《廣雅・釋詁一》大者排行第一。

明德說
一、為什麼會出現「田甚蕪」這種情形？當統治者無道，種田養不了家、或對農民的徵稅太高、或一天到晚打仗或搞政治運動或大興土木，在這些情況之下，農民寧願不種田或種不了田，自然就會田甚蕪。

二、為什麼會出現「大道甚夷，而人好徑」的這種情形呢？原因是一般人都沒有耐性，一心想要速成，立刻要看到成果，就像毛澤東的內心話「一萬年太久，只爭朝夕」，這如何不走邪路呢？而一旦走上邪路，得到的只是一時之歡，最終可是掉入萬劫不復的無間地獄。

三、何謂老子本章說的「帶利劍」？帶利劍是修辭，比喻嚴刑峻法，人民很容易就受到嚴刑峻法的傷害。

四、「朝甚除」，並非陳鼓應所說是「朝政腐敗極了」，也非任繼愈所說「宮殿整潔」，而是「朝廷的建築物非常宏偉」。

五、「而人好徑」，陳鼓應將之理解為「人君卻喜歡走捷徑」，這裡的「人」當指所有人，而不限於人君。

理解差異比較

使我介然有知的「使」	陳鼓應	假使
	任繼愈	假使
	明德	讓、令
介然	陳鼓應	稍微
	任繼愈	準確地
	明德	堅定不移
朝甚除	陳鼓應	朝政腐敗極了
	任繼愈	宮殿整潔
	明德	朝廷豪華極了

《老子原意》

他版譯文

　　一、任繼愈：「假使我準確地有自己的認識，我就順著大道走去。就怕走上邪路。大道很坦直，百姓卻貪圖走捷徑。宮殿整潔，農田荒蕪，倉庫空虛，〔侯王們〕穿著華麗的衣服，佩帶鋒利的寶劍，足吃精美的飲食，佔有多餘的財富，這就叫做強盜頭子。是多麼的不合理！」

　　二、陳鼓應：「假使我稍微有些認識，在大道上行走，擔心唯恐走入了邪路。大道很平坦，但是人君卻喜歡走捷徑。朝政腐敗極了，弄得農田非常荒蕪，倉庫十分空虛；還穿著錦繡的衣服，飽足精美的飲食，搜刮足餘的財富；這就叫做強盜頭子。多麼的無道呀！」

《老子原意》

第五十四章

善建者，不拔；善抱者，不脫。子孫以祭祀不輟。
修之於身，其德乃真。修之於家，其德乃餘。修之於鄉，其德乃長。修之於國，其德乃豐。修之於天下，其德乃普。故以身觀身，以家觀家，以鄉觀鄉，以國觀國，以天下觀天下。吾何以知天下之然哉？以此。

語譯

　　善於建造的人，他所建造的成果〔包括有形的建築物或是無形的制度、宗教〕，沒有什麼東西能拔除它；善於抱持某種東西的人，沒有什麼東西可以使他鬆手〔，最後的結果是〕，他們都受到子孫千秋萬代的祭祀。

　　修正自己錯誤的思想、說話、行為，這樣，他的獲得才是真的〔，才不會被別人拿走或得而復失〕。一家子的人都能修正錯誤的思想、說話、行為，這樣，這一家子的獲得才能有剩餘〔，也就是說，才能留給他們的後代子孫〕。一鄉的人都修正自己的行為，這樣，他們這一鄉的人所獲得的東西才能保有長久。一個諸侯國裡的所有人，都能修正自己的不良言行，這樣子，整個國家就能富饒。當周朝境內的所有人都能修正自己的行為，這樣子，所有的人都能獲得〔，而非只有部份人獲得〕。

　　從一個人的一個行為就可以看到他所獲得的是真、是假、是長久還是短暫。從一個家人的行為，就可以看到他的家人所獲得的是真、是假、是長久還是短暫。從一個鄉人的行為，就可以看到他的家鄉的人所獲得的是真、是假、是長久還是短暫。從某個諸侯國的人的行為，就可以看到他所屬的這個諸侯國的人所獲得的是真、是假、是長久還是短暫。從周朝境內某個人的行為，就可以看到整個中國所獲得的是真、是假、是長久還是短暫〔因此，就能推論周朝能不能「子孫以祭祀不輟」〕。我怎麼知道這個世界是這個樣子的呢？由小見大而已。

《老子原意》

字義

善建者不拔：建，建造、設立。拔，動搖、抽，拉出，連根拽出。

善抱者不脫：抱，用手臂圍住。脫，離開。

子孫以祭祀不輟：他們受到千秋萬代子孫的祭祀。不輟，不停止，猶言千秋萬世；以，能夠。輟，停止。他們是指善建者和善抱者。本句「子孫以祭祀不輟」有成份省略，省略了善建者和善抱者。

修之於身：修，修正、涵養、鍛鍊。身，自己、一身、一己。修正什麼？修正自己的身、語、意。

其德乃真：德，通「得」，獲得，本來沒有而爭取得來成為己有。真，實在，這裡引申為長久。

修之於國，其德乃豐：國，邦也，古代諸侯的封國。例如春秋時候的吳國、楚國、秦國、齊國等諸侯國。原文不是「國」，而是「邦」，漢朝時，因避劉邦名諱，才改邦為國。豐，富饒。

修之於天下，其德乃普：天下，這裡指周王室所直接和間接管轄的領土，當然也包括諸侯的領土。西周（西元前 805 年）的領土面積達一百零一萬平方公里，北起遼寧朝陽一帶，南到陝西漢江。普，全面、普及。

以身觀身：從一個人當下的言行舉止就可以推論出他的未來。觀，看到，這裡引申為推論。

以國觀國：知道某個國家（例如：齊國）的人的行為就可以推論該國家的其他人大概也是這樣子。

以天下觀天下：知道周朝人民中的一個人就可以推論周朝的其他人，大概也是這樣，因為他們都受到大致一樣的文化、制度的薰陶。這裡的「天下」是指「周朝」。

吾何以知天下之然哉：這裡的「天下」不是周朝，而是這個世界。然，如此，這樣。之，是、為也。按《公羊傳・宣公十五年》：「吾見子之君子也，是以告情於子也。」

以此：以，因為。此，這個，指以小見大、物以類聚、以部份代全體的道理。

《老子原意》

明德說

一、善抱者不脫：相當於孔聖人所說的「君子無終食之間違仁，造次必於是，顛沛必於是」。什麼樣的人可以稱為「善抱者」？那就是當他抱住一個東西之後，沒有什麼東西能讓它鬆開手。你是不是一個善抱者？當你設定一個目標之後，你就牢牢的抓住它，一直到達到目標為止。抱住什麼？抱住仁，才是好的對象，要是抱住壞的念頭，那就麻煩大了。何謂壞的念頭？傷害別人、利用別人、控制別人等等。

二、善建者不拔：擅長建造的人（這裡的建造物，包括有形、無形的東西，例如：一棟建築物、一個公司、一個國家、一個宗教、一個學說等等），他所的建造的成果是無法摧毀的、無法拔掉的。在歷史上，哪些人、哪些東西可以說得上是善建者？印度教的壽命已經超過四千年、摩西所建立的猶太教也有三千三百年、喬達摩‧悉達多所建立的佛教則超過兩千五百年、老子學說也有兩千五百年、孔子所建立的儒家也有兩千五百年、耶穌所建立的基督教有兩千年、張道陵建立的道教也有一千八百年、穆罕默德所建立的伊斯蘭教也有一千四百年。就政權而論，由姬昌所建立的周朝有八百年的國祚、由劉邦所建立的漢朝享國四百零五年、由趙匡胤所建立的宋朝享國三百一十九年。李冰父子所建造的都江堰至今也已經持續使用兩千兩百七十年了。以上這些人都是善建者，他們都得到子孫祭祀不輟。

三、在周朝的時候，「天下」這個概念等於今天「國家」這個概念。周朝的邦也相當於今天的「國家」這個概念，原因是周朝實施封建制度，是國中有國。

四、本章對我的啟發很大。我認為，要了解這一章，需要先清楚兩個東西：一是真，二是修。真是什麼？真重要嗎？修是什麼意思？如何修？先談真，為什麼真重要？因為餘、長、豐、普都是建立在真的基礎上，換言之，沒有真，就沒有餘、長、豐、普。很多人不認為真重要。幹嘛真？真又沒什麼好處？只會被騙而已，我真了，反而得不到權力、財富，是吧？很多人都是這麼想的，這也是為什麼整個共產中國從上到下造假的原因，我們所見的那些成功人士，不管是當官的、做生意的、做學問的，哪一個「真」了？幾乎都是「假（欺騙）」才成功的。這確實是現實，就發生在

我們眼前的現實。但是，請把眼光放遠一點，因為，老子說「善建者不拔」。如果，我們想成為「善建者」，那麼，只能真，不能假，只有真才能「子孫以祭祀不輟」。

什麼是真？有時候很難知道什麼是真？這時候，看假反而容易。欺騙當然不是真、陰謀詭計不是真、威脅利誘不是真、我們長得醜不是真、我們的美貌也不是真（人老珠黃）、名利也不是真。

另外，這個世界上有真這個東西嗎？很多人不相信的。例如人與人交往，不就是交換嗎？「世態炎涼」之下，哪有真的東西？猶太人馬克思不是講唯物主義嗎？只有到手的利益、摸得到的好處才是真的，心是假的、善是假的、精神是假的、人死了不就什麼都沒了嗎？文天祥怎麼那麼笨！我才不做文天祥呢！是吧？很多人都是這麼想的，很多人首先想到的不是氣節，而是如何利用別人、踩在別人的屍體上前進。錯了，我們還有子孫，怎麼會說，人死了，什麼都沒有了！

如果我們想要有「子孫以祭祀不輟」、想要建立不拔之基業，那麼，我們只能相信有真這個東西（本來就有真，但是有人不相信，就像本來就有善，但是有人偏不信，以至於為惡不為善）。接下來要問，如何修真？修是鍛鍊，也就是把我們身上的假的（短暫的）鍛鍊成真的（長久的）。要知道，鍛鍊是很辛苦、很困難的事情，一般人都不願意。

五、我還可以延伸老子的思想，以族觀族。也就是從一個民族裡的某一個人的行為就可以推知該民族的其他人的行為也會是大致如此，並據此預測其未來，這就是以小見大。

六、某種意義來說，「以身觀身，以家觀家，以鄉觀鄉，以國觀國，以天下觀天下」就是我們常說的刻版印象。有人說，刻版印象不準確，其實，刻版印象大部份是準確的，只有少部份不準確。

七、仕繼愈 (2015:118 註②)：「國，春秋戰國時期，國是城鎮 (city)，不是今天所謂國家 (nation)」。他把「國」解釋成「城鎮」，不對。國，確實就是國家。

八、想要「子孫以祭祀不輟」，不修，可能嗎？孔子說「如有王者，必世而後仁」，說的是同樣的道理。

九、任繼愈把「以身觀身」、「以家觀家」、「以鄉觀鄉」、「以國觀國」、「以天下觀天下」理解成「從自己來認識自己，從家來認識家，從鄉來認識鄉，從城鎮來認識城鎮，從全國來認識全國」，而陳鼓應則是理解成「從〔我〕個人觀照〔其他的〕個人，從〔我〕家觀照〔其他人的〕家，從〔我的〕鄉觀照〔其他的〕鄉，從〔我的〕國觀照〔其他的〕國，從〔我的〕天下觀照〔其他的〕天下。兩種翻譯都是不知所云，我不知道他們在說什麼，我確實很魯鈍。

十、老子「以身觀身」、「以家觀家」、「以國觀國」、「以天下觀天下」的說法，跟孔聖人的「人之過也，各於其黨」是一樣的，也跟子貢說的「一言以為知，一言以為不知」是一樣的道理，都是以小觀大、一葉知秋、物以類聚的道理。

十一、任繼愈 (2015:117)：「這一章老子講『德』的原則給人們帶來的好處」。任繼愈這樣的理解是錯誤的。首先，他誤解了「德」的意思，「德」在本章不是指德性，而是作「得」解，也就是獲得。其次，本章在講「修」，也就是修養、修正、修身，而不是在講「得」。

十二、任繼愈 (2015:117)：「這裡講的好處，只限於王侯貴族。因為世世代代享受子孫祭祀的，不是一般的老百姓。又說要貫徹到一鄉、一國，以至天下，這顯然不是對一般平民說的。」從他這段話可以得知，他對整章都是誤解的。首先，這裡所講的好處，是適用於所有人的，而非只限於王侯貴族，任何人，只要願意修身，就能得到好處，就有機會「子孫以祭祀不輟」。其次，能夠世世代代享受子孫祭祀的，經常不是王侯貴族，反而是一般平民，例如孔子、孟子、曾子、顏淵、張陵等等；至於王侯貴族也沒能享有子孫祭祀不輟，像是秦始皇就已經斷子絕孫了。

十三、任繼愈 (2015:117)：「本章最後一連用了五個『觀』字，都是指反觀、靜觀，不是向外追求，而是向內反觀，這是老子獨特的思維方式。」任氏對本章「觀」字的理解也是錯的，本章的「觀」非指「反觀、靜觀」、「向內反觀」，而是「顯示」、「看出來」，猶言得出。

十四、「子孫以祭祀不輟」並非如陳鼓應所說：「世世代代都能遵守『善建』『善抱』的道理，後代的煙火就不會絕滅」，而是「〔善建者、

善抱者〕能得到子孫千秋萬代的祭祀」。

版本句讀差異比較

帛書	善建者不拔，善抱者不脫	吾何以知天下之然哉
王弼	善建者不拔，善抱者不脫	吾何以知天下然哉
河上公	善建者不拔，善抱者不脫	（吾）何以知天下之然哉
本書主張	善建者，不拔；善抱者，不脫	從帛書

說明：王弼版本「吾何以知天下然哉」是不對的，因為缺少了一個動詞。而帛書以及傅奕、河上公版本才是對的，帛書版本是「吾何以知天下之然哉」，換言之，王弼版本少了一個「之」字。

理解差異比較

善建者不拔	任繼愈	善於建立的，不可動搖
	陳鼓應	善於建樹的人不可拔除
	明德	善於建造的人，他所建造的成果〔包括有形的建築物或是無形的制度、宗教〕，沒有什麼東西能拔除它
善抱者不脫	任繼愈	善於抱持的，不會失脫
	陳鼓應	善於抱持的不會脫落
	明德	善於抱持某種東西的人，沒有什麼東西可以使他鬆手
子孫以祭祀不輟	任繼愈	〔照這樣做〕子孫的祭祀永不斷絕
	陳鼓應	如果子孫能堅持這個道理則世世代代的祭祀不會斷絕
	明德	他們受到千秋萬代子孫的祭祀

他版譯文

一、陳鼓應：「善於建樹的人不可拔除，善於抱持的不會脫落，如果子孫能堅持這個道理則世世代代的祭祀不會斷絕。拿這個道理貫徹到個人，

他的德會是真實的;貫徹到一家,他的德可以有餘;貫徹到一鄉,他的德能受尊崇;貫徹到一國,他的德就會豐盛;貫徹到天下,他的德就會普遍;所以要從〔我〕個人觀照〔其他的〕個人,從〔我〕家觀照〔其他人的〕家,從〔我的〕鄉觀照〔其他的〕鄉,從〔我的〕國觀照〔其他的〕國,從〔我的〕天下觀照〔其他的〕天下。我怎麼知道天下的情況呢?就是用這種道理。」

二、任繼愈:「善於建立的,不可動搖,善於抱持的,不會失脫,〔照這樣做〕子孫的祭祀永不斷絕。把這個原則行於自身,他的德可以純真;貫徹到一家,他的德可以有餘;貫徹到一鄉,他的德可以領導;貫徹到一個城市,他的德可以豐大;貫徹到全國,他的德可以普遍。所以〔要〕從自己來認識自己,從家來認識家,從鄉來認識鄉,從城鎮來認識城鎮,從全國來認識全國。我何以知道國家是這樣呢?就是用以上的方法。」

《老子原意》

第五十五章

含德之厚，比于赤子。蜂蠆虺蛇弗螫，攫鳥猛獸弗搏。骨弱筋柔而握固。
未知牝牡之會而朘怒，精之至也。終日號而不嗄，和之至也。
知和曰常，知常曰明。益生曰祥。心使氣曰強。物壯則老，謂之不道，不道早已。

語譯
　　德行深厚的人就像嬰兒一樣。〔怎麼樣的一樣？那就是〕蜜蜂、毒蠍、毒蛇都不會去叮他、螫他、咬他。凶鳥、猛獸也不會攻擊他。此外，他的骨頭非常柔軟、筋非常有彈性，而且，拳頭可以緊握很久。
　　〔嬰兒〕雖然不知道男女交合之事，生殖器卻能雄雄勃起，原因是精神專注到最高程度。〔嬰兒〕哭一整天卻不會沙啞，原因是哭的方式恰到好處。知道恰到好處的人，才能夠保持長久。知道保持長久之道的人，才能說是明白人。幫助眾生，就能得到幸福吉利。能控制自己情緒的人，稱為強大。任何事情，一旦必須使用暴力才能成功，這就意謂著這種成功不會持續太久，這種做法是不符合道的，而不符合道的做法，只會早死。

字義
　　赤子：剛出生的嬰兒，此時，身體還紅通通，因此稱為赤子。
　　蜂蠆虺蛇弗螫：蠆，讀如「瘥」，讀音「chài、ㄔㄞˋ」，毒蠍。虺，讀音「毀」，毒蛇。螫，讀音「遮」，咬、刺。
　　攫鳥猛獸弗搏：攫鳥，伸爪捕捉獵物的鳥，即猛禽。攫，讀音「決」，鳥用爪迅速抓取。搏，讀音伯，用搜索的方式捕捉。
　　骨弱筋柔而握固：弱，柔軟；筋，指附在肌腱或骨頭上的韌帶，大多看不見，起到收縮肌肉、活動關節和固定的作用。柔，有彈性。握，手指彎曲合攏。固，久也。

未知牝牡之會而朘怒：牝，讀音「聘」，雌性。牡，讀音「畝」，雄性。會，合也；朘，讀音「zuī、ㄗㄨㄟ」，男性生殖器。怒，勃起。

精之至也：心神、物質經過提煉後，純淨無雜質的部份、專一深入。至，極致，最高程度。

嗄：讀音「煞」，嘶啞。

知和曰常：和，恰到好處。常，長久。

益生曰祥：益，豐富、增益。生，眾生、所有生命，不只是人、還包括動物、植物。祥，幸福、吉利。

心使氣曰強：一個人能控制自己的情緒，那才叫強大。心，我也，指一個人；使，令、使役，即控制也；氣，情緒也，按《莊子·庚桑楚》：「欲靜則平氣。」強，強大。

物壯則老：壯，增強。

早已：早死；已，死也。

明德說

一、關於「心使氣曰強」，什麼叫強？心能夠使氣才能稱為強。使是役使，白話的說，一個人能控制自己的脾氣，即使很生氣也能表現出不生氣，即使很高興也能裝作不高興，當然，這是低階的心使氣，真正高階的心使氣是完全不會生氣，不管受到多大的刺激或侮辱，也不管得到多大的榮耀，都不會讓他心動，這就是心使氣。達到這樣境界的人才能說是強大，其他如手握軍權，位居要津，富甲天下，在老子眼中都不是強大，而事實上，手握軍權，位居要津，富甲天下這些人也確實不是強大，因為，這些東西轉瞬之間就能化為烏有，還能說強大嗎！

二、為什麼可以「終日號而不嗄」？因為和之至也。就像唱歌，會用嗓子的人，不會把嗓子唱沙啞了，而不會用嗓子的人，一下子就沙啞了。任何的成就都是有方法，都是要修煉的，都必須是因正、道正，然後才能果實。

三、任繼愈把「含德之厚，比於赤子」翻譯成「包含的德的深厚程度，應該像無知無欲的嬰兒」，這是錯誤的理解。老聖人這句話不是在講程度

的厚或薄,而是就只講厚,而且是像嬰兒,而非應該像嬰兒。加了「應該」兩字就不對。所謂的「含德之厚」指的是德厚之人,也就是德行高深的人。

四、「物壯則老」並非如任繼愈所說「〔追求〕強壯必致衰老」,也非如陳鼓應所說「過份的強壯就趨於衰老」,而是逞強就會提早結束。物壯則老是一般人都會出現的問題,簡單的說,就是逞強、強迫、使用暴力,例如獨裁政權,這些都是老子所說的「壯」。老子講水到渠成、順其自然、你情我願,這樣才能常常久久,而「壯」就無法長久,只能早已。

五、有人把「物壯則老,謂之不道」,解釋成「凡事物發展到了強盛的極點就會衰老,因為這違背了自然規律」,這種理解是錯誤的。首先,「凡事物發展到了強盛的極點就會衰老」,這是自然規律,怎麼反而說成了違背自然規律?其次,老子說的「不道」,非指「凡事物發展到了強盛的極點就會衰老」,而是指「逞強」、「強迫」、使用暴力、沒有順天應人,這些做法才是老子所說的「不道」。

六、任繼愈 (2015:120) 說:「老子……反對知識。像無知無欲的嬰兒那樣才算最符合『道』的標準,經常保持柔弱、無知的狀態,才可以避免災禍。」任氏的這句話不對。首先,老子沒有反對知識。其次,要避免災禍,保持柔弱當然是對的,但保持無知如何能避免災禍?沒有這種說法。第三、老子拿「嬰兒」來比喻含德之厚,不是取嬰兒的無知無欲這一角度,而是取嬰兒的純樸、沒有污染。何況,嬰兒並非無知無欲。

七、關於「骨弱筋柔而握固」:人之初,嬰兒之體分外柔軟是因為他們的筋腱十分柔軟,筋軟則經絡暢通、氣血充盈,顯示著生命活力。隨著年齡的增長,體內之筋開始收縮,四肢也隨著逐漸僵化。常拉筋可以防止縮筋,且方法簡易,每天花少少時間擱下腿、伸展手腳、站馬步、手指爬牆、下蹲等均有效果。

八、男嬰出現勃起是正常現象,不需要帶去看醫生。

版本差異比較

「物壯則老,謂之不道,不道早已」這一句話已經出現於第三十章,

而且,放在這裡,感覺文意不通順,因此,作者認為這一句話應該從這一章裡面刪除。雖說如此,但依然保留在這章。

河上公	毒蟲不螫	猛獸不據,攫鳥不搏	未知牝牡之合而朘作
王弼版本	蜂蠆虺蛇不螫	猛獸不據,攫鳥不搏	未知牝牡之合而全作
帛書	蜂蠆虺蛇弗螫	攫鳥猛獸弗搏	未知牝牡之會而朘怒
本書主張	從帛書	從帛書	從帛書

說明:王弼版本的「未知牝牡之合而全作」的「全作」,即是「朘作」,即是「朘怒」,三者意思沒有不同,都是指生殖器高高舉起。

理解差異比較

未知牝牡之會而朘怒	陳鼓應	他還不知道男女交合但小生殖器卻自動勃起
	任繼愈	他還不知道什麼是男女交合,而他的小生殖器常常勃起
	明德	〔男嬰〕雖然不知道男女交合之事,生殖器卻能雄雄勃起
終日號而不嚘	陳鼓應	他整天號哭,但是他的喉嚨卻不會沙啞
	任繼愈	他一天到晚號啼,而不顯得力竭聲嘶
	明德	〔嬰兒〕哭一整天卻不會沙啞
知和曰常	陳鼓應	認識淳和的道理叫做常
	任繼愈	認識平和叫做常
	明德	知道恰到好處的人,才能夠保持長久。
知常曰明	陳鼓應	認識常叫做明
	任繼愈	認識常叫做明
	明德	知道保持長久之道的人,才能說是明白人
益生曰祥	陳鼓應	貪生縱慾就會有災殃
	任繼愈	貪求豐厚享受叫做災殃
	明德	幫助眾生,就能得到吉利
心使氣曰強	陳鼓應	心機主使和氣就是逞強

| | 任繼愈 | 欲望支配精氣叫做逞強 |
| | 明德 | 能控制自己情緒的人，稱為強大 |

說明：一、陳鼓應與任繼愈都把「未知牝牡之合而朘怒，精之至也。終日號而不嗄，和之至也」的主語視為是含德深厚的成人，這是不對的。「未知牝牡之合而朘怒」、「終日號而不嗄」的主語是嬰兒。

二、陳鼓應、任繼愈都把「益生曰祥」的「祥」理解為災殃，這不對，「祥」就是吉祥；其把「心使氣曰強」的「強」理解為「逞強」，也不對，而應理解為「強大」。因為前面的「知和曰常」、「知常曰明」的「常」與「明」都是褒義，不可能緊接著的內容變成貶義了。換言之，「益生曰祥」的「祥」、「心使氣曰強」的「強」也都是褒義才對。

他版譯文

一、任繼愈：「包含的德的深厚程度，應該像無知無欲的嬰兒。毒蟲不刺他，猛獸不搏他，惡鳥不抓他。〔他〕骨弱、筋柔，而握力牢固。他還不知道什麼是男女交合，而他的小生殖器常常勃起，因為他有充沛的精氣。他一天到晚號啼，而不顯得力竭聲嘶，因為他平和無欲。認識平和叫做常，認識常叫做明。貪求豐厚享受叫做災殃。欲望支配精氣叫做逞強。〔追求〕強壯必致衰老，叫做不道，不道必促使死亡。」

二、陳鼓應：「含德深厚的人，比得上出生的嬰兒。蜂蠍毒蛇不咬傷他，凶鳥猛獸不搏擊他，他筋骨柔弱拳頭卻握得很牢固。他還不知道男女交合但小生殖器卻自動勃起，這是精氣充足的緣故。他整天號哭，但是他的喉嚨卻不會沙啞，這是元氣淳和的緣故。認識淳和的道理叫做常，認識常叫做明。貪生縱慾就會有災殃，心機主使和氣就是逞強。過份的強壯就趨於衰老，這叫做不合於道，不合於道很快就會死亡。」

問答

問：老子用赤子來比喻德行深厚的人，講到猛獸毒蟲都不會傷害他，但在現實生活中，往往背道而馳，無辜的人總是遭受傷害更有拿無辜幼兒生命健康為代價來謀利的，人們為了自保，有德也變無德，如何看待這一

現象？

答：我從兩個角度來看這個問題：(1) 從受害者的角度；(2) 我們自己的應對。

(1) 要分兩種情形，一種是該受而受，那就是報應；另一種是不該受而受，那就是試煉。就第一種而言，我們看到所謂的「無辜的人遭受傷害」，這個所謂無辜的人並非真正無辜。因為我們沒有看到整件事情的來龍去脈，所以，我們會以為無辜。事實不然。我們何曾對整件事情的來龍去脈一清二楚了呢？比方說，有人對我們好或不好，我們知道所有的原因嗎？一見鍾情是怎麼來的？劉德華演的電影《大隻佬》（或稱《大塊頭有大智慧》）看了嗎？不知道生生世世，就不可能知道來龍去脈，而只是一知半解。甚至可以說，我們不是誤解就是一知半解，能知道來龍去脈的，也就只有老子、釋迦牟尼佛了。

第二種情形是不該受而受，在這種情形之下，這些苦難就是鍛鍊，只會讓無辜的受害者在未來變得更為強大，這並沒有不好，例如晉文公、武訓。

(2) 我們如何看待這些社會不公平？首先，我們不能做這些事情，不能因為利益而做壞事；其次、我們不能成為共犯；第三、我們在能自保的範圍內，舉發那些壞人；第四、必要的時候，可以為了心中的正義而犧牲自己，但這時候，不能有後悔，是心甘情願的。

第五十六章

知者弗言，言者弗知，塞其兌，閉其門，挫其銳，解其分，和其光，同其塵，是謂玄同。故不可得而親，不可得而疏；不可得而利，不可得而害；不可得而貴，不可得而賤。故為天下貴。

語譯

　　有智慧的人，不去責難別人。責難別人的人沒有智慧。管住自己的嘴巴、關住自己的耳朵，減少自己的銳氣、消除各種分別、使自己的光芒變得柔和、與世俗能夠和諧相處，能夠做到這些，就可以稱為「玄同」，與天一樣。因為，不會因為他是親人而特別親愛他，不會因為他跟自己沒有血緣關係就疏遠他，不會因為沒有好處就不去做，不會因為對自己不利就不做，不會因為對方地位高就重視他；不會因為對方地位低就輕視他。因此，這樣的人能被天下人所景仰。

字義解釋

　　知者弗言：知讀智，是智慧之意。弗言，沒有責難。言，責難，按《易‧需卦》：「小有言。」又《詩經‧小雅‧賓之初筵》：「匪言勿言，匪由勿語。」弗，不也、沒有也。

　　塞其兌：管住自己的嘴巴。塞：堵住。兌：口。

　　閉其門：不去聽是是非非，不受是是非非的影響。閉：關閉。門：聞也。

　　挫：使減少規模或降低程度。

　　解其分：消解分別，也就是不做分別、一視同仁。解者消解；分，別也。——《說文》

　　和其光：使光芒變得柔和。

　　同其塵：和世俗同處。塵：世俗。

　　玄同：即同玄，與天一樣深遠奧妙。玄，天、深遠奧妙。同，一樣。

故，不可得而親：不可以因為是自己的親人而偏愛。故，因為。不可得，即不可以。

不可得而疏：不可以因為不是自己的親人就疏遠。

不可得而利：不可以因為有好處就去做。

不可得而害：不可以因為沒有好處就不做。

不可得而貴：不可以因為尊貴就重視。

不可得而賤：不可以因為貧賤就輕視。

為天下貴：為天下人所尊崇。為，讀音危，被動語態。貴，尊崇、景仰。

明德說

一、「不可得而親」這六句話，應該如此理解：因親而親不可得、因疏而疏不可得、因利而利不可得、因害而害不可得、因貴而貴不可得、因賤而賤不可得。

二、任繼愈 (2015:122) 說：「這一章認為沒有知識最高明，指出有知識就帶來不利。」任氏的理解是錯誤的，老聖人從沒反對過知識。那麼，這一章在說什麼？在說無緣大慈，同體大悲，即不因為一個人的親疏利害貴賤而親疏利害貴賤，都要平等的親愛他們、幫助他們、重視他們，也就是老子一直說的「天道無親」、「聖人不仁」。

版本差異比較

王弼	知者不言，言者不知	解其分
帛書甲本	知者弗言，言者弗知	解其紛
河上公	知者不言，言者不知	解其紛
本書主張	從帛書	從王弼

理解差異比較

解其分	任繼愈	超脫糾紛

《老子原意》

知者弗言，言者弗知	陳鼓應	消解紛擾
	明德	消除各種分別
	任繼愈	懂得的不〔亂〕說，〔亂〕說的不懂得
	陳鼓應	有智慧的人是不多言說的，多話的就不是智者
	明德	有智慧的人，不去責難別人；責難別人的人，沒有智慧。

他版譯文

一、陳鼓應：「有智慧的人是不多言說的，多話的就不是智者。塞住嗜欲的孔竅，閉起嗜欲的門徑，不露鋒芒，消解紛擾，含斂光耀，混同塵世，這就是玄妙齊同的境界。這樣就不分親，不分疏；不分利，不分害；不分貴，不分賤。所以為天下所尊貴。」

二、任繼愈：「懂得的不〔亂〕說，〔亂〕說的不懂得。塞住〔知識的〕竅穴，關上〔知識的〕大門，不露鋒芒，超脫糾紛，含蓄其光耀，混同於塵垢，這就叫做『玄同』。所以〔對於『玄同』的人〕無所謂親近，無所謂疏遠。無所謂得利，無所謂受害。無所謂尊貴，無所謂貴賤。所以得到天下的重視。」

第五十七章

以正治國，以奇用兵，以無事取天下。吾何以知其然也？天下多忌、諱而民彌貧。民多利、器，國家滋昏。人多伎、巧，奇物滋起。法、令滋彰，盜賊多有。故聖人云：「我無為而民自化，我好靜而民自正，我無事而民自富，我無欲而民自樸。」

語譯

治國之道在於正大光明，而戰爭之道則在於出人意外。獲取政權的方法是不用武力〔、水到渠成〕。我為什麼知道是這樣子呢？國家禁忌越多〔即管制越多〕、隱瞞越多，人民就會越貧窮。人們越是重視自己的利益以及物質享受，國家就會越來越昏亂；人們越是重視黨與、虛浮不實，那麼，不正義的事情就會越來越多；法律、命令過多，盜賊就越多。因此，聖明的君主說：「我不去干預人民，人民自能生長發展；我真情流露，人民就能端正自我；我不擾民，人民自己能富有起來；我沒有貪慾，人民自然就會變得純樸起來。」

字義

以正治國：正，就是正道、正大光明，是可預測，大家都看得到的，要讓每個人民都知道，可以讓每一個人檢驗的。

以奇用兵：奇，出人意外。

以無事取天下：以，用也；事，兵事，指戰爭。取，獲取；天下，政權。無事，不用打仗。有事，打仗。

吾何以知其然也：然，如此。

我無事而民自富：事，從事。無事，即無為也，指不要自以為是的指導人民。

天下多忌、諱：天下，代指政府，即統治者；忌，禁忌；按《韓非子·外儲說左下》：「公室卑則忌直言。」諱，隱瞞、有所保留。按《左傳·莊

公十八年》：「夏，公追戎于濟西。不言其來，諱之也。」

民多利、器：民，人民；多，動詞，讚許、推崇、重視；利，好處。器，器物，指物質享受。

人多伎、巧：伎，黨與、同黨的人。巧，虛浮不實。

奇物滋起：奇，不正當、不合法，按《禮記・曲禮上》：「國君不乘奇車。」物，人、事、物。

法、令滋彰：法律、命令。滋：過多；彰：明也，看得一清二楚，即控制嚴密，什麼都管。

我好靜：靜通「情」，真情，按《管子・勢》：「中靜不留，裕德無求。」

我無欲而民自樸的「欲」，佔為己有。

明德說

一、歷來這句話是這樣句讀的：「天下多忌諱而民彌貧。民多利器，國家滋昏。人多伎巧，奇物滋起。」然而，這樣的句讀不對。應該是：「天下多忌、諱而民彌貧。民多利、器，國家滋昏。人多伎、巧，奇物滋起。」也就是說，忌諱不是一個概念，而是忌和諱兩個概念；利器不是一個概念，而是利和器兩種東西，也就是個人私利和器物；同樣的，伎巧也不是一個概念，是伎和巧。注意，伎是人字旁，不是手字旁，兩個意思不一樣。

二、以奇用兵，兵不只是戰爭，而是任何一個爭奪的地方，如商場、政場。

三、為什麼「法、令滋彰，盜賊多有」？法令越多，不但無法起到減少盜賊的作用，反而增加了盜賊，原因是人民動輒得咎，無法生存，以至於只能挺而走險，自然小偷強盜變多。

四、何謂正？何謂奇？按照老子的說法，以正治國才能久，以奇用兵才能勝。因此，我們反過來可說，以奇治國必敗，以正用兵必敗。如果用陰謀詭計去治國、政令不可預測、言行不一，讓人民沒有安全感、甚至人民還要去揣摩領導的想法，那麼，就會上下互相猜忌，不用等到敵人出兵，

就自相殘殺而滅亡。再說，如果用兵無法出人意外，不知奇正，那麼，這場仗鐵定是失敗的。因此，我們要分清楚，什麼時候用奇，什麼時候用正，這也是馬上得天下，不能馬上治天下的原因。那麼，如何以正治國，那就是要有制度合理性，制度不合理，譬如，外行領導內行，行政領導學術，那麼，就不是以正治國，就會禍國殃民，最後燒了自己。

　　五、本章所謂聖人，乃指有道的統治者，並非如陳鼓應所書「有道的人」。

　　六、「我好靜」並非如任繼愈和陳鼓應所說「我好靜」（未做翻譯）。「好靜」不是喜歡安靜。我好靜的意思是統治者真情流露、不虛偽、不造假、不假惺惺、不做樣子、不裝神弄鬼，只有這樣，才可能「民自正」，否則就不可能「民自正」，因為物以類聚，裝模作樣的領導人只能讓所有人民都變成裝模作樣，不可能領導人裝模作樣，而人民竟然能淳樸無華，這是不可能的。

　　七、任繼愈說 (2015:124)：「為保持安定……就是不要變革，不要有為。」任氏對老聖人的思想有很大的誤解。首先，任氏誤解了老聖人「無為」的意思，無為不是什麼事情都不要做，而是不要去主宰、不要去主導；其次，老聖人沒有「不要變革」。不要變革，豈不是一潭死水？這種情況之下，怎麼可能保持安定。相反的，老聖人主張，隨著環境而變革，保持動態平衡，這樣，才能達到「一」的境界。然而大部份人，都是流於兩極，該變而不變，不該變反而變。

　　八、「我無事而民自富」以及「以無事取天下」，雖然同是「無事」，卻是不同的概念，務必要區分清楚。第一個無事是不擾民，第二個無事是沒有兵事。

　　九、任繼愈說 (2015:125 註②)：「『奇物』，奇怪的新產品，即新發明創造的產品，老子認為發明創造新產品引起人們的欲望，不是好的現象，而是社會混亂的苗頭。」任氏對老子有很深的誤解。首先，「奇物」的「奇」，並非奇怪或新發明的意思，而是「不合理」、「不正義」；至於「物」也不僅僅是「產品」、「物品」的意思而已，而是包含人、事、物三種大類。其次，老聖從沒說過他反對創新發明，不可以假傳聖旨。

《老子原意》

版本句讀差異比較

王弼	民多利器，國家滋昏。人多伎巧，奇物滋起	吾何以知其然哉？以此
河上公	民多利器，國家滋昏。人多技巧，奇物滋起	吾何以知其然哉？以此
郭店楚簡	民多利器，而邦滋昏。人多知而奇物滋起	吾何以知其然也
傅奕	民多利器，國家滋昏。民多知慧而衺事滋起	吾奚以知天下其然哉？以此
本書主張	民多利、器，國家滋昏。人多伎、巧，奇物滋起	從楚簡

理解差異比較

民多利器的「多」	任繼愈	數量上的多
	陳鼓應	數量上的多
	明德	重視
民多利器的「利器」	任繼愈	武器
	陳鼓應	銳利武器
	明德	自己的利益以及物質享受
人多伎巧的「伎巧」	任繼愈	技術越巧
	陳鼓應	技巧
	明德	黨與、虛浮不實
奇物	任繼愈	新奇產品
	陳鼓應	邪事
	明德	不正義的事情
法令滋彰	任繼愈	法令越明細
	陳鼓應	法令
	明德	法律、命令過多，對人民控制嚴密

以無事取天下	任繼愈	以無為來治理天下
	陳鼓應	以不攪擾人民來治理天下
	明德	不以武力取得政權

他版譯文

　　一、陳鼓應:「以清靜之道治國,以詭奇的方法用兵,以不攪擾人民來治理天下。我怎麼知道是這樣的?從下面這些是端上可以看出:天下的禁忌越多,人民越陷於貧困;人間的利器越多,國家越陷於昏亂;人們的技巧越多,邪惡的事情就連連發生;法令越森嚴,盜賊反而不斷地增加。所以有道的人說:「我無為,人民就自我化育;我好靜,人民就自然上軌道;我不攪擾,人民就自然富足;我沒有貪慾,人民就自然樸實。」

　　二、任繼愈:「以正規的政策治國,以出奇的方略用兵,以無為來治理天下。我何以知道是這樣的?根據就在於:國家的禁令越多,百姓就越陷於貧窮;民間的武器越多,國家越陷於混亂;人們的技術越巧,新奇產品越充斥;法令越明細,盜賊越多。所以,『聖人』說:『我無為,百姓自然歸順,我好靜,百姓自然端正,我無事,百姓自然富足,我無欲,百姓自然淳樸。』」

《老子原意》

第五十八章

其政閔閔，其民屯屯。其政察察，其民缺缺。
禍兮福之所倚，福兮禍之所伏。孰知其極？
其無正耶？正復為奇，善復為妖。人之迷，其日固久。是以聖人方而不割，廉而不劌，直而不肆，光而不耀。

語譯

　　統治者愛惜人民，人民就有好日子過；政府嚴密監視人民，人民就貧窮。

　　因禍可以得福；幸運當中潛伏著災難。幸、不幸，不幸、幸……如此循環下去，誰知道盡頭呢？

　　也許沒有一個最後的結果吧？現在是正當的，過些時候，變成不正當的了；現在是大好人，下一個時候，竟變成了大妖魔！人們失去分辨能力，這種情形由來已久。聖人能夠辨別真假善惡，因此，不會受到傷害；聖人能力高強，但不會傷及無辜；聖人坦率但不放縱；聖人有才氣但不刺眼〔，即不會讓人不舒服〕。

字義

　　其政閔閔，其民屯屯：閔閔，憐恤，按《詩經‧豳風‧東山序》：「君子之於人，序其情而閔其勞」；屯屯，屯了又屯，表示富有。屯，聚集、積蓄。

　　其政察察，其民缺缺：察察，一再察看，引申為政府嚴密監視控制、到處都是攝像頭或是特務警察；缺缺，缺了又缺，表示嚴重缺乏。

　　禍兮福之所倚：因禍可以得福。禍，不幸；福，幸運；倚，憑藉。

　　福兮禍之所伏：幸運裡面潛伏著災難；伏，潛伏。

　　孰知其極：誰知道盡頭呢。極，盡頭。

　　其無正耶：大概沒有一個最後的結果吧？其，也許、大概。按「善不

可失，惡不可長，其陳桓公之謂乎！」——《左傳・隱公六年》。正，定也、決也，猶言最後的結果。耶，語氣助詞，用於句末或句中，表示疑問。

　　正復為奇：這裡的正指正當、合法、正確；奇指不正當、不合法、不正確；復，反也、反過來。

　　善復為妖：現在是善的，後來又變成了妖怪、不善。

　　迷：分辨不清。

　　方而不割：方，辨別。按《國語・楚語下》：「民神雜糅，不可方物。」而，因而、所以；割，損害、傷害。

　　廉而不劌：廉，銳利、稜角，比喻鋒芒，意指能力高強、很厲害。劌，讀音「貴」，刺傷的意思。

　　直而不肆：直，坦率。肆，放縱。

　　光而不耀：光，聰明、有才氣。耀，顯揚、炫耀，猶言刺眼。

明德說

　　一、「正復為奇，善復為妖」主要在講不同的時代，對同一件事情、同一個人，出現了完全不同的評價，例如女性三從四德，在古代，被視為是正的，但到了今天，那就不具有正當性了；又例如：有些暴君在他活著的時候被奉為神明，但是，等他的時代過去之後，他就會被抓出來鞭屍，並被視為大魔鬼。

　　二、「正復為奇」意指現在是正，過些時候反而不正，以及現在不正，過些時候反而是正，這樣來來回回往返的現象；「善復為妖」亦然。現在是妖，過些時候，怎麼的變成了善；現在是善，過些時候，不知怎麼的竟變成了妖。同上，一下子善，一下子妖，接下來又是善，接下來又是妖，這樣的來來回回往返、重覆的現象。要記得，善與妖受到當時時代背景的影響，但是，事實不會改變，改變的是當時的政治需要、人民的想法以及被扭曲的事實。

　　三、「禍兮福之所倚」，雖然遭到不幸，但是，如果能不因此洩氣，改正自己的缺點、積極行善，反而可以轉變為成功。相反的，「福兮禍之所伏」，處於順利當中的人，如果不謹慎小心，就很可能大意失荊州，最

後以悲劇收場。

　　四、老聖人說「禍兮福之所倚、福兮禍之所伏。孰知其極」，這是真的，「塞翁失馬，焉知非福」就是一個很形象的例子，福禍之間，誰能說得清？

　　五、關於「其政閔閔，其民屯屯。其政察察，其民缺缺」這句話說明了人民的命運都是統治者決定的。當政府的政策寬大、憐恤人民，那麼，人民自然就有好日子過；而當政府時時刻刻監察著人民「有沒有做壞事」，例如「天網工程」、「社會信用體系」，人民就會變得越來越窮，有人不再相信政府，這個政權就會崩解。

　　六、「其無正（也）」，並非任繼愈所說「〔根本〕沒有主宰者」，而是「也許沒有一個最後的結果吧？」，「正」非如任繼愈所說是「主宰者」，而應理解為「終點」、「最後的結果」。

版本差異比較

河上公	其政閔閔	其民醇醇	其無正
傅奕	其政閔閔	其民偆偆	其無正耶？
王弼	其政悶悶	其民淳淳	其無正？
帛書	其政閔閔	其民屯屯	其無正也
本書主張	從帛書	從帛書	從傅奕

說明：一、為什麼我要用「其民屯屯」，而不用「其民淳淳」呢？原因是前後文應該相對，後文是「其民缺缺」，即人民生活窮困，那麼，前文就應該是人民生活富裕，而只有「屯屯」能表示人民生活富裕。因此，我認為「其民屯屯」才是老聖人的原文。二、其無正耶＝其無正也，耶＝也，都是疑問詞。

理解差異比較

其無正耶	任繼愈	〔根本〕沒有主宰者
	陳鼓應	它們並沒有一個定準

	明德	也許沒有一個最後的結果吧？
人之迷	任繼愈	人們的迷惑
	陳鼓應	人們的迷惑
	明德	人們失去分辨能力
方而不割	任繼愈	方正而不顯得生硬
	陳鼓應	方正而不割人
	明德	能夠辨別真假善惡，因此，不會受到傷害
廉而不劌	任繼愈	有稜角而不會把人劃傷
	陳鼓應	銳利而不傷人
	明德	聖人很厲害，所以不會傷及無辜

他版譯文

一、陳鼓應：「政治寬厚，人民就淳樸；政治嚴苛，人民就狡猾。災禍啊！幸福倚傍在它裡面；幸福啊！災禍藏伏在它之中。誰知道它們的究竟？它們並沒有一個定準！正忽而轉變為邪，善忽而轉變為惡。人們的迷惑，已經有長久的時日了。因而有道的人方正而不割人，銳利而不傷人，直率而不放肆，光亮而不刺耀。」

二、任繼愈：「政策無為寬闊，百姓純厚忠誠。政策瑣細刻嚴，百姓牢騷抱怨。災禍啊！幸福靠在它旁邊，幸福啊！災禍藏在它裡面。誰知道它最後的結局？〔根本〕沒有主宰者。正常隨時可變為反常，善良隨時可變為妖孽，人們的迷惑，由來已久了！因此，『聖人』方正而不顯得生硬勉強，有稜角而不會把人劃傷，正直而不至於無所顧忌，明亮而沒有刺眼的光芒。」

《老子原意》

第五十九章

治人事天莫若嗇。夫唯嗇,是謂早服。早服謂之重積德。重積德則無不克,無不克則莫知其極。莫知其極可以有國。有國之母可以長久。是謂深根、固柢,長生、久視之道。

語譯

　　治理人民、祭祀上天,最重要的一件事情就是愛惜。所謂的愛惜就是「早做準備」。所謂「早做準備」就是不斷的對別人付出。能夠做到不斷的對別人付出就能攻克所有障礙,能夠克服所有的障礙就無法知道他的極限。無法估量其極限的人就可以建立自己的國家。建立了國家之後,還能不忘根本〔指愛惜人民〕,這樣的政權就能夠長久。這種情況稱為根很深、果蒂非常結實,是讓國祚很長、政權被人民長久接受的做法。

字義

　　事天:事,侍奉、供奉,這裡指祭祀。天,上天。

　　嗇:讀音「色」,愛惜。按嗇,《玉篇》愛也,《大戴禮記・公冠》:「使王近於民,遠於年,嗇於時,惠於財,親賢使能。」

　　是謂早服:是謂,這就稱為。早服,早做準備、遠光看得長遠。服,通「備」。準備。1949 年以前,京劇扮演主僕者,主人出行,命僕說「服馬」,即古語遺義,此「服」即「備」意——黃現璠著《古書解讀初探》。

　　早服謂之重積德:即「重積德謂之早服」的倒裝。重積德:不斷的對別人付出。重,讀音「蟲」,添加、再,也就是「不斷的」。積,累積;德,恩德,也就是幫助別人、行善、給人好處、犧牲自己。

　　無不克則莫知其極:沒有戰勝不了的,那麼,就看不到他的極限。克,戰勝、制伏。極,盡頭。

　　莫知其極可以有國:看不到極限的人,才可以建自己的國家。有國,建立國家。有,擁有。國,疆域。

有國之母可以長久：建立了國家之後，還要有根，有了根，才能長久。母，本源、根本。這裡指嗇，也就是愛惜。

　　深根：即根深，指根紮得很深，根紮得很深意謂就能夠長生。

　　固蒂：即蒂固，指果蒂很結實。果蒂很結實，表示能承受果實的重量，也就能結好果實，因此，蒂固比喻功不唐捐，能有收穫，而不會徒勞無功。蒂，花或瓜果跟枝、莖相連的部份，即花果生長出來的地方。固，穩固、結實。

　　長生久視之道：生，生命，此指國祚；視，接納，按「故君子於有饋者弗能見，則不視其饋」。——《禮記・坊記》。道，方法、做法、手段。

明德說

　　一、嗇要如何解？嗇通穡，是指成熟可收割的穀物，但也有節儉、愛惜的意思，那麼，是節儉還是愛惜呢？我認為，不是節儉，原因是節儉的對象是物品、金錢，非用於對人或對天，即使勉強把節儉用於人，也就是把節儉用於治人以及事天，這種表述除了奇怪之外，那就形成了治理人民和伺奉上天都要節儉，這樣就是對人民的刻薄、對上天的不尊敬了，因此，嗇在這裡的意思是愛惜，可引申為重視、慎重，這意謂著治人、事天的方法就是重視人民、重視祭祀。

　　二、治人事天莫若嗇：有嗇才有穡，能重視（別人、時間、錢財、感情……）才有豐收，這裡的豐收就是得到民心、長生久視。

　　三、「治人事天莫若嗇」並非如陳鼓應所說「治理國家，養護身心，沒有比愛惜精力更重要」，而是「治理人民、祭祀上天，最重要的一件事情就是愛惜人民、敬畏上天」。「嗇」不是指「愛惜精力」，而是指愛惜人民，敬畏上天。

　　四、河上公把「事天」的「事」理解為「用也。當用天道，順四時」，把「天」理解為「身」，因此，「事天莫若嗇」遂變成「治身者當愛〔惜〕精氣不為放逸」，這種理解是錯的。事者，祭祀之事也；天，上天也，非自身。

　　五、深根固蒂不是一個概念，而是兩個概念，即深根、固蒂。深根固

然是「比喻根基堅固，不可動搖」，但「固蒂」則不是如《教育部重編國語辭典》、《萌典》、《漢典》所說「比喻基礎堅固」，原因是「蒂」並沒有這個意思。

六、長生久視是兩個概念，即長生、久視。「久視」不是如任繼愈所說「與長生是一個意思」。長生固然是活得長，但主語不是個人，而是政權。久視也不是如任繼愈所說「即長久活下去」，而是長久為人民所接納，也就是政權受人民歡迎，而非暴政般不受歡迎。

七、不管是長生也好，久視也好，主詞都不是個人，而是「有國」，即政權。

八、任繼愈說 (2015:129)：「老子提出了治人、敬天的原則就是一個嗇字。總的方針是愛養精神、積蓄力量、不該做的事情盡量不做。」任氏對本章主旨的理解是有問題的。嗇不是「愛養精神、積蓄力量」，而是愛惜、重視。「嗇」是愛惜別人，不是愛惜自己；「愛惜別人、重視別人」就是「嗇」，就是「重積德」，如此而已。

九、任繼愈說 (2015:129 註②)：「『嗇』，吝嗇……與六十七章的『儉』的意義相近。」這種說法不對。首先，本章的「嗇」不是吝嗇，是珍惜、是重視；其次，第六十七章的「儉」也不是任繼愈所說 (2015:150 註②) 是「吝嗇、退縮、保守」，而是「約束自己」。換言之，任繼愈把老子學說裡面的兩個很重要的概念「嗇」與「儉」都誤讀了。

十、劉備說「勿以善小而不為」，就是重積德，難怪他能有國。

十一、康熙字典把「嗇」解釋成有餘，非也，按康熙字典，詞條「嗇」字，「《老子道德經》治人事天莫如嗇。《註》嗇者，有餘不盡用之意」，「嗇」非有餘，而是「愛」也。

十二、「久視」並非如《萌典》、《漢典》、《教育部重編國語辭典修訂本》所說是「道家指長生不老」，也非如陳鼓應所說是「久立」，也非如任繼愈所說是「長久活下去」，而是「長久為人民所接納」。

版本差異比較

河上公	深根固蒂

《老子原意》

王弼	深根固柢
帛書	深根固柢
本書主張	從河上公

說明：蒂，同蔕。按《班固》上無所蒂，下無所根。為什麼是「蒂」，而非「柢」？因為如果是「柢」，而「柢」即是「根」，那就與「深根」的「根」重覆了，因此，不會是「柢」。為什麼是「蒂」？因為「蒂」是花果生長出來的地方，「蒂」要是不強壯，就無法承受果實。因此，要長生久視，不只要根深，還要蒂固。

理解差異比較

重積德	陳鼓應	不斷的積蓄「德」
	任繼愈	嗇的德不斷的累積
	明德	一再的對別人付出
固蒂／固柢	陳鼓應	柢固
	任繼愈	柢生得牢
	明德	果蒂很結實
久視	陳鼓應	久立
	《萌典》、《漢典》、《教育部重編國語辭典修訂本》	道家指長生不老
	任繼愈	長久活下去
	明德	政權受人民長久歡迎

他版譯文

一、任繼愈：「統治人、侍奉天，沒有比『嗇』的原則更好了。由於『嗇』，才能遇事從容，早做準備。早做準備，就是『嗇』的『德』不斷的積累。『嗇』的『德』不斷的積累，可無往而不勝利。無往而不勝利，這力量是不可限量的。不可限量的力量，即可以管理國。有了治國的根本，可以長治久安。這就叫做根紮得深，柢生得牢，永遠是治人、事天的

原則。」

  二、陳鼓應：「治理國家，養護身心，沒有比愛惜精力更重要。愛惜精力，乃是早做準備；早做準備就是不斷的積德；不斷的積德就沒有什麼不能勝任的；沒有什麼不能勝任就無法估計他的力量，就可以擔負保護國家的責任；掌握治理國家的道理，就可以維持長久；這就是根深柢固，長生久視的道理。」

第六十章

治大國若烹小鮮。
以道蒞天下，其鬼不神。非其鬼不神，其神不傷人。非其神不傷人，聖人亦不傷人。夫兩不相傷，故德交歸焉。

語譯

　　治理大國就好像烹調小魚〔，不可輕易擾動〕。
　　用正道治理天下，那麼，鬼就無法顯神通。並非鬼沒有神通，而是他的神通的顯現正在於不傷害人。不只是鬼的神通不傷人，君主也不必用到刑罰去懲罰人民。鬼與君主都不傷害人民，因此，上下和樂融融。

字義

　　烹小鮮：烹煮小魚。烹，燒煮。鮮，活魚。
　　以道蒞天下：道，道理，指正道，而非邪道；蒞，治理。
　　鬼：商代甲骨文中已有鬼字，它原本是人死後的稱謂，又稱「歸人」。
　　其鬼不神：職司害人的鬼現不了神通。其，發語詞，無義。《說文》：「鬼，人所歸為鬼，從人，象鬼頭，鬼陰氣賊害，從厶……」厶，私，意味鬼所害人皆因為人的自私。神，做動詞，現神通。不神，就是不顯神通，也就不害人了。為什麼鬼不顯神通？原因是「以道蒞天下」，自然每一個人都是好人、都不用受到懲罰。
　　非其鬼不神，其神不傷人：並非鬼沒有神通，而是他的神通的顯現，正在於不傷人。
　　聖人亦不傷人：聖人，古時對天子的敬稱。《禮記·大傳》：「聖人南面而治天下，必自人道始矣。」
　　兩不相傷：兩是鬼與君主。
　　德交歸焉：猶言和樂融融；德者得也，獲得。交者彼此也；歸者聚、合併。

《老子原意》

問答

問一：在第六十章中，老子說的「治大國若烹小鮮」是何意？並且講到鬼神的作用，那麼老子是有神論者嗎？

答一：(1) 治大國若烹小鮮，簡單的講，就是為政者不要擾民。

(2) 從前後文來看，老子是有神論者。在1949年之前，幾乎所有的中國人都是有神論者，光是每年的清明節祭祖，就足以說明中國人都是有神論者，除非不祭祖。

(3) 鬼神一定是有的。為什麼？因為老子是得道的聖人，他什麼都看到了。既看到過去，也看到未來、既看到鬼神，也看到我們沒看到過的其他東西。如果世界上沒有鬼神，他一定不會說。他既然說了，那就一定是有的。

問二：本章鬼神代指什麼，為什麼會將鬼神和聖人對立？

答二：(1) 鬼神是我們肉眼看不到的存在，能影響人的吉凶禍福。何謂鬼？人死後為鬼，包括祖先。《禮記・祭義》云：「眾生必死，死必歸土，此謂之鬼。」何謂神？所有能影響人類生活的自然物、自然力，例如：日神、月神、山神、河神、風神、雨神、土地神等等。到了現代，可是更多神了，除了自然界的神之外，還有玉皇大帝、媽祖、關聖帝君、保生大帝等等。

(2) 你對本章的理解可能是錯的，才會提出這樣的問題。鬼神和聖人並非對立關係，其都是對人民的生活好壞有重大影響力的存在。一般而言，鬼是來加害人，而神既能保佑人，也能處罰人。

明德說

一、「治大國若烹小鮮」的要義。

(1) 食材本身：魚要鮮。鮮就是選對人，要好人，不要壞人，好人是鮮，壞人是敗。食材不新鮮，找的都是壞人，自然做不出好菜。不要用基因改造作物當食材，不要用味精、雞精、化學添加劑當調料。

(2) 早做準備：因為是小鮮，所以，烹調的時間很短。因此，必須一開始就把食材、配料、調料都放在手邊，否則，到時候，一定手忙腳亂，一

定煮不出一道好菜。

(3) 重調和：五味調和。

(4) 重搭配：小鮮必然不是東北亂燉，而是一道精緻的美食，因此，不同的一道菜，就要搭配不同的食材、不同的佐料，甚至連水都要有講究。

(5) 掌握時機：因為是小魚，因此，火候的拿捏要掌握得非常好，否則就會焦掉。

(6) 簡單（簡化）的意思，因為小。所以，無論如何，不能複雜。某種意義來說，越簡單越好、越簡化越好，因為是大國，如果菜色還搞得很複雜，那一定自找麻煩。

(7) 因地制宜：每個地方的菜品都不一樣，即使同一種食材，也有不同煮法、不同配料。

　　二、任繼愈說 (2015:131)：「有些不正常的現象，不去理它，它自己也就也就自然消散淡化了。……『其鬼不神』，是治大國的具體例証。主旨正像今天人們常說的『見怪不怪，其怪自敗』。」任氏的這一整段話是不對的。首先，老子在本章並未提到任氏所說的「不正常現象」（鬼並非不正常現象，而任氏卻把鬼理解成不正常現象），換言之，所謂的「不正常現象」是任氏自己的想像，已經遠離老子本意；其次，任氏把「其鬼不神」理解為「就可以不受異常事變的干擾」，非也，「其鬼不神」是指「鬼就無法顯神通」，為什麼呢？因為聖人「以道涖天下」。既然聖人以道治理天下，自私的人就很少，鬼就不會來傷害人。因為，鬼專門懲罰自私的人。

他版譯文

　　一、陳鼓應：「治理大國，好像煎小魚。用道治理天下，鬼怪起不了作用；不但鬼怪起不了作用，神祇也不侵越人。不但神祇不侵越人，聖人也不侵越人。鬼神和有道者都不侵越人，所以彼此能相安無事。」

　　二、任繼愈：「治理大國，就像煎小魚那樣〔不要常常攪動它〕。用『道』來治天下，就可以不受異常事變的干擾。並不是異常事變不起作用，而是它起的作用不能害人。並不是它起的作用對人無害，而是由於『聖

人』根本不理會這類事變,這樣,異常事變與正常秩序互不相干,所以都感佩『聖人』的德。」

第六十一章

大國者，天下之下流，天下之交，天下之牝。牝常以靜勝牡，以靜、為下。故大國以下小國，則取小國；小國以下大國，則取大國。故或下以取，或下而取。大國不過欲兼畜人，小國不過欲入事人。夫兩者各得所欲，大者宜為下。

語譯

　　何謂大國？其他國家的人都會去的地方、是各國利益匯聚的地方，也是處理各國利益的關鍵所在。雌性動物一直是以不動來制伏雄性動物，因此，就是要沉得住氣、退讓。因此，大國以退讓來對待小國，則能獲取小國的歸附；小國以退讓來對待大國，則能取得大國的保護。因此，有的是以退讓來獲得對方的歸附，有的是以退讓來獲得對方的保護。大國不要過份的想要兼併小國、要小國順從；小國不要過份的沒了主見、不要過份的服侍大國。這樣，大國小國都能夠得到他們各自想要的，其中，大國尤其應該要退讓。

字義

　　天下之下流，天下之交，天下之牝：天下，指世界各國；下流是卑下的地方、眾水匯聚的地方。交，接合、交會。牝，鎖孔，猶言關鍵。按《禮記・月令》：「〔孟冬之月〕修鍵閉，慎管籥。」鄭玄注：「鍵牡閉牝也。」孔穎達疏：「凡鎖器，入者謂之牡，受者謂之牝。」

　　以靜、為下：以靜為下是兩個概念，即以靜和為下。靜，冷靜、沈得住氣、韜光養晦。為，做、行；下，退讓也。

　　兼畜：兼，併吞，按「其兼天下不難矣。」──《韓非子・亡徵》；畜，順從。

　　小國不過欲入事人：不過欲，不要過份的想要。過，太、甚、超出；入，沒也，也就是沒了自己的主見。「沒」，讀音「莫」；事，服侍。人，

別人，這裡指大國。

明德說

一、老子對大國的界定：(1) 大家都會去、聚集的地方，就像美國；(2) 各國利益交錯的地方，就像美國；(3) 解決各國利益的關鍵所在，就像美國。

二、「天下之牝」並非如任繼愈所說「〔它〕自居於天下雌性的位置」，也非如陳鼓應所說「處在天下雌柔的位置」，這兩種翻譯都讓人不知所云。

三、「兼畜」、「入事」是四個概念，而非兩個概念，分別是「兼」、「畜」、「入」、「事」，兼是兼併、畜是要別人順從；入，沒了主見；事，服事。

四、任繼愈說 (2015:133)：「老子主張反映農民的反戰願望。」老子本章並沒有提到戰爭，不知道任氏從哪裡得出老子反戰的結論。所有人應該都能同意一件事，那就是戰爭不是目的，而是手段。因此，老子從來不會反對戰爭，因為戰爭本身只是一種手段。如果是義戰、防衛戰爭，那如何能不戰！

五、任繼愈說 (2015:133)：「諸侯們都是自私的，貪得無饜的，絕不滿足於小國的服從，而是消滅小國，統一天下。『大國不過欲兼畜人』，這個前提就錯了。」任氏再一次誤解了老子。老子「大國不過欲兼畜人」這句話的正確意思是「大國不要過份的想要兼併別人、要別人順從」，而非任氏以為的「大國無非要領導小國」，正因為他誤以為「大國不過欲兼畜人」的意思是「大國無非要領導小國」，才得出「這個前提就錯了」。老子會不知道大國君主的心思嗎？老子當然知道。所以，老子才建議大國君主，不要過份了。

六、本章在講國際關係的相處之道：為下，不管是大國、小國都適用。

七、「大國不過欲兼畜人，小國不過欲入事人」為「大國不過欲兼人、畜人，小國不過欲入人、事人」的省略。

版本差異比較

王弼的版本是「以靜為下」,而帛書甲本是「為其靜也,故宜為下也」。兩者在文義上雖有差別,但差別不大,主要是不影響核心概念,那就是為下,也就是退讓。本書採王弼版本。但「以靜」、「為下」是兩個概念,而非一個概念。

王弼	大國者下流,天下之交,天下之牝
傅奕	大國者,天下之下流,天下之交,天下之牝
帛書	大邦者,下流也,天下之牝也,天下之郊也
本書主張	從傅奕

理解差異比較

大國者,天下之下流	陳鼓應	大國要像居於江河的下流
	任繼愈	大國居於下流〔像百川歸附江海那樣〕
	明德	何謂大國?其他國家的人都會去的地方
天下之牝	陳鼓應	處在天下雌柔的位置
	任繼愈	〔它〕自居於天下雌性的位置
	明德	處理各國利益的關鍵所在
牝常以靜勝牡	陳鼓應	雌柔常以靜定而勝過雄強
	任繼愈	雌性所以經常以安靜戰勝雄性
	明德	雌性動物一直是以不動來制伏雄性動物
大國不過欲兼畜人	陳鼓應	大國不過要聚養小國
	任繼愈	大國無非要領導小國
	明德	大國不要過份的想要兼併小國、要小國順從

小國不過欲入事人	陳鼓應	小國不過要求容於大國
	任繼愈	小國無非要求奉承大國
	明德	小國不要過份的沒了主見、不要過份的服侍大國
不過欲	陳鼓應	不過要
	任繼愈	無非要
	明德	不要過份的想要

他版譯文

一、任繼愈：「大國居於下流〔像百川歸附江海那樣〕，〔它〕為天下所歸附，〔它〕自居於天下雌性的位置。雌性所以經常以安靜戰勝雄性，就在於它安靜而居下。所以，大國要對小國謙下，即可取得小國的信賴。小國要對大國謙下，就能取得大國的信任。所以，作為大國要以謙下取得小國的信賴，作為小國要以謙下取得大國的信任。大國無非要領導小國，小國無非要求奉承大國。那麼大小國都滿足了要求，大國應該謙下。」

二、陳鼓應：「大國要像居於江河的下流，處在天下雌柔的位置，是天下交匯的地方。雌柔常以靜定而勝過雄強，因為靜定而又能處下的緣故。所以，大國對小國謙下，可以會聚小國；小國對大國謙下，就可以見容於大國。所以有時〔大國〕謙下以會聚〔小國〕，有時〔小國〕謙下而見容於〔大國〕。大國不過要聚養小國，小國不過要求容於大國。這樣大國小國都可以達到願望。大國尤其應該謙下。」

第六十二章

道者萬物之注，善人之寶，不善人之所保。美言可以市尊，美行可以加人。人之不善，何棄之有？故立天子，置三公。雖有拱璧以先駟馬，不如坐進此道。古之所以貴此道者何？不曰求以得，有罪以免邪？故為天下貴。

語譯

　　道貫穿萬事萬物，是高明人的寶貝，「沒用的人」也受到道的保護。說對人有用的話可以獲得別人的尊敬，良好的行為可以鼓舞人心。「沒用的人」，有什麼好棄之不顧的呢？所以設置天子和三公來保護和教養這些「沒有用的人」啊。

　　因此，與其擁有大富、大貴，都不如好好的堅守、追求道這個東西來得更為重要。古時候的人為什麼如此重視道啊？不是因為學了道之後可以求得什麼東西，也不是因為學了道之後就不會犯錯，而是因為：道本身就是天底下最尊貴的東西啊。

字義

　　注：灌也。——《說文》
　　善人：高明的人、厲害的人。善，完好於某一方面、高明。
　　道者，不善人之所保：即不善之人也受到道的保護。所保，被保也。「所」有被動的意思。這裡的保，我不認為是救贖，什麼是救贖？救贖是基督教的概念，就是拯救。但是，這句話沒有拯救的意思。那麼，是什麼意思呢？是保護。不善人：不高明的人，也就是比較笨、或有身心缺陷的人，猶言「沒用的人」或有身心障礙的人，但這裡的「沒用的人」要加引號，因為這是主觀的。這裡的「不善」，無關善惡，而是能力、健康狀況等比較差的。

　　人之不善，何棄之有：為什麼要放棄不那麼優秀、有殘缺的人呢！意

思是不應放棄。人之不善：即不善之人、不善人。

美言可以市尊：說善良的話可以得到別人的尊敬。美，善也，即對人有幫助也。市，引起、激起；尊，敬也。

美行可以加人：善良的行為有益於人。加者增益也，例如諸葛亮、武訓、文天祥的高尚，很多人效法他們。效法他們的人因此得到好處。

置三公：置，設置；三公，太師、太傅、太保。《書・周官》：「立太師、太傅、太保。茲唯三公，論道經邦，燮理陰陽，官不必備，唯其人。」三公都是輔佐國君之官。

拱璧：需要兩手合圍的璧，即大璧，意指非常珍貴稀有，非大富大貴之人不能有。拱：讀音「鞏」，通「珙」，兩手合圍。

先駟馬：駟馬在先。一個人出門能乘坐四匹馬拉的馬車，也必然是非大富即大貴之人。

坐進此道：坐，堅守，猶守也。《左傳・桓公十二年》：「楚伐絞，軍其南門。絞人爭出，驅楚役徒於山中。楚人坐其北門，而覆諸山下，大敗之。」進，竭力、努力。

有罪以免：避免犯錯。罪，過失、錯誤。

不曰求以得：曰者，說，論及；求以得，求了之後可以得到。得，獲得、好處。

故為天下貴：故，因為、原因。

明德說

一、「人之不善，何棄之有？」並非如陳鼓應所說「不善的人怎能把道捨棄呢？」也非如任繼愈所說「〔即使〕人不善的行為，哪能把它（道）捨棄？」而是「一個沒用的人，有什麼好棄之不顧的呢？」換言之，立天子、置三公的目的就是要來幫助「不善人」，而不是讓「不善人」自生自滅或讓其被欺壓、剝削，也就是說，老子主張一個好的政府應該提供完善的社會福利，更反對為了所謂「優生」而殺害那些殘疾之人。

二、「置三公」後面是句號，不是逗號。因此，在斷句上，「道者萬物之注……置三公」可為一段；「雖有拱璧…故為天下貴」可為另一段。

三、老子在第四十九章所說「善者吾善之；不善者吾亦善之。信者吾信之；不信者吾亦信之」的「善」與「信」，指的都是一個人道德品質；而本章的「善人」、「不善人」卻無關一個人的道德品質，而是有關一個人的能力、健康狀況。

四、我反對無中生有的老子人性觀。劉笑敢 (2006:593-594)：「老子的潛在的或可能的人性觀念，即天然本性就是可貴的，它天然就是值得尊敬、保護和發展的，其寶貴之處不在於它有任何道德價值或後天獲得的品格、地位。這種人性觀或許可以勉強稱之為性超善惡論。這種人性觀是絕對中性的，與任何道德的、宗教的、政治的價值都沒有關係，或者可以稱之為人性本貴論。」──老子既然在他整本《道德經》中都沒有提到人性，不知道為什麼有些人能憑空臆測老子的人性觀究竟為何？其實不需要。就像孔子本身也不談人性，子貢說了：「夫子之文章，可得而聞也；夫子之言性與天道，不可得而聞也。」為什麼老子、孔子都不討論人性呢？因為討論不會有結果，對我們沒幫助，就這麼簡單。

五、這世界上有很多問題，去研究它是沒意義的，只會徒增爭議。例如：雞生蛋還是蛋生雞？死後會去哪裡？人從哪裡來？人性是善還是惡？外星人……太多了。人總是自尋煩惱，從自己去臆測聖人、別人怎麼想，而不去行善。

六、任繼愈說 (2015:136)：「『道』，好人離不了它，不善人也離不了它。」顯然，任氏把本章的「善人」、「不善人」理解為「好人」、「壞人」，但這樣的理解是錯的，本章的「善人」、「不善人」無關善惡，而是能力，以智商來說，善人就是高智商的人，而不善人就是低智商的人。

七、「不如坐進此道」一句，任繼愈把它理解為「還不如〔不用儀式〕單把『道』作為贈禮」，他把「進」理解為 (2015:137 註⑥)：「古代地位低的送給地位高的人東西，叫做『進』。」這種理解有問題。「進」宜理解為「竭力」、「努力」，因此，「不如坐進此道」宜理解為「不如好好的堅守、追求道這個東西」，這句話與「黃金白玉非為貴，唯有袈裟披肩難」、「出家乃大丈夫事，非王侯將相所能為」、以及孔子說的「吾未見好德如好色者也」異曲同工，其精神是一樣的，都不把世俗的富貴看在

眼裡。

版本差異比較

王弼	美言可以市，尊行可以加人	不曰以求得	道者萬物之奧
河上公	美言可以市，尊言可以加於人	何不曰以求得	道者萬物之奧
傅奕	美言可以於市，尊行可以加人	不曰求以得	道者，萬物之奧也
樓觀台	美言可以市尊。美行可以加人	不曰：求以得	道者萬物之奧
帛書	美言可以市，尊行可以賀人	謂求以得	道者萬物之注
本書主張	從樓觀台	從樓觀台	從帛書

說明：此句「道者萬物之注」之所以從帛書，蓋「注」有灌、流入、灌入、照射、貫通、連接這些意思，合於「善人之寶，不善人之所保」。

理解差異比較

不善人之所保	任繼愈	〔它是〕不善人所要保持的
	陳鼓應	不善的人也處處保住它
	明德	不高明的人也受到道的保護
美言可以市尊	任繼愈	漂亮的言詞能換取別人的敬仰
	陳鼓應	嘉美的言詞可以用作社交
	明德	說對人有用的話可以獲得別人的尊敬
美行可以加人	任繼愈	漂亮行為能高居人上
	陳鼓應	可貴的行為可以見重於人
	明德	良好的行為可以鼓舞人心

雖有拱璧以先駟馬,不如坐進此道	任繼愈	雖有拱璧在先駟馬隨後〔這樣隆重〕的儀式,還不如〔不用儀式〕單把『道』作為贈禮
	陳鼓應	雖然進奉拱璧在先、駟馬在後的禮儀,還不如用道來作為獻禮
	明德	與其擁有大富、大貴,都不如好好的堅守、追求道這個東西來得更為重要
不曰:求以得,有罪以免邪?故為天下貴	任繼愈	豈不是說,〔有了道〕有求即能得到,有過失就可避免嗎?所以被天下所重視
	陳鼓應	豈不是說有求的就可以得到,有罪的就可以免除嗎?所以被天下人所貴重
	明德	不是因為學了道之後可以求得什麼東西,也不是因為學了道之後就不會犯錯,而是因為道本身就是天底下最尊貴的東西啊

他版譯文

一、陳鼓應:「道是萬物的庇蔭。善人珍貴它,不善的人也處處保住它。嘉美的言詞可以用作社交,可貴的行為可以見重於人。不善的人怎能把道捨棄呢?所以立位天子,設置三公,雖然進奉拱璧在先、駟馬在後的禮儀,還不如用道來作為獻禮。古時候重視道的原因是什麼?豈不是說有求的就可以得到,有罪的就可以免除嗎?所以被天下人所貴重。」

二、任繼愈:「『道』是萬物深藏的地方,〔它是〕善人的法寶,不善人所要保持的。漂亮的言詞能換取別人的敬仰,漂亮行為能高居人上。〔即使〕人不善的行為,哪能把它(道)捨棄?所以,天子即位,大臣就職,雖有拱璧在先駟馬隨後〔這樣隆重〕的儀式,還不如〔不用儀式〕單把『道』作為贈禮。從古以來為什麼對『道』這樣重視?豈不是說,〔有了道〕有求即能得到,有過失就可避免嗎?所以被天下所重視。」

問答

問:第六十二章,老子講到:「古之所以貴此道者何?不曰以求得,

有罪以免邪!故爲天下貴。」爲何遵守天道「有罪以免」。道家推崇天道，是否會忽視法的價值。治理江山，應該不僅僅需要天道，還需要人法吧？道家是否在「道」與「法」有特別的看法？

　　答：這是你對文意的錯誤理解。「有罪以免」的意思是避免犯錯，不是犯了罪之後可以被赦免。

第六十三章

為無為，事無事，味無味。大小多少，報怨以德。
圖難於其易，為大於其細。天下難事，必作於易，天下大事，必作於細。是以聖人終不為大，故能成其大。夫輕諾必寡信，多易必多難。是以聖人猶難之，故終無難矣。

語譯

　　把不主宰當作最大的作為、把沒有功績當作最大的功績，把沒有味道當作最美的味道。大不是大，小不是小，多不是多，少不是少。以恩德回報仇恨。

　　想要完成困難的事情就要從簡單的事情開始；想要做大事就要從小事做好開始。天底下的困難事情，一定是從容易的事情開始；天底下的偉大事功，一定是從很小的細節開始。因此，聖人從來沒有想過要做什麼大事，卻因此成就了他的偉大。一個人輕易就允諾，那一定是個經常失信的人；把事情看得太容易，一定會給自己帶來災難。因此，聖人把容易的事情看成是困難的事情那樣對待，以至於沒有一件事情是困難的，結果是：所有的事情都做到了。原因即在於，聖人對任何事情都非常謹慎，即使是容易的事情也非常謹慎，何況是困難的事情，一樣非常謹慎。

字義

　　為無為：即「以『無為』為『為』」，把不主宰當作最大的作為。第一個為，名詞，作為；第二個為，名詞，主宰。
　　事無事：即「以無事為事」；第一個事，名詞，功績，第二個事，名詞：事業、功績。《釋名》事，偉也。偉，立也。凡所立之功也。
　　味無味：「以無味為味」的省略。
　　圖難於其易：圖，謀取。按《戰國策‧秦策四》：「韓、魏從，而天下可圖也。」

必作於細：一定從很小的事情做起。於，從；細，細節。
　　多易必多難：把事情看得太容易了，一定會給自己帶來大麻煩。多，過份，猶言「太」；難，災難。
　　聖人猶難之：聖人對待容易的事情也像對待困難的事情一樣慎重。猶：如同。

明德說

　　一、對於一方加害另一方，應該怎麼處理？老聖人的做法是「以德報怨」，孔聖人的做法是「以直報怨」（如果不明白何謂以直報怨，請參考本書作者所著《讀懂論語就能成功》第十四章第 35 節），那麼，其他宗教呢？猶太教的教法是「以怨抱怨」，即同態復仇，猶太教聖經之一《申命記》第十九章第 21 節這麼說：「你眼不可顧惜，要以命償命，以眼還眼，以牙還牙，以手還手，以腳還腳。」《出埃及記》第二十一章第 23-25 節：「若有別害，就要以命償命，以眼還眼，以牙還牙，以手還手，以腳還腳，以烙還烙，以傷還傷，以打還打。」《利未記》第二十四章第 19-20 節：「如果有人使他的同伴傷殘；他怎樣待人，人也必怎樣待他；以傷還傷，以眼還眼，以牙還牙；他怎樣使人傷殘，人也必怎樣使他傷殘。」
　　伊斯蘭教的做法稱為「基沙斯（阿拉伯語：قصاص，拉丁化：Qisas）」，意指「同態復仇」、報復或「以眼還眼」。即當一名穆斯林被殺、受傷或蒙受財物損失，受害者或受害者的後裔可以向被告施行基沙斯。
　　那麼，要採取哪一種方式呢？我個人認為，孔聖人的做法最好，而且適用於每一個人，那就是「以直報怨」。
　　二、陳鼓應 (2000:275)、張默生 (1988:128) 都把「為無為，事無事，味無味」作為一段，而把「大小多少……故能成其大」作為另一段。但這樣的分段是有問題的。「大小多少」不能與「為無為，事無事，味無味」分離，原因是「大小多少」跟「為無為，事無事，味無味」是同一個語法，即「為無為，事無事，味無味，大無大、小無小、多無多、少無少」，如果這樣表述，那就太累贅了，所以，老聖人就用了「大小多少」代替之。
　　三、大小多少是省略句，全寫是大無大、小無小、多無多、少無少。

「無」應該理解為「不是」。因此，白話就是大不是大，小不是小，多不是多，少不是少。那麼，什麼是「大不是大」呢？這裡有兩種含義：相對性和變動性。就相對性而言，當我們說一個東西大，是相對於小而來的，沒有一個相對的小，就不能說一個東西大；就變動性而言，大相對於小不會永遠是大，它也有一天會變成小，而這時候，小就變成大了。其他小、多、少，都有同樣的含義。

四、味無味：以無味為味，沒有味道就是味道！然而，我們所說的「沒有味道（四川話叫白味）」真的是沒有味道嗎？事實上，並非如此。當我們能從沒有味道中吃出千萬味道，那我們的層次就不同了！那麼，為什麼沒有味道的東西中會有千百種味道呢？讓我舉個例子來解釋。一粒白米飯，是我們一般人認為沒有味道的。但是，不要忘了，一個白米飯是由多少物質構成的。每一個物質又是如何的不一樣，因此，厲害的人就能吃出千百種味道。換言之，我們之所以吃不出味道，是因為我們沒有認真吃、沒有用心吃，而不是真的沒有味道。同樣的，水也是一樣。我們以為水是沒有味道的，其實，水一樣有千萬種味道，只是我們沒有用心喝。

五、劉笑敢 (2006:603)：「據記載，曾有人問孔子：『以德報怨，何如？』子曰：『何以報德？以直報怨，以德報德。』從現有的文獻看，孔子所批評的『以德報怨』的觀點應該就是老子的觀點。孔子的態度和老子恰巧構成鮮明對照和對立。」劉氏的這一論點有問題。首先，只有當劉氏把孔聖人的「以直報怨」理解為「以怨抱怨」，才會出現兩者是「鮮明對照和對立」。換言之，劉氏把「直」理解為「怨」，只有在這樣的前提之下，才會出現「對照和對立」。然而，「直」並非「怨」，這是再清楚不過了。因此，絕不能說老聖人和孔聖人在對待「怨」這一問題上呈現「對立」，沒這回事。其次，孔聖人說的「以直報怨」的「直」是什麼意思呢？直者值也，也就是當事人認為應該如何「報怨」就怎麼做。「該怎麼做」？這彈性就很大了，「以怨報怨」是一種可能，「以德報怨」也是一種可能。因此，不能說「孔子的態度和老子恰巧構成鮮明對照和對立」。在「以怨報怨」和「以德報怨」這之間以及這之外，那可有各種的可能，這才是孔聖人的意思，他沒有要我們一定要「以怨報怨」，也沒有說「以德報怨」不

可以。

　　六、「事無事」,並非如陳鼓應所說「以不攪擾的方式去做事」,也不是如任繼愈所說是「把無事當作事」,而是「把沒有功績當作最大的功績」,也就是老子說的「至譽無譽」。

　　七、任繼愈說 (2015:139):這一章「後半講事物難和易、大和小的互相轉化,看問題要看到它的正面和反面,只看到容易的一方面,而不看困難的一方面,必然遇到更大的困難」,任氏的說法有問題。本章不是在講事物的難易轉化問題,而是在講如何成就大事。

理解差異比較

為無為	陳鼓應	以無為的態度去作為
	任繼愈	把無為當作為
	明德	把不干預當作最大的干預
事無事	陳鼓應	以不攪擾的方式去做事
	任繼愈	把無事當作事
	明德	把沒有功績當作最大的功績
味無味	陳鼓應	以恬淡無味當作味
	任繼愈	把無味當作味
	明德	把沒有味道當作最美的味道
大小多少	陳鼓應	大生於小,多起於少
	任繼愈	不計較人家對我恩怨多少
	明德	大不是大,小不是小,多不是多,少不是少
圖難於其易	陳鼓應	處理困難要從容易的入手
	任繼愈	克服困難,要從容易時著手
	明德	想要完成困難的事就要從簡單的事開始
多易必多難	陳鼓應	把事情看得太容易時遭遇的困難一定更多
	任繼愈	把事情看得太容易,必遇到更大困難

	明德	把事情看得太容易，一定會給自己帶來災難
聖人猶難之	陳鼓應	有道的人遇見事情總把它看得艱難
	任繼愈	聖人不敢輕視困難
	明德	聖人對待容易的事情如同對待困難的事情一樣慎重

他版譯文

一、任繼愈：「把無為當作為，把無事當作事，把無味當作味。不計較人家對我恩怨多少，我總是以德相報。克服困難，要從容易時著手；幹大事業，要從細微處開始。天下的難事，一定開始於容易；天下的大事，一定開始於微細。因此聖人做事總是不從大處入手，所以，能辦成大事。允諾得太隨便，勢必信用破產，把事情看得太容易，必遇到更大困難。因此，連聖人還不敢輕視困難，所以他不會有困難。」

二、陳鼓應：「以無為的態度去作為，以不攪擾的方式去做事，以恬淡無味當作味。大生於小，多起於少，〔用德來報答怨恨。〕處理困難要從容易的入手，實現遠大要從細微的入手；天下的難事，必定從容易的做起；天下的大事，必定從細微的做起。所以有道的人始終不自以為大，因此能成就大的事情。輕易允諾的信用一定不足；把事情看得太容易時遭遇的困難一定更多。所以有道的人遇見事情總把它看得艱難，因此，終究沒有困難了。」

問答

問：我的問題是第六十三章，一邊說「圖難於其易」，難事，一定從簡易的地方做起，一邊又說「多易必多難。是以聖人猶難之，故終無難矣」，把事情看得太容易又會遭受很多困難。因此，有道的聖人總是看重困難，所以就終於沒有困難了。兩者是否矛盾？

答：你看到的翻譯是錯誤的，才導致你提出這樣的問題。正確的理解是，你把事情想得很容易，反而會使事情變得困難。因此，即使面對容易的事情，聖人也會像對待困難的事情一樣謹慎、認真、全心全意。如果一

個人連面對容易的事情都如此慎重看待的話，那麼，對待困難的事情，一定是更加的謹慎，如此的態度之下，哪裡還會有困難的事情呢！不會有了！

第六十四章

其安易持，其未兆易謀，其脆易泮，其微易散。為之於未有，治之於未亂。合抱之木，生於毫末；九層之臺，起於累土；千里之行，始於足下。
為者敗之，執者失之。是以聖人無為故無敗，無執故無失。民之從事，常於幾成而敗之。慎終如始，則無敗事。是以聖人欲不欲，不貴難得之貨；學不學，復眾人之所過。以輔萬物之自然，而不敢為。

語譯

　　在穩定的狀態下，狀況容易掌握；在徵兆還沒出現時，就做好預防工作，就容易成功；脆弱的時候，就容易粉碎；問題還很小的時候，就容易解決。〔因此，〕在問題還沒發生前就要建立起好的制度；在動亂還沒發生前，就要從源頭進行疏通。一棵好幾個人伸開雙手才能合抱起來的大樹，來自於極為微小的發芽；九層高的建築物是從一塊磚、一顆石堆砌起來的。千里長的路程也是從腳下一步一步走出來的。

　　虛偽就會敗露；緊抓著不放反而會失去。因此，聖明的人不虛偽，就沒有敗露的問題；不想緊抓著什麼，反而不會失去。一般人做事情，經常在快要成功的時候失敗了。為什麼呢？就是因為無法做到慎終如始。因為，聖人所追求的，是一般人所不追求的，不把難得的東西放在眼裡；聖人所學的，是一般人所不學的。因此，就能免掉一般人所犯的過錯。〔聖人所做的〕，就只是輔助所有生命發揮他們原有的能力，而不敢主宰他們。

字義

　　其安易持：安，穩定；持，把握、掌管、處理。
　　其未兆易謀：兆，徵兆；謀，設法求得。
　　其脆易泮：脆弱的時候，就容易粉碎。脆，容易斷、容易碎。泮，音

盼，意為散、解。

其微易散：微，小也，指問題小；散，分離，猶言消除。

為之於未有：乃「於未有為之」的倒裝，即在問題還沒出現的時候，就要治理了。為，治理。

治之於未亂：乃「於未亂治之」的倒裝，即在還沒有動亂的時候，就要治理了。治，自水的初始處、基礎、細小處開始，以水的特徵為法，進行的修整、疏通，這裡是指疏導、疏通。

九層之臺，起於累土：臺，高平的建築物；累，同「壘」，堆砌是也。

千里之行：行，路程。

為者敗之，執者失之：虛偽就會敗露；越想控制就越容易失去。為，通「偽」，虛偽；敗，敗露。執，牢牢掌握。

無為故無敗：沒有虛偽，就沒有敗露。為，通「偽」；敗，敗露。

毫末：比喻極為微小的東西。

民之從事：民，一般人；從事，做事情。

常於幾成而敗之：幾，讀音「基」，幾乎、差不多、快要；成，成功；敗，失敗。

復眾人之所過：復，免除；眾人，一般人。過，錯誤。

聖人欲不欲：聖人所追求的是一般人所不追求的。欲，想要、追求。

學不學：聖人所效法的是一般人所不效法的。學，學習、效法。

問答

問一：為什會說「為者敗之，執者失之」？

答一：為者，通「偽」，虛偽也，也就是使用不正當手段，例如偷拐搶騙、暴力，就像所有的共產主義政權一樣，終究是失敗了；何謂執？緊抓著不放。想看看，你把你的男朋友或女朋友看得緊緊的，讓他／她無法透氣，會得到什麼結果。

問二：「為者敗之，執者失之。是以聖人無為故無敗，無執故無失。」「為者敗之，執者失之」這句話放在「合抱之木生於毫末。九層之台起於累土。千里之行始於足下」後面，是否前後矛盾？

答二：問題就是前句和後句並沒有前後關係。它們是不同的情況，因此，沒有矛盾。而且，依照帛書甲本，前後屬於兩章，而非一章之中的上下文。

　　問三：「為者敗之，執者失之。」老子認為，有所作為的將會招致失敗。但是，合抱之木、九層之臺和千里之行，若是「不為」怎能實現呢？日常生活中，很多有作為的人也不一定失敗，這裡的「為」是指「過度刻意地為之」嗎？

　　答三：問題問得很好。主要是字義沒有掌握對，雖然都是「為」，但字義不同。合抱之木、九層之台和千里之行，當然要為，不為怎麼能實現！但為者敗之的「為」，不是作為，而是虛偽、不正當。世界上的那些獨裁政權、極權國家就是屬於為者敗之的例子。

明德說

　　一、「為之於未有」與「治之於未亂」是同一個意思，就是不讓亂象出現，因為一旦亂象出現，治理成本就大很多，甚至治理不了。問題在於如何不讓亂象出現？那就是統治者所作所為都要合乎正道。舉個例子：一個人因為闖紅燈而被車子撞了。那麼，為了不被車子撞，就不能闖紅燈。這就是「為之於未有，治之於未亂」。在治理上也是一樣，統治者本身要端正，不能自己不端正，而要求人民端正，這是不可能的。不能自己享受，卻要求人民犧牲，不能自己荒淫無度，卻要求自己的女人為你守貞；不能自己耍手段，卻要求人民不耍手段，如果這樣，那就不是「治之於未亂」，而是一定會自食惡果。

　　二、「復眾人之所過」就是免除掉人們會犯下的過錯。眾人之所過是怎麼來的？是天生的嗎？還是學來的。所有我們的過錯都是我們學來的。我們所學來的那些以為對的、以為能帶給我們幸福的，剛好是錯的。你們認為，哪些東西的學習是錯誤的？會帶給我們不幸？

　　三、所謂「千里之行」、「九層之臺」其中的「千」、「九」並非具體的數字，而是形容詞，形容非常遠的距離、非常高的建築物。

　　四、正因為「為者敗之，執者失之」，所以，想要不敗露，就不要說

謊造假;想不失去,反而就要放開手,這是所有人,尤其是管理者所必須認識到的,否則,都只是一時的成功,過不了幾年,就灰飛煙滅了。

　　五、何謂「學不學」?我們一般人學誰?學在名利上成功的人,老子不學這些人;我們一般人學什麼內容?如何美容、養生、發財、當官的學問,老子不學這些。「學不學」不是任繼愈所說「聖人的學問就是不學」,嚴重的誤解。

　　六、任繼愈說 (2015:141):「為了避免工作失敗,最好不要輕舉妄動;為了避免損失,最好不要佔有。老子教人不要輕舉妄動,表現了處於弱勢的古代小農意識的侷限性。」任氏的這一番話說明了他對老子本章的理解出了問題,老子本章從來沒有提到「教人不要輕舉妄動」。此外,老子也沒有說「為了避免損失,最好不要佔有」,老子的意思是叫我們不要執著,一旦執著,就要痛苦煩惱、造惡業了。

　　七、「而不敢為」並非任繼愈所說是「不敢勉強去做」(2015:144),而是「不敢主宰萬物」。「為」不是「做」,而是「主宰」;而所謂的「萬物」,不只包含人類而已,還包含動植物。

版本差異比較

　　本章在帛書甲本分為兩章,「其安易持」至「始於足下」為一章。另一章從「為者敗之」至「而不敢為」。

理解差異比較

為者敗之	陳鼓應	強作妄為
	任繼愈	誰有為做,誰就失敗
	明德	虛偽,就要敗露〔, 且敗露,就要失敗〕。
無為故無敗	陳鼓應	不妄為因此不會敗事
	任繼愈	能無為,就不會失敗
	明德	沒有虛偽,因此就沒有敗露
無執故無失	陳鼓應	不把持就不會喪失

	任繼愈	誰要把持，誰就喪失
	明德	沒有執取，就沒有失去的問題。
學不學	陳鼓應	學人所不學的
	任繼愈	聖人的學問就是不學
	明德	聖人所學的，是一般人所不學的
復眾人之所過的「復」	陳鼓應	挽救
	任繼愈	補救、彌補
	明德	免掉

他版譯文

一、任繼愈：「當事物還穩定時，它的穩定容易維持；當事物變化跡象不明顯時，容易打主意；當事物還脆弱時，容易消融；當事物還微弱時，容易打散。要在事變還未發生前先把它辦妥，要在事物還未混亂之前先把它理順。合抱的大樹，產生於細小的萌芽；九層的高台，從一堆泥土築起；千里的遠行，在腳下第一步開始。誰有為做，誰就失敗。誰要把持，誰就喪失。因此，聖人能無為，就不會失敗；不把持，就不會喪失。人們所做的事，總是失敗於快成功的時候。若結束時能像開始時那樣慎重，就不會把事情辦壞。因此，聖人的欲望就是無欲，不看重稀有的物品；聖人的學問就是不學，以糾正眾人所經常犯的過錯。輔助萬物自然發展，不敢勉強去做。」

二、陳鼓應：「局面安穩時容易持守，事變沒有跡象時容易圖謀。事物脆弱時容易消解，事物微細時容易散失。要在事情沒有發生以前就處理妥當，要在禍亂沒有發生以前就早做準備。合抱的大木，是從細小的萌芽生長起來的；九層的高台，是從一堆泥土建築起來的；千里的遠行，是從腳下舉步開始走出來的。人們做事情，常常在快要成功的時候就失敗了。事情要完成的時候也能像開始的時候一樣的謹慎，那就不會敗事了。強作妄為就會敗事，執意把持就會失去。所以有道的人不妄為因此不會敗事，不把持就不會喪失。一般人做事，常在快成功時遭致失敗。審慎面對事情

的終結,一如開始時那樣慎重,那就不會失敗。所以,有道的人求人所不欲求的,不珍貴難得的貨品;學人所不學的,挽救眾人的過錯,以輔助萬物的自然發展而不加以干涉。」

第六十五章

古之善為道者，非以明民，將以愚之。民之難治，以其智多。故以智治國，國之賊；不以智治國，國之福。知此兩者亦稽式。常知稽式，是謂玄德，玄德深矣、遠矣、與物反矣，乃至大順。

語譯

　　古代善於治理的人，他們都不是讓人民變得精明，而是讓人民變得敦厚。人民為什麼難以治理？就是因為統治者詭計多端。因此，統治者以詭計來治理國家，就會給人民帶來不幸；統治者不用詭計治理國家，就能帶給人民幸福。明白這兩件事情（第一、愚之；第二、不以智治國）是真正可以驗證的法則。永遠以這樣的法則去治理才能稱為玄德。玄德是如此的深，深到不可辨識；玄德是如此的遠，遠到無法了解；玄德跟一般人所認知的剛好相反。做到玄德，才能到達上下非常和諧的境界。

字義

　　善為道者：善於從事治理的人。為，從事；道，引導、疏導，猶言治理。按《論語・為政》：「道之以政，齊之以刑，民免而無恥。」
　　非以明民：不讓人變得精明。明，精明也。按《詩・大雅》明明在下。《傳》明明，察也。
　　將以愚之：愚，樸實、敦厚也。按《孔子家語》：「故《詩》之失愚，《書》之失誣。」王肅注：「愚，敦厚。」
　　以其智多：因為統治者詭計多端。以，因為；其，統治者；智，詭計多端、用心機，不純樸。
　　國之賊：殘害了國家、帶給人民不幸。國，國家，實指人民。賊，殘害。
　　知此兩者亦稽式：知，領會、認識也。兩者，指前面的兩件事，其一是讓人民敦厚純樸；其二、統治者不用心機治理國家。亦，表示加強或委

婉的語氣：「嗚呼，亦盛矣哉！」「學而時習之，不亦說乎？」亦的白話：真的是。稽，考證、考核。「式，法也。」——《說文》稽式，可檢驗的法則，也就是管理者行為的依據。

玄德深矣、遠矣：玄，天、深遠奧妙、厚也。德，恩德。深，不可辨識；遠，無法了解。

與物反矣：跟人們想的、認知的剛好相反。物，人也。反，相反。

乃至大順：乃，才。順，從也、循也、和也。大順，上下非常和諧。

明德說

一、「民之難治，以其智多」中的「以其智多」並非如任繼愈所理解的「由於他們知識多」，而是「由於統治者心機重」。「智」要理解為「耍心機」、偽詐，而非「知識」。注意，民之難治，不是人民的問題，而是統治者的問題，是統治者起了壞的榜樣。

二、「民之難治，以其智多」，歷來註家都把「其」理解成人民，這是錯的，「其」是指統治者，而非人民。為什麼「其」應該理解成統治者？原因是後面就緊接著「故以智治國，國之賊」。再輔一個證據，第七十五章提到「民之難治，以其上之有為」，兩相比較可以得知，「其」指的是「上」，「智多」相當於「有為」。

三、「與物反矣」，一般人都認為要心機才能治國，老子說，不是，相反的，要自己淳樸才能治好國，人民才能幸福。想看看，所有那些耍心機的人，就算成功，能成功多久？能不提心吊膽嗎？這樣的生活，看似成功，其實是失敗，報應等著呢！

四、一個獨裁者就算統治再大的國家，握有再大的權力，不過就三四十年，這算久嗎？當然不是，那只不過是過眼雲煙罷了！有什麼好追求的！

五、「非以明民」的「明」，其義同第二十章「鬻人昭昭，我獨昏昏。鬻人察察，我獨悶悶」的「昭」與「察」，簡單的說，就是精明、斤斤計較。

六、任繼愈說 (2015:145)：「本章表述了老子的愚民主張，認為人民的知識多了，就不易統治，老百姓越無知越好。」任氏對老聖是嚴重誤解了。

老聖從不主張愚民，老聖人在本章是說，統治者不能以陰謀治國。

七、「古之善為道者，非以明民，將以愚之」的「愚」不是愚笨，而是敦厚。樸實、敦厚的人，看起來笨笨的，但是，他們真的是笨嗎？不是，是他們不計較，你騙不了他；你騙得了他一次，騙不了他第二次，如果，你騙了他三次，只證明了這個人不質樸、不單純；敦厚的人們很幸福。一個人之所以不幸福就是因為奸詐、狡猾，他們都不敦厚，因此，也都不是幸福的人。

八、「古之善為道者，非以明民，將以愚之」，任繼愈將之解釋為(2015:145)「古時有『道』的人，不是用『道』教人聰明，而是用『道』教人愚昧」，任氏對這一句話的理解有以下錯誤：其一，任氏把善為道者的「道」，理解為形而上的「道」，非也，此處的「道」是治理之意；其次，「非以明民」，任氏將之解釋為「不是用『道』教人聰明」，非也，「明」非「聰明」，而是「精明」，聰明是中性詞/或褒義，而精明是貶義詞，此處必為貶義；其三、「非以明民」一句，並沒有「道」一字，也就是與「道」無關，而任氏卻說是「用『道』」，換言之，任氏加了原文中不存在的意思。其四，任氏將「愚之」的「愚」理解為「愚昧」，非也，此處的「愚」，乃淳樸義。

九、「古之善為道者」非如陳鼓應所說「從前善於行道的人」，陳氏與任氏同，都把此處的「道」理解為形而上的「道」，非也。

版本說明

王弼版本「古之善為道者」，但是根據帛書甲本，則是「故曰：為道者」。如果帛書甲本是對的，也就是「故曰：為道者」，那麼，這一章應該與上一章合為一章才是。

理解差異比較

非以明民，將以愚之	任繼愈	不是用「道」教人聰明，而是用「道」教人愚昧
	陳鼓應	不是教人民精巧，而是使人民淳樸

知此兩者亦稽式	明德	不是讓人民變得精明,而是讓他們變得敦厚
	任繼愈	認識這兩者(用智和不用智)原則還是一個
	陳鼓應	了解這兩種治國方式的差別就是一個法則
	明德	明白這兩件事情是真正可以驗證的法則

說明:「知此兩者亦稽式」的兩者,這兩件事情是,第一、愚之,也就是讓人民變得敦厚樸實;第二、統治者自己不耍心機來治國,也就是治國以正,不以智。

他版譯文

一、陳鼓應:「從前善於行道的人,不是教人民精巧,而是使人民淳樸。人民所以難治,乃是因為他們使用太多的智巧心機。所以用智巧去治理國家,是國家的災禍;不用智巧去治理國家,是國家的幸福。了解這兩種治國方式的差別就是一個法則。經常認識這個法則,就是『玄德』,『玄德』好深好遠啊!和事物復歸到真樸,然後順應於自然。」

二、任繼愈:「古時有『道』的人,不是用『道』教人聰明,而是用『道』教人愚昧。百姓所以讓難統治,由於他們知識多。所以用智治國,是國家的災害。不用智治國,是國家的福氣。認識這兩者(用智和不用智)原則還是一個。永遠貫徹這一原則,就叫做玄德。玄德深奧啊,久遠啊,與世俗經驗相反啊,然後得到最大的通順。」

《老子原意》

第六十六章

江海之所以能為百谷王者，以其善下之，故能為百谷王。是以聖人欲上民，必以言下之；欲先民，必以身後之。是以聖人處上而民不重，處前而民不害。是以天下樂推而不厭。以其不爭，故天下莫能與之爭。

語譯

　　江海之所以能統領眾溪，就是因為江海永遠處於眾溪之下。因此，聖明的人想要位居人之上，就必須把自己放在別人之下；想要領導別人，就必定要尊人卑己。因此，聖人位居上位，而人民不覺得是負擔，聖人走在前面而人民不覺得有什麼不好。因此，所有人都樂意推舉他作為領袖而不會討厭他。因為他不跟別人爭，因此，天底下沒有一個人能與他抗衡。

字義解釋

　　百谷：眾溪；谷，溪也。
　　善下之：善，常也，也就是一直、永遠。下，低處。
　　必以言下之：言，我。《爾雅·釋詁》：「言，我也。」
　　欲先民：先，前也，也就是領導。人，人民、別人。
　　必以身後之：身，我也。《爾雅·釋詁》：「卬、吾、台(yí)、予、朕、身、甫、余、言，我也。」
　　處上而民不重，處前而民不害：重，沈重、壓力、負擔；害，不利。
　　以其不爭：以，因為。爭，爭執、爭取、爭奪。

明德說

　　一、很有意思，王弼並沒有對本章有任何註釋，這有點不可思議，原因是本章並非那麼的直白，並非任何人看了都懂。
　　二、任繼愈對老聖人這一章充滿了偏見，他說 (2015:147)：「這一章表

達了老子統治人民的權術。為了統治人民，要在言詞方面表示謙虛；為了居前，先要居後。用不爭作為手段，以取得他要爭取達到的目的。」老子這一章當然不是在講權術，當然，這樣的「權術」會被魔鬼拿去用，以至於動不動就以人民開頭，說人民政府、人民警察、人民教師、人民銀行、人民……說「為人民服務」，其實都是假的。如果把老子說的拿去用，固然可以權術來獲得政權，例如王莽，但是，這樣的政權可以長久嗎？當然無法長久。老子只是在鼓勵那些有志的為政者的為政之道，如果想要從政，那就要真正的把自己（的利益）放在最後面。老子在最後一章不也說「既以為人己愈有，既以與人己愈多」、「聖人之道，為而不爭」，這必須是發自內心的，而非「不爭之爭」，如此，才是長生久視之道。

　　三、很多人有一種誤解，把老子當成陰謀家，以為老子是把「不爭」作為一種手段，來達到「爭」的目的。事實上，不是的，不爭，在老聖人而言，本身就是目的，而非手段，就像我們孝順父母親一樣，是本來就該這麼做；也好像我們對待任何一個認識、不認識的人一樣，都要友善、誠實，這麼做的目的不是想從對方那裡得到什麼，而是本來就該這麼做，這就是老聖人的意思。劉笑敢卻不這麼看，他說 (2006:645)：「何謂不爭之爭？本章貫穿了一個由反而順或以反求正的原則，也可以說是就是不爭而勝的原則。」劉氏與任氏一樣，都誤解了老聖人。

　　四、劉笑敢接著又問了一個問題 (2006:646)：「不爭而勝何以可能？」首先，劉氏所提出的問題是在共產政權長期「薰陶」之下，很常出現的問題，那就是偷換概念。事實上，老聖人沒有主張「不爭而勝」，也沒有說不爭而勝。其次，在老聖人來說，他只有不爭，沒有想過「勝不勝」的問題。因為不爭就已經是目的了，他沒有要勝。要記得，老子的認知和境界和我們凡夫剛好相反，不能把老子想成是自己，結果跑出來一個「不爭而勝何以可能？」的問題。

　　五、本章不是如任繼愈說的「這一章表達了老子統治人民的權術」，而是講道理、真理、確實是這樣。很可惜，很多聰明人都不相信。老子只不過領悟了大自然的不言之教（江海之所以能為百谷王者，以其善下之），很慈悲的把他的心得分享我們。他這麼慈悲，竟然還要背負陰謀家的罪名，

真的是「其無正耶」!

理解差異比較

必以言下之	陳鼓應	必須心口一致的對他們謙下
	任繼愈	必先用言辭,對百姓表示謙虛
	明德	必須把自己放在別人之下
必以言下之的「言」	陳鼓應	心口一致
	任繼愈	言詞
	明德	自己,我也
欲先民	陳鼓應	要為人民表率
	任繼愈	要領導百姓
	明德	想要領導人民

他版譯文

一、任繼愈:「江海之所以能成為一切小河流的領袖,由於它安於處在眾多小河流的下游,所以能做眾多小河流的領袖。因此,要統治百姓,必先用言辭,對百姓表示謙虛;要領導百姓,必把自己放在百姓之後,因此勝人在百姓之上〔統治〕,而百姓不感到有負擔;在百姓之前〔領導〕,而百姓不認為有妨礙。因此,天下百姓對他愛戴而不厭棄。因為他不跟人爭,所以天下沒有人敢和他爭輸贏。」

二、陳鼓應:「江海所以能成為許多河流所匯往的地方,因為他善於處於低下的地位,所以能成為許多河流所匯往。所以,聖人要為人民的領導,必須心口一致的對他們謙下,要為人民表率,必須把自己的利益放在他們的後面。所以聖人居於上位而人民不感到負累;居於前面而人民不感到受害。所以天下人民樂於推戴而不厭棄。因為他不跟人爭,所以天下沒有人能和他爭。」

《老子原意》

第六十七章

天下皆謂我道大,大而不肖。夫唯大,故不肖。若肖,久矣,其細也夫。
我有三寶,持而保之。一曰慈,二曰儉,三曰不敢為天下先。慈故能勇;儉故能廣;不敢為天下先,故能成器長。今舍慈且勇;舍儉且廣;舍後且先;死矣!夫慈以戰則勝,以守則固。天將救之,以慈衛之。

語譯

　　天底下的人都說我說的道理非常深奧廣大。深奧廣大以至於無法類比。正因為深奧廣大,所以,無法類比。假設可以類比,那麼時間久了,就會變得支離破碎而無法應用。
　　我有三個寶貝,一直堅守保持著,一是愛人;二是約束自己;三是總是先考慮到別人〔,而把自己放在最後面〕。因為愛人,所以能夠勇敢;因為約束自己,所以自己能夠不斷成長;因為不敢想到自己,所以能夠成為人才的頭領。今天,不去愛別人,竟然什麼壞事都做得出來;不去約束自己的欲望,竟然擴大自己的慾望;不把自己放在後面,竟然把自己看得比誰都重要,這樣,必死無疑。因為愛人而去打仗,則一定勝利;因為愛人而去防守,則能守得無比堅固。老天爺想要幫助一個人,就是讓他能愛人,這樣,就能保護到他。

字義

　　天下皆謂我道大:道,道理;大,深奧廣大。
　　不肖:無法類比。肖,比擬、相似、類比。
　　細:瑣碎、零碎。
　　持而保之:持,握住、遵守不變。保,保持。
　　儉故能廣:儉,約束、克制。儉是生活上自我約束,從不放縱的人;

廣，擴大、茁壯。

不敢為天下先：沒有膽量先想到自己，也就是把自己放在所有人的後面。不敢，沒膽量。天下，所有人；先，在前面。

器長：器之長，也就是人才的首領。器，人才。長，讀音「掌」，首領。

舍慈且勇：舍，同「捨」，丟棄，也就是不；慈，愛人。且，表讓步，尚且、還；勇，什麼都敢做。

舍儉且廣：不約束自己，反而放縱自己。且，竟然。廣，放縱、擴大自己的欲望。

天將救之，以慈衛之：上天想要幫一個人，就是讓這個人擁有愛心，因為有愛心的人就能保衛別人，也因而保衛到自己。救，幫助。將，讀音江，將要、想要也。之，代名詞，不特定的一個人。

明德說

一、何謂不敢為天下先？我認為應該從後句去看前句。後句是故能成器長。何謂器長？先說器，器是度量、胸懷、是才能、能力，因此，器長就是能力、胸懷之長，一個人能力很強、胸襟開闊，那麼這個人一定是領導、官長，在這裡應該是指王侯、聖人。怎樣才能成為王侯、聖人，老子說的做法就是不敢為天下先，有好處，不敢把這好處先放到自己口袋，而是讓別人先。

二、生死抉擇：老子告訴我們如何才能生，如何才會死？因慈、儉、不敢而生，相反的，不慈、不儉、爭先，老子說，「死矣」，死定了。

三、為什麼「慈故能勇」？我們一般人都認為仁慈就是懦弱、善良也是懦弱，只有強悍、動不動就出拳頭、動不動就威脅別人，才是勇敢，但我認為不是。真正的強者，都是從仁慈而來。有一句話是「婦人弱也，而為母則強」。一個女子在她有孩子之前或許很軟弱，但是，當她成為母親之後，她就能變得很勇敢，為什麼？因為她愛孩子，她沒有選擇，只有勇敢，這就是因慈而勇。慈者愛也。因此，越是有愛心的人，不管是男人、女人，就越勇敢，相反的，越是自私的人，是越膽小。有一些人看起來好

像很勇敢，其實，那是因為他「有」什麼（例如權力、金錢、力氣、武器），一旦，他「沒有」什麼之後，他的膽小就暴露出來了。

四、「慈故能勇」的最佳案例：當代女子體操傳奇丘索維提娜 (Oksana Chusovitina, 1975-)，當她得知三歲的兒子罹患白血病，促使她在二十七歲的「高齡」（女子體操選手的職業壽命很短，十六歲即進入「成年組」、二十歲便算「老選手」，多數運動員在二十五歲之前就會退休），重新披上戰袍，只為了賺取兒子的醫藥費，她參加各種大小體育比賽，得獎無數，2008 年代表德國奪得奧運體操跳馬銀牌、2018 年獲得亞運跳馬銀牌。她對兒子說：「你未痊癒我不敢老。」

五、老子說，「我有三寶」，在我看來，三寶其實就是一寶，那就是慈，有了慈，自然能儉，自然不敢為天下先。

六、任繼愈把「不敢為天下先」解釋為「不敢走在天下人的前面」，陳鼓應則解釋為「不敢居於天下人的前面」，這樣的理解只是按照字面翻譯，流於表面，未得精髓，比較好的理解是「不敢先想到自己，永遠是先想到別人」。

七、「能成器長」並非如任繼愈所說 (2015:150)「能做事物的首長（事物的首長，這是什麼意思？）」，也非如陳鼓應所說「能成為萬物的首長（萬物的首長，這是什麼意思？）」，而是「能將將（兩個將都讀第四聲，第一個將，動詞，指揮、統帥；第二個將，名詞，將領）」，也就是像劉邦一樣，能把韓信、張良、蕭何這些「器」納入自己麾下。

八、任繼愈把「故能廣」解釋為「所以能寬廣」，陳鼓應則解釋為「所以能厚廣」，這樣的理解不清楚，比較好的理解就是「所以能不斷成長茁壯」。

九、「以慈衛之」並非如陳鼓應所說「就用慈愛來護衛他」，也非如任繼愈所說「就要寬容來保衛誰」，而是「讓他能愛別人」，也就是孟子說的「仁者無敵」。

十、「舍儉且廣」非如任繼愈、陳鼓應所述「捨去嗇儉，只求寬廣」、「捨棄嗇儉而求取寬廣」，而是「不約束自己的欲望，反而擴大自己的欲望」。

十一、「死矣」的死,指的不只是肉體的滅亡,更是指精神的被唾棄,也就是遺臭萬年。

十二、任繼愈說 (2015:149):「這一章是道在政治、軍事方面的具體運用。老子提出三寶,其根本精神是以退為進、不出頭、不搶先。所以,老子認為能退守才算勇敢;能收縮才能開展;不出頭搶先,才能走在最前面。如果違背了這三條原則,就會遭到失敗。老子把柔弱、謙退看作最高原則,重視退讓,輕視進取,把統一對立的關係看死了,終於損害了辯證法。」任繼愈再次誤解了老聖人。首先,老子提出三寶:慈、儉、不敢為天下先,這些作法的目的不是任繼愈所說的「以退為進」,老子的退讓,本身就是目的,而不是為了「進」,這一點一定要清楚,否則,老子反而成了陰謀家了。那老子是不是陰謀家?當然不是,如果是陰謀家,他就不會得道了,他的書就不會流傳到現在,我們還在拜讀。其次,任繼愈說老子「輕視進取」,這又是誤解了老子的道了。老子是最進取的,誰能像老子這麼進取?「勇」不是進取嗎?「廣」不是進取嗎?「成器長」不是進取嗎?哪裡來的老子輕視進取?沒有這一回事。

十三、本章有兩個勇字、兩個廣字,意義不同,指涉不同。「慈故能勇」的「勇」,指「寧死不屈」、「保家衛國」、「捨生取義」的「勇」;「捨慈且勇」的「勇」指「殺人放火」、「姦淫擄掠」、「無法無天」、「欺壓百姓」的「勇」。「儉故能廣」的「廣」是指知識、能力、心胸的成長、茁壯;「舍儉且廣」的「廣」指欲望的放縱。

十四、任繼愈 (2015:150 註①) 把「慈」解釋成「寬容」是不對的。「慈」就是「愛」,按「慈,愛也。」——《說文》

版本差異比較

王弼	天下皆謂我道大,似不肖。夫唯大,故似不肖。若肖,久矣其細也夫。
河上公	天下皆謂我大,似不肖。夫唯大,故似不肖。若肖久矣,其細(也夫)。
傅奕	天下皆謂吾大,似不肖。夫唯大,故似不肖。若肖,久矣

	其細也夫。
帛書	天下皆謂我大，大而不宵。夫唯大，故不宵。若宵，細久矣。
本書主張	從王弼

理解差異比較

不敢為天下先	任繼愈	不敢走在天下人的前面
	陳鼓應	不敢居於天下人的前面
	明德	不敢先想到自己，而是先想到別人
若肖，久矣其細也夫	任繼愈	若它像任何具體的東西，它早就渺小得很了
	陳鼓應	如果它像的話，早就渺小了
	明德	假設說的太具體，那麼時間久了，就會變得支離破碎而無法應用
儉	任繼愈	嗇、吝嗇、退縮、保守
	陳鼓應	有而不盡用。和第59章「嗇」字同義
	明德	約束
成器長	任繼愈	能做事物的首長
	陳鼓應	成為萬物的首長
	明德	將將
天將救之，以慈衛之	任繼愈	天要拯救誰，就要寬容來保衛誰
	陳鼓應	天要救助誰，就用慈愛來護衛他
	明德	老天爺想要幫助一個人，就是讓他能愛人，這樣，就能保護到他。

他版譯文

一、陳鼓應：「〔天下人都對我說：『道』廣大，卻不樣任何具體的東西。正因為它的廣大，所以不像任何具體的東西。如果它像的話，早就渺小了！〕我有三種寶貝，持守而保全著。第一種叫做慈愛，第二種叫做

儉嗇，第三種叫做不敢居於天下人的前面。慈愛所以能勇武；儉嗇所以能厚廣；不敢居於天下人的前面，所以能成為萬物的首長。現在捨棄慈愛而求取勇武，捨棄儉嗇而求取寬廣；捨棄退讓而求取爭先，是走向死路！慈愛，用來征戰就能勝利，用來守衛就能鞏固。天要救助誰，就用慈愛來護衛他。」

　　二、任繼愈：「天下人都說我的『道』廣大，不像任何具體的東西。正因為它廣大，所以不像任何具體的東西。若它像任何具體的東西，它早就渺小得很了！我有三種法寶，我運用並保有它：第一是『寬容』，第二是『嗇儉』，第三是『不敢走在天下人的前面』。〔能〕寬容，所以能勇敢，〔能〕嗇儉，所以能寬廣，〔能〕不敢走在天下人的前面，所以能做事物的首長。現在〔有些人〕捨去寬容，只求勇敢，捨去嗇儉，只求寬廣，捨去退讓，只求搶先，死定啦！寬容，用於戰爭就能勝利，用於守衛就能鞏固。天要拯救誰，就要寬容來保衛誰。」

第六十八章

善為士者不武;善戰者不怒;善勝敵者不與;善用人者為之下。是謂不爭之德,是謂用人之力,是謂配天之極。

語譯

　　善於為政的,不用刑罰〔,就能夠把一個地方治理得很好〕;擅長爭鬥的人,不被激怒;勝敵的最高明方式就是不用接觸〔就贏了對方〕。善用人的人是因為他把對方看得比自己重要,這就是所謂「不用搶就能得到」、是所謂「發揮人的才能」、是所謂「把天道發揮到極致」。

字義

　　士:「士」者「仕」也,也就是做官,泛稱居官受祿的人。《禮記・中庸》:「忠信重祿,所以勸士也。」
　　武:刑罰。《孫子・行軍》:「故令之以文,齊之以武,是謂必取。」
　　善戰者,不怒:戰,搏鬥、爭鬥、比高下、比賽。怒,激怒,按「自勇其斷,則毋以其敵怒之。」——《史記》
　　不與:不與之交戰、不與之對峙、不與之接觸。與,讀音「欲」,交鋒。
　　不爭之德:即得之不爭。爭,搶也。德,同「得」,獲得也。
　　用人之力:用,使人或物發揮其功能;力,能力、才能。
　　配天之極:配,《玉篇》匹也,媲也,對也,當也,合也。《易・繫辭》:「廣大配天地,變通配四時。」天,古也,按《周書・周祝》:「天為古。」《書・堯典》:「曰若稽古。」極,極致。

明德說

　　一、「善戰者,不怒」非如陳鼓應所說「善於作戰的,不輕易激怒」;也非如任繼愈所說「善戰的人,不靠忿怒」,而是「擅長搏鬥的人,不被激

怒」。這句話有兩個地方要注意,第一,「戰」指的是較量,任何情況之下的較量,既有可能是軍事上的戰爭、幫派之間的械鬥、個人之間的打鬥,也可能是言詞上的辯論等等,都是「戰」。不怒,不是不靠忿怒,不是不輕易發怒,而是不會被激怒。

二、用人之力:善用每一個人的能力,也就是適才適所。天底下,沒有一個人不是人才,只要放對地方。因此,真正的聖人能夠讓每一個人都能發揮他的才能,換句話說,該打掃的,不要讓他去做接待,該做管理的,不要讓他被管理,適合教書的,不要讓他去做生意。該做將軍的,不要讓他管後勤。讓每一個人都適才適所,就是用人之力、善用人者。

三、如何才能做到不武、不怒、不與?不是用盡心機得來的,相反的,是用樸得來的。用盡心機得來的,終究會失敗。千萬不要誤會了老聖人的意思,專門去學陰謀詭計,一旦如此,就會「其無後乎」,終究身敗名裂。

四、我認為本章最大的爭議在於,前面四句話是不是都是與軍事對抗有關的描述?我認為不是。「善戰者不怒;善勝敵者不與;善用人者為之下」,不限於戰場上,而適用於任何一個地方。而「善為士者不武」更與軍事無關,「武」不解釋成「勇武」,而是「刑罰」。

五、王弼版本「是謂配天古之極」,帛書「是謂天古之極也」,樓觀台「是謂配天之極」,哪一個版本對呢?張默生說 (1988:138):「奚侗云:『天』下有『古』字,義不可通。殆下章『用兵者有言』句上有『古之』二字,『古之』錯入於此,而又脫一『之』字。俞樾云:此章每句有韻,若以『是謂配天』為句,則不韻矣。疑『古』字,乃衍文也。『是謂配天之極』,與上文『是謂不爭之德』,『是謂用人之力』,文法一律。余按奚說、俞說,均謂本章末句不當有『古』字。」我同意張默生的分析。此外,古者,天也,按天為古——《周書・周祝》。換言之,古=天,這就意味著,古字是多出來的,故刪去「古」。

六、「用人之力」,任繼愈將之解釋為「四兩撥千斤」(2015:153),非也,而是發揮人的才能。

七、「善為士者不武」並非如任繼愈所說「「高明的『士』,不逞勇

武」，也非如陳鼓應所說「善作將帥的，不逞勇武」，而應是「善於為政的，不用刑罰」，如同孔聖人說的「子為政，焉用殺」，「殺」字相當於這裡的「武」字。

八、「善勝敵者不與」並非如任繼愈所說「善勝敵者，不被敵人纏住」，換言之，任氏把「與」理解為「纏住」，非也，「與」實應理解為「接觸」，「不與」按現代語言就是「教化」（動機善良，正面說）或「洗腦」（動機邪惡，負面說）。

九、「善用人者為之下」並非如任繼愈所說「善用仁者，對下謙虛」，也非如陳鼓應所說「善於用人的，對人謙下」，而是「善用人的人是因為他把對方看得比自己重要」。

版本差異比較

王弼	善勝敵者不與	是謂用人之力	是謂配天古之極
河上公	善勝敵者不與	是謂用人之力	是謂配天，古之極
樓觀台	善勝敵者不與	是謂用人之力	是謂配天之極
傅奕	善勝敵者不爭	是謂用人之力	是謂配天古之極也
帛書	善勝敵者弗與	是謂用人	是謂天古之極也
本書主張	從王弼	從王弼	從樓觀台

說明：善勝敵者「不與」才是對的，「不爭」不對，原因是一部《老子》五千字，不爭不會一直重覆；其次，不爭固然也能說得通，但這裡講的是一個比不爭更具體的作法。

理解差異比較

善為士者不武	陳鼓應	善作將帥的，不逞勇武
	任繼愈	高明的「士」，不逞勇武
	明德	最高明的為政者，不用刑罰
善勝敵者不與	陳鼓應	善於戰勝敵人的，不用對鬥
	任繼愈	善勝敵者，不被敵人纏住

	明德	最高明的勝敵方式就是不用接觸就贏了對方
不爭之德	陳鼓應	不爭的品德
	任繼愈	這叫做不爭的「德」
	明德	不用搶就能得到
用人之力	陳鼓應	善於用人
	任繼愈	四兩撥千斤
	明德	發揮人的才能

他版譯文

一、任繼愈：「高明的『士』，不逞勇武；善戰的人，不靠忿怒；善勝敵者，不被敵人纏住；善用人者，對下謙虛。這叫做不爭的『德』，這叫做四兩撥千斤，這就是與天道配合，從來就有的準則。」

二、陳鼓應：「善作將帥的，不逞勇武；善於作戰的，不輕易激怒；善於戰勝敵人的，不用對鬥；善於用人的，對人謙下。這叫做不爭的品德，這叫做善於用人，這叫做合於天道，這是自古以來最高的準則。」

《老子原意》

第六十九章

用兵有言：「吾不敢為主而為客；不敢進寸而退尺。」是謂行無行、攘無臂、執無兵，乃無敵矣；禍莫大於無適，無適幾亡吾寶矣。故稱兵相若，則哀者勝矣。

語譯

　　關於打仗有這麼一句話：「我不敢主動攻擊，而是被動應戰；我不敢向前一寸，而是退後一尺。」〔那麼，這句話是什麼意思呢？〕這句話就是說，打仗要出其不意、神出鬼沒；不用軍事，敵人就失敗了；平時就要準備作戰，能夠做到以上三個條件，就可以無敵了。在所有的災難中，沒有比不知道誰是敵人所導致的災難更大的了。因為弄不清楚誰是敵人，我的寶貝必然要失去。當兩軍實力相當，那麼，能夠因悲憤而同仇敵愾的一方就會勝利。

字義

　　用兵：打仗。
　　吾不敢為主而為客：主，主動發起攻擊；客，被迫接受挑戰。
　　是謂：這句話是說。是，此也；謂，說、意義也。
　　行無行：走在沒有人走過的路上，因此行無行就是神出鬼沒、出其不意。第一個行，讀音形，行走；第二個行，讀音航，道路。按《說文》：「行，道也。」《詩‧小雅‧小弁》：「行有死人。」
　　攘無臂：不用胳膊使力就能把敵人除掉或阻擋在外，指不用武力就能使對方失敗。攘，排除、卻退、除掉。無臂，不用胳膊，意指不用對壘。臂，胳膊。
　　執無兵：在沒有戰事的時候，就要做好有戰事的準備，進行操持演練。執，操持、執行。無兵，沒有戰事。
　　禍莫大於無適：禍，災難；無適，沒有目標，準確的說是沒有正確的

目標,也就是把敵人誤認為朋友。適:走向目的地。

無適幾亡吾寶:幾,按《韻會》云「機祈二音,是也」,即必然也;寶,最珍貴的東西、存在的意義,這裡是指王位或生命或精神。

稱兵相若:雙方投入的兵力相差不多。稱,舉。兵,兵力。相,互相。若,像。

哀:悲憤激昂、受欺侮而奮起抵抗。

明德說

一、行無行的最有名的例子就是三國末期,魏滅蜀之戰中,偷渡陰平,逼使蜀帝劉禪投降,建立滅蜀奇功的魏國名將鄧艾。他挑選精銳,從陰平小路進入山高谷深無人之地,最終帶領奇兵出現在江油,蜀國由此崩潰。

二、悲憤其實是一股強大的力量,可以讓人變得非常勇敢。田單復國的例子當中,有一段就是田單利用一些手段:割鼻子、挖祖墳來激發齊國人對燕國軍隊的悲憤心情,使齊國人抱著必死決心,最終戰勝了燕國軍隊。為了使齊人痛恨燕軍,田單派出間諜,到燕軍陣營散佈謠言:齊國人最怕鼻子被割以及祖先的墳墓被挖,以這兩種懲罰來威脅,即墨城中的軍民一定會毫無鬥志,開城投降。燕軍聽了這個消息,馬上下令把投降的齊人的鼻子全部割掉,推到最前線;並把城外齊人的祖墳一一挖開,屍體骨骸,暴露在四處。燕軍的暴行不但不能產生鎮懾作用,反而激起即墨軍民同仇敵愾的心理,個個咬牙切齒,都想出去和燕軍拼個你死我活,殺敵的意志沸騰到了極點。

三、何謂敵?可以有兩種解釋,一種是指自己的缺點,另一種則是意圖傷害或毀滅我們的個人、組織或民族或政權,包括「自己人」,也就是內賊。

四、誰是我們的敵人:首先是毀壞孔老之學的人;其次是偽裝成我們的朋友的外族人;其三是企圖傷害我們的身體、剝奪我們的財產、自由和生命的人。

五、一個很有趣的現象,臂在本章中意指武力,而臂的英文、德文是同一個字 arm 、der Arm,而 arm、 die Armee 同時也有武器、軍隊的意思,

可見，不同語言對同一個概念使用了同一種描述方式。這當然是可以理解的，因為即使到現在，在不使用武器的情況之下，人類還是用胳膊在打架、比胳膊的力氣。

六、幾亡吾寶的「寶」，王弼、任繼愈、陳鼓應等人將之理解為「三寶」，也就是本書第六十七章所說的「慈、儉、不敢為天下先」，我以為，彼等這樣的理解是錯的。蓋如果原文是「輕敵幾喪吾寶」，則輕敵會讓一個人失去慈、儉、不敢為天下先，這在邏輯上是說不通的。而如果原文是「無適幾亡吾寶」，則誤認目標會使人失去「慈、儉、不敢為天下先」，這樣的說法也不通。因此，「寶」無論如何，不會解釋成「三寶」，而應解釋成「寶貝」，也就是自己最珍愛的東西。這裡當指江山、生命、信仰這類最珍貴的東西。

七、老聖人提出「攘無臂」的主張，因此，攘無臂是最高的戰略，簡單的說，一個人被殺了，人們還以為是被他的「敵人」殺了，其實，是被他的「朋友」殺了，這才是最可怕的，這也是為什麼我會主張老聖人的原文是「禍莫大于無適」，而非「禍莫大於輕敵」。這裡透露一下天機，人類最大的悲劇，不在於貧富不均，而在於「禍莫大於無適」，這種情形出現在全世界幾乎任何一個國家裡。

八、無適幾亡吾寶的最好例子，就是蔣介石身邊的紅人郭汝瑰，竟然是中共的間諜，如此，蔣介石如何能不敗？所以，蔣介石「亡其寶」，失去了他的江山，也就是「幾」了。

九、歷來，「幾亡吾寶」的「幾」都理解為「幾乎」，沒有人對此有過懷疑。但我認為，「幾」不能理解為「幾乎」。原因是這樣理解就說不通。而應該理解為「必然」、「一定」。那麼，「幾」有沒有「必然」的意思？有的，根據黃公紹《古今韻會》一書的記載，「幾」有「是」的意思，而「是」表示肯定，因此，理解為「必然」是妥切的。而且，也唯有理解為「必然」之類，整句文意才能連貫。

十、如何能夠無敵於天下？老聖人告訴我們，要滿足三個條件：「行無行、攘無臂、執無兵」，即「打仗要出其不意、神出鬼沒；不用交鋒，敵人就失敗了；平時就要準備作戰」。

十一、歷來把「禍莫大於無適，無適幾亡吾寶」寫成「禍莫大於輕敵，輕敵幾喪吾寶」，如王弼，或者寫成「禍莫大於無敵，無敵幾喪吾寶」，如傅奕，不管是「無敵」或「輕敵」，理解起來都有問題，且意義不大、不夠深刻，不可能是老子的原意。而帛書甲本「无適斤亡吾葆矣」才是正確的原文。

版本差異比較

一、帛書甲本「禍莫大於無適，無適幾喪吾寶」，王弼版本「禍莫大於輕敵，輕敵幾喪吾寶」，我認為「無適」比輕敵更好，原因是禍莫大於不知敵，其次才是輕敵。無適就是不知敵，這才是最可怕的，例如發生於2019年十二月初的新冠肺炎就是在一開始不知道是從哪裡來的。

二、王弼本「行無行，攘無臂，扔無敵，執無兵」這一句話是否是老聖人的原文？我認為有兩個地方不是。第一個地方是順序的問題，即應該是「執無兵，扔無敵」，而非「扔無敵，執無兵」；第二個地方，「扔無敵」的「扔」是否是原文？我認為原文是「乃」，而非「扔」。針對第一個問題，張默生說 (1988:140)：「余按王弼注云：『猶行無行，攘無臂，執無兵，仍無敵也。』是王弼所據原文當如此。」張默生的分析是正確的，而且，證諸帛書，也證明了張默生的論點是對的。

三、就第二個問題來說，究竟是「扔無敵」，還是「乃無敵」？樓宇烈說 (2011:181)：「按『扔』字疑當作『乃』。長沙馬王堆三號漢墓出土帛書甲乙本經文均作『乃』。觀王弼注文說『言無有與之抗也』之意，正釋經文『乃無敵』之義。故似作『乃無敵』於義為長。作『扔』者，因經文『執無兵』三字誤在下（當在『攘無臂』下，『乃無敵』上），又因三十八章『則攘臂而扔之』句，不明其義者妄改也。三十八章『則攘臂而扔之』之『扔』字，長沙馬王堆三號漢墓出土帛書甲乙本經文亦均作『乃』，此『乃』字為『扔』之借字，而本章注『乃無敵』，當以『乃』本字用。」上述，樓宇烈之說已甚為清楚，因此，老子的原文確定是「乃無敵」，不會有錯。

四、考諸王弼、河上公、樓觀台都說是「輕敵幾喪吾寶」、傅奕本、

帛書乙本說是「無敵則幾亡吾寶」，唯獨帛書甲本說「無適幾亡吾寶」，哪個版本才是原文呢？究竟是「輕敵」、「無敵」還是「無適」呢？我們試想一下，哪一種情況最可能「喪吾寶」？輕敵，固然可能「喪吾寶」，但這是大家都明白的道理，毋須老子多此一言；至於「無敵」之說，就有前後矛盾之嫌。既然都無敵了，如何來「幾喪吾寶」？此外，不管是輕敵和無敵，都意味著有一個前提在，那就是知道誰是敵人，只要知道誰是敵人，那麼，問題都不大，都不至於「喪吾寶」，只有「無適」，也就是不知道誰是敵人，在這種情況之下，必然要「喪吾寶」。因此，以老聖人思想的深邃和究竟來看，原文必然是帛書甲本所說的「無適」，殆無疑義。說「輕敵」或「無敵」，都太一般了。

版本差異比較

王弼	行無行，攘無臂，扔無敵，執無兵	禍莫大於輕敵	輕敵幾喪吾寶	故抗兵相加
河上公	行無行，攘無臂，仍無敵，執無兵	禍莫大於輕敵	輕敵幾喪吾寶	故抗兵相加
傅奕	行無行，攘無臂，執無兵，仍無敵	禍莫大於無敵	無敵則幾亡吾寶	故抗兵相若
樓觀台	行無行。攘無臂。扔無敵。執無兵。	禍莫大於輕敵	輕敵幾喪吾寶	故抗兵相加
帛書甲本	行無行，攘無臂，執無兵，乃無敵矣	禍莫大於無適	無適幾亡吾寶矣	故稱兵相若
本書主張	從帛書	從帛書	從帛書	從帛書

理解差異比較

行無行	王弼	缺

	任繼愈	沒有陣勢可以擺
	陳鼓應	雖然有陣勢，卻像沒有陣勢可擺
	明德	打仗要出其不意
行無行的 第二個「行」	王弼	行，謂行陣
	任繼愈	陣勢
	陳鼓應	陣勢
	明德	道路
攘無臂	王弼	缺
	任繼愈	沒有胳膊可以舉
	陳鼓應	雖然要奮臂，卻像沒有臂膀可舉
	明德	不用出兵，敵人就失敗了
執無兵	王弼	缺
	任繼愈	沒有兵器可以執
	陳鼓應	雖然有兵器，卻像沒有兵器可持
	明德	平時就要準備作戰
幾亡吾寶	王弼	缺
	任繼愈	要喪失了我的「三寶」
	陳鼓應	幾乎喪失了我的「三寶」
	明德	必然要失去我最珍愛的東西
幾亡吾寶的 「幾」	王弼	缺
	任繼愈	不清楚
	陳鼓應	幾乎
	明德	必然
幾亡吾寶的 「寶」	王弼	三寶
	任繼愈	三寶
	陳鼓應	三寶

《老子原意》

哀者勝矣	明德	最珍愛的東西
	王弼	缺
	任繼愈	悲憤的一方必勝
	陳鼓應	慈悲的一方可以獲得勝利
	明德	能夠使人同仇敵愾的一方獲勝

他版譯文

一、陳鼓應：「用兵的曾說：『我不敢進犯，才採取守勢；不敢前進一寸，而要後退一尺。』這就是說：雖然有陣勢，卻像沒有陣勢可擺；雖然要奮臂，卻像沒有臂膀可舉；雖然面臨敵人，卻像沒有敵人可赴；雖然有兵器，卻像沒有兵器可持。禍患沒有比輕敵更大了，輕敵幾乎喪失了我的『三寶』。所以，兩軍相當的時候，慈悲的一方可以獲得勝利。」

二、任繼愈：「用兵的說得好：『我不敢取攻勢而取守勢，不敢前進一寸，寧可退一尺。』這就叫做沒有陣勢可以擺，沒有胳膊可以舉，沒有敵人可以對，沒有兵器可以執。為害莫大於輕敵人，輕敵要喪失了我的『三寶』。雙方軍力相當時，悲憤的一方必勝。」

第七十章

吾言甚易知也，甚易行也。而人莫之能知也，莫之能行也。言有君，事有宗。其唯無知也，是以不我知。知我者希，則我者貴。是以聖人被褐而懷玉。

語譯

　　我說的話很容易通曉，也很容易做到。但是，一般人卻無法理解我在說什麼，也做不了我所說的那些事情。我的主張能治理國家，所有事情的發生都有個源頭〔原因〕〔，不會平白無故發生〕。可能是他們不想吧，所以不能明白我在說什麼。〔如果能〕明白我的學說，就能灑脫；〔如果能〕照著我的學說去做，就能得到尊貴。所以，通達的人總是深藏不露。

字義

　　吾言甚易知：吾言，我的學說。言，學說、主張。知，通曉、明白。
　　甚易行：很容易做。行，實踐、做。
　　言有君：學說能治理國家，這裡的言指老子的學說。有，果也，確實也；君，發號施令，猶言治理國家。
　　事有宗：任何事情都有淵源。宗，淵源，即來龍去脈。
　　其唯無知也：恐怕是他們不想吧！其，表示揣測。知，《廣韻》欲也。《禮・樂記》好惡無節於內，知誘於外。欲者想也。也，同「耶」，表示測度。
　　是以不我知：所以不明白我。不我知，即不知我的倒裝，也就是無法理解我的學說。知，明白、理解、知道。
　　知我者希：通曉我的道理的人就能灑脫。按《玉篇・巾部》：「希，散也。」散也，瀟灑、灑脫，按《世說新語》：「王夫人神情散朗，故有林下風氣。」
　　則我者貴：則，效法。貴，高也、尊也。

聖人被褐而懷玉：通達的人深藏不露。聖人，通達的人。聖，無所不通。《說文‧耳部》：「聖，通也。」《書‧大禹謨》：「乃聖乃神，乃武乃文」；被褐懷玉，身穿粗布衣，內懷金寶玉，比喻深藏不露，別人看不出來。褐，粗布衣。而，卻是；懷，包藏。

明德說

一、任繼愈說 (2015:156)：「老子深為他曲高和寡感到苦悶。這是古今哲人常有的孤憤心情。……孔子一生遭遇也很不順利，被嘲笑、被圍攻。……這也算是古今哲人見識超前共同的苦悶。」任氏此說，有兩個地方不妥。其一，把老子、孔子視為哲人，那就太低估了，說他倆是哲人，沒問題，但更準確的說法是聖人。其二、老子、孔子作為聖人、得道之人，怎麼可能苦悶，一個還會苦悶的人，能稱之為聖人嗎？能通達嗎？不能。孔子即使窮於陳蔡之間，七日不火食，藜羹不糝，顏色甚憊，而猶弦歌於室，孔子反而認為，「陳蔡之隘，於丘其幸乎！」孔子哪裡有苦悶！

二、之所以讓任氏對老子有這樣的判斷，大概起於他對老子經文的錯誤解讀。第一種可能，他把「被褐懷玉」理解為不得志，就像蔣錫昌所理解的 (1937:423)「本章……此老子自嘆其道之不行也」，就像任繼愈對「是以聖人被褐懷玉」的翻譯，他說「因此，『聖人』〔不被理解〕，〔恰似〕粗衣罩在外，美玉揣懷中」，但老子的「被褐懷玉」沒有一點不得志的意含在裡面，而是要我們深藏不露；第二種可能，他把「知我者希，則我者貴」理解為「能理解我者稀少，能效法我者難逢」，這是錯誤的理解。由於任氏的錯誤理解，導致於他認為老子深為不被理解而苦惱。

三、如何理解老子的「被褐懷玉」呢？王弼註曰：「被褐者，同其塵，懷玉者，寶其真也。聖人之所以難知，以其同塵而不殊，懷玉而不渝，故難知而為貴也。」王弼的理解是錯的，被褐懷玉不涉及「同塵」，而是要我們要有懷玉的本事，卻不露鋒芒，如此，才能灑脫、尊貴。

四、至今為止，我所看到的所有註家都把「知我者希」的「希」，理解為「稀少」，這是不對的。原因是「知我者希」下面接著的是「則我者貴」，「則我者貴」是一個值得追求的內容，因此，「知我者希」也應該

是一個讓我們想要得到的一種東西。因此，我把「希」理解為灑脫、逍遙、自在。

五、老子本章的「聖人」不是指老子自己，也不是指有道之君，而是指任何一個通達的人。通達，難啊！誰能通？誰能達？誰能明白？

六、何謂「則我者貴」？任繼愈的理解是「能效法我者難逢」，那就意味著他把「貴」解釋為「難逢」；陳鼓應的理解是「取法我的就很難得了」，那就意味著他把「貴」解釋為「難得」；張默生的解釋是「效法我的人也就更少了」，換言之，張氏把「貴」理解為「少」。但他們的理解都是不對的，貴，不理解為少，而應該理解為尊貴，富貴也可以。老子所說的「知我者」，「則我者」，都在說明其好處，也就是「知我」、「則我」有什麼好處？那就是灑脫、尊貴。灑脫和尊貴有什麼矛盾嗎？一點矛盾都沒有，如果你真的懂老子、真的照老子的話去做。

七、古往今來，誤解老子的人很多，朱熹算是其中誤解最嚴重的一個。《朱子語類・老氏》一卷共七十四則，其中有二十餘則，明確的批評老子。朱熹說 (1986 文津:3009) 老氏：「道家修養只是為己，獨自一身便了，更不管別人，便是楊氏為我之學。」此說偏矣。事實上，老子最反對自私，他主張無私，老子說「吾所以有大患者，爲吾有身，及吾無身，吾有何患」，這裡的無身，就是無我。朱熹還說 (1986:3520)：「知我者希，則我者貴」，此異端自私之見。看來，朱子不只把《論語》讀歪了（這一部份，請參考我的另一本書《讀懂論語就能成功》），《老子》讀得更歪。真不知道老子這一句「知我者希，則我者貴」，怎麼就能說成是「異端自私之見」？毫無可能。由於篇幅的關係，本書不在這裡對朱熹的誤解做過多的澄清。

八、老聖人自己做了一個結論，他說「吾言甚易知也，甚易行也。而人莫之能知也，莫之能行也」，這顯然是一個矛盾的現象。既然老子自己說，他的學說很容易明白，也很容易做到，為什麼反而沒人能明白、沒人能做到呢？在回答這個問題之前，我們有必要先對「知」這個概念做一個澄清。這裡的「知」，不是一般的我知道某個政治人物、明星的「知」，也不是一知半解的知，而是莊子所說的「心徹為知」的「知」，同時也是王聖人陽明「知行是一」的「知」，因此，「知」這個要求可高了，一般

人顯然是不可能達到的。所以,老聖人才說「而人莫之能知也,莫之能行也」。接下來,我來回答為什麼他的學說很容易明白,也很容易做到,卻沒人能明白、沒人能做到?原因是我們生生世世以來的習氣,也就是執著一些錯誤的觀念,所以,無論如何是不能理解老聖人所說的。因為老聖人所說的,跟我們一般人的想法/做法是完全相反的,例如他要我們「無身」、「不自生」、「後其身」、「外其身」、「無私」、「為人」、「與人」、「受國之垢」、「受國不祥」……我們能做到嗎?不能。當我們做不到的時候,那就代表我們不知老子的學說。就這麼簡單。

理解差異比較

其唯無知也	任繼愈	由於人們的無知
	陳鼓應	正由於不了解這個道理
	沈善增	但因為沒有智慧
	明德	恐怕是他們不想吧!
知我者希	任繼愈	能理解我者稀少
	陳鼓應	了解我的人越少
	沈善增	有智慧的稀少
	明德	通曉我的道理的人就能灑脫
則我者貴	任繼愈	能效法我者難逢
	陳鼓應	取法我的就很難得了
	沈善增	那樣我就更有價值了
	明德	照著我的學說去做,就能得到尊貴
聖人被褐懷玉	任繼愈	「聖人」〔不被理解〕,〔恰似〕粗衣罩在外,美玉揣懷中
	陳鼓應	有道的聖人穿著粗衣而內懷美玉
	沈善增	有道之君就像穿著粗織麻衣而懷藏寶玉的人
	明德	通達的人深藏不露

版本差異比較

王弼	言有宗，事有君	夫唯無知	是以聖人被褐懷玉
河上公	言有宗，事有君	夫惟無知	是以聖人被褐懷玉
傅奕	言有宗，事有主	夫惟無知	是以聖人被褐而懷玉
帛書甲本	言有君，事有宗	其唯無知也	是以聖人被褐而懷玉
本書主張	採帛書甲本	採帛書甲本	採帛書甲本、傅奕本

他版譯文

　　一、陳鼓應：「我的話很容易了解，很容易實行。大家卻不能明白，不能實行。言論有主旨，行事有根據，正由於不了解這個道理，所以不了解我。了解我的人越少，取法我的就很難得了。因而有道的聖人穿著粗衣而內懷美玉。」

　　二、任繼愈：「我的話很容易理解，很容易實行。全國竟沒有人能理解，竟沒有人能實行！議論要有綱領，做事要分主從。由於人們的無知，彼此難以溝通。能理解我者稀少，能效法我者難逢。因此，『聖人』〔不被理解〕，〔恰似〕粗衣罩在外，美玉揣懷中。」

《老子原意》

第七十一章

知不知，尚矣。不知不知，病矣。是以聖人之不病，以其病病也，是以不病。

語譯

　　知道自己無知，才是聰明人。不知道自己無知，〔還以為自己什麼事情都知道〕，那就有禍害了。聖人之所以沒有禍患，就是因為他把他的無知當病來治療，因此，就沒有禍患。

字義

　　知不知：第一個知，知道、明白。不知，即無知，指自己的無知。
　　尚：同「上」，在這裡「上」意指對的、聰明的、高明的、最好的。
　　不知不知：不明白自己無知，也就是以為自己什麼事情都知道。第一個不知，不知道、不明白。第二個不知，無知。
　　不知不知，病矣的病：憂慮，即麻煩、災難、禍害。
　　聖人之不病：聖人沒有禍害。
　　病病：第一個病，動詞，治療；第二個病，名詞，毛病，也就是無知的毛病。
　　是以：第一個「是以」，為什麼。第二個「是以」，所以。

明德說

　　一、本章在告訴我們，一般人都有無知的毛病，然而，更大的毛病卻是以為自己什麼都知道，相信自己最行，不知道天高地厚，這是所有魔鬼共有的特徵。
　　二、如何可以不病？虛心，真的虛心，很虛心、很虛心。
　　三、先來解釋字義。上段「知不知，尚」應該問題不大，知道自己不知道，才是「尚」，才是好的、正確的、最好的。但是，我們一般人卻不

知道自己不知道,而「自以為知道」或「裝得很知道」,於是,老子對我們這些人就說,「病」,是缺點,我們有這個缺點,即不知不知之病。宇宙之浩瀚、人心之微妙、因緣之複雜,我們確實不知道。那麼,老子怎麼對治我們這些凡夫的宿疾呢?老子說:「夫唯病病,是以不病。」只有時時意識到自己的無知,進而解決無知,這樣子,才不會犯錯。

四、「以其病病」,陳鼓應將之理解為「因為他把缺點當作缺點」,他的這種說法實在費解,不知所云。此外,他把兩個「病」都理解成「缺點」,而事實上,「病病」的第一個「病」是動詞,治療義,第二個「病」才是名詞,實指「無知」。因此,將整句話理解為「因為他把他的無知當病來治療」即可。換言之,聖人之所以是聖人,是因為他知道自己的無知,而凡人之所以是凡人,就是不知道自己無知。

版本差異比較

王弼	知不知,上	不知知,病	夫唯病病	是以不病
河上公	知不知上	不知知病	夫唯病病	是以不病
傅奕	知不知,尚矣	不知知,病矣	夫唯病病	是以不病
帛書	知不知,尚矣	不知不知,病矣	缺	缺
本書主張	從帛書	從帛書	從帛書	從帛書

王弼	聖人不病	以其病病	是以不病
河上公	聖人不病	以其病病	是以不病
傅奕	聖人之不病	以其病病	是以不吾病
帛書	是以聖人之不病	以其病病也	是以不病
本書主張	從帛書	從帛書	從帛書

說明:一、帛書甲本沒有其他版本的「夫唯病病,是以不病」一句,本書從帛書。

二、本章第二句,王弼等版本都寫「不知知,病」,而帛書寫「不知不知,病矣」,本書從帛書。

三、本書所說的帛書是指帛書甲本之原文，而非勘校復原本。蓋勘校者不必然正確。

他版譯文

一、陳鼓應：「知道自己有所不知道，最好；不知道卻自以為知道，這是缺點。有道的人沒有缺點，因為他把缺點當作缺點。正因為他把缺點當作缺點，所以他是沒有缺點的。」

二、任繼愈：「知道自己無知，最好，無知而自以為有知，就是病，能把這種〔無知自以為有知〕的病當作病，所以不病。聖人〔之所以〕不病，因為他把這種〔無知以為有知〕病當作病〔對待〕，所以他不病。」

《老子原意》

第七十二章

民不畏畏,則大畏將至矣。無狎其所居,無厭其所生。夫唯不厭,是以不厭。是以聖人自知不自見;自愛不自貴。故去彼取此。

語譯

　　一旦到了人民不害怕統治者的威脅的時候,那麼,就意謂著統治者的政權快被推翻了。不要輕視讓人民能夠心安的東西、不要壓制人民的生存空間。只有在統治者不壓迫人民的情況下,人民才不會討厭統治者。為此,聖明的統治者要能知道自己的無知、不好大喜功;對自己的生活非常節儉,不把自己看得比臣民高貴。因此,聖明的統治者不好大喜功,也不看不起臣民;能知道自己的無知、生活非常簡約。

字義

　　民不畏畏:人民不再害怕統治者的威脅。第一個「畏」,害怕;第二個「畏」,通「威」,威脅、虐害。
　　則大畏將至矣:則,表因果關係,可以翻譯為「就會」;大畏,最害怕的事情。這裡指政權被推翻,統治者性命不保。
　　無狎其所居:不要輕慢了讓人民心安的東西,也就是想辦法讓人民能夠安心。狎,輕慢也。居,安也。
　　無厭其所生:厭,同「壓」,讀音押,壓制、抑制。所生,賴以維生。
　　無狎其所居,無厭其所生:用今天的話就是讓人民能夠安居樂業。
　　夫唯不厭,是以不厭:只有不壓迫,人民才不會厭惡統治者。夫唯,只有;第一個「厭」,音義同「壓」,壓迫;第二個「厭」,讀音「燕」,厭惡。
　　聖人:聖明的統治者。
　　自知不自見:知道自己的無知,而不好大喜功。自知,知道自己的無

知;自見,即自現,喜歡表現自己給臣民看,希望得到臣民的讚賞,意指統治者好大喜功。

自愛不自貴:生活很節儉,不把自己看得比臣民高貴。愛,捨不得、吝惜,按《孟子‧梁惠王上》:「齊國雖褊小,吾何愛一牛。」貴,優越。

去彼取此:去的是「自見」、「自貴」,取的是「自知」、「自愛」。

明德說

一、本章都是在講統治者的問題,因此,所有文字都與統治者有關,而非指向一般人。因此,自知,不能說是自知之明,而應該說「知道自己的無知」,一來是承接上一章「知不知,尚矣」的精神;二來是因為「自知(知道自己的無知)」是後文「自現」的相反詞,就如同「自愛」是「自貴」的相反詞。

二、「自愛」不能不解釋,就只說「自愛」,或「珍愛自己的生命」,這樣的解釋都是不對的。「自愛」的「愛」要解釋成吝惜,因此,自愛就是對自己很吝嗇,也就是生活非常節儉,而非酒池肉林。

三、本章旨在規勸統治者並指出絕大部份統治者的毛病:不知道自己的無知、好大喜功、奢華成風、輕視臣民。

四、劉笑敢提到 (2006:687- 688):「本章說『聖人自知不自見;自愛不自貴也』就清楚地說明老子一方面強調個體之尊嚴與自主,另一方面也強調對個體自我的規約。『自知』、『自愛』是強調主體性與個人尊嚴的一面;『不自見』、『不自貴』則是強調個人自我修養,自我約束的一面。只有把這兩方面結合起來,整體的自然的秩序才能實現,才有保障。」從劉氏這一段話足可判斷,劉氏對老子本章的中心思想走偏了。本章無關個人尊嚴什麼的,而是只討論統治者該怎麼做。

理解差異比較

夫唯不厭,是以不厭	陳鼓應	只有不壓榨人民,人民才不厭惡〔統治者〕
	任繼愈	只有〔對百姓〕不壓迫,〔百姓〕才會不感到壓迫

	明德	只有不壓迫人民，人民才不會厭惡統治者
自知不自見	陳鼓應	有道的人但求自知而不自我表揚
	任繼愈	但求自知，而不自求表現
	明德	聖明的統治者要能知道自己的無知、不好大喜功
自愛不自貴	陳鼓應	但求自愛而不顯高貴
	任繼愈	但求自愛，而不自居高貴
	明德	對自己的生活非常節儉，不把自己看得比臣民高貴

他版譯文

一、任繼愈：「百姓不怕〔統治者的〕威力的時候，那麼更可怕的事就要發生了。不要逼迫得百姓不得安居，不要阻塞百姓謀生的道路。只有〔對百姓〕不壓迫，〔百姓〕才會不感到壓迫。因此，聖人但求自知，而不自求表現，但求自愛，而不自居高貴。所以要捨棄後者（自見、自貴）而保持前者（自知、自愛）。」

二、陳鼓應：「人民不畏懼統治者的威壓，則更大的禍亂就要發生了。不要逼迫人民的居處，不要壓榨人民的生活。只有不壓榨人民，人民才不厭惡〔統治者〕。因此，有道的人但求自知而不自我表揚；但求自愛而不顯高貴。所以捨去後者而取前者。」

《老子原意》

第七十三章

勇於敢則殺，勇於不敢則活。此兩者，或利或害。天之所惡，孰知其故？是以聖人猶難之。
天之道，不爭而善勝，不言而善應，不召而自來，繟然而善謀。
天網恢恢，疏而不失。

語譯

　　什麼事情都敢做，就會惹來殺身之禍；能夠忍受無理的對待，就可以活下來。同樣是勇敢，其結局可能好，但也可能不好。老天爺不喜歡誰？誰能知道箇中的道理呢？因此，連聖人都難以抉擇。

　　天底下最高明的做法是：不用搶，就能贏得漂亮；不用說，就能讓人樂於接受；不用到處召喚，適合的人就會自己前來；雖然寬厚，卻善於謀劃。因果報應就像天那麼大的一張網，其網眼雖大，卻不會有任何遺漏。

字義

　　勇於敢則殺：敢，有膽量，不畏懼。則，表示因果關係，猶言就、便。殺，同死。《孟子》：「凶年不能殺。」

　　猶難之：在兩者之間做取捨，即使是聖人都很困難。「之」：代「此兩者」，也就是勇於敢與勇於不敢。猶，尚且、即使、連。

　　天之道：最高明的做法。天，第一也。道，做法。

　　不爭而善勝：不用搶就贏了，而且，贏得很漂亮。善勝，即勝善。善者美也。

　　不言而善應：應，接受。

　　召：呼喚、召集、邀請。

　　繟然而善謀：繟，讀音「產」，寬厚。

　　天網恢恢：天網，像天那麼大的一張網；網，捕魚鱉鳥獸的工具；恢恢，寬闊廣大。

疏而不失：短期內或許看不到報應，但終究會有報應。疏，網眼大，猶言不會立即看到報應。

明德說

一、此兩者或利或害：勇於敢的人，可能引來殺身之禍；勇於不敢的人，則可能因此活下來。那麼，人到底是要勇於敢或勇於不敢呢？老子說，不一定。勇於敢雖然可能遭來殺身之禍，但不能因為會遭來殺身之禍就不勇敢；相反的，勇於不敢雖然可以活下來，但是，活下來就一定好嗎？如果活下來沒有意義，那麼，為什麼要活下來。正因為要勇於敢或勇於不敢的利弊得失很難衡量，因此，老子說，即使是聖人要在兩者之間進行取捨都感到為難。

二、雖然老聖人說「勇於敢則殺，勇於不敢則活」，但在我看來，勇於敢不一定被殺；勇於不敢也不保證能活。在我看來，重點不是死活，而是死得有意義，活得有意義，我寧死節操，也不活富貴。

三、任繼愈說 (2015:161)：「這一章闡明貴柔雌的思想。老子認為一切都是自然安排好的，人只能隨順自然，不要去爭什麼，也不要說什麼，這樣不會吃虧。有所作為倒是會招來不利的後果。」任氏對本章有嚴重的誤解。老子從來沒有說「一切都是自然安排好的，人只能隨順自然」，這是胡說，也與本章旨意無任何關係。這一章就講一個東西——「天網恢恢，疏而不失」，也就是報應、也就是因果。然而，由於因果鍊非常之長，以至於現世報不是經常能看到，導致於很多人不相信因果，只相信上帝；有人只相信陰謀詭計，那就是魔鬼了。

四、何謂「善勝」？贏得很漂亮。怎麼樣可以說是贏得很漂亮？連你的對手都心服口服，甘拜下風，這不是很漂亮嗎？什麼叫贏得不漂亮？贏得面紅耳赤、贏得很慘烈、贏得不光彩、贏得提心吊膽。

版本差異比較

王弼	繟然而善謀	是以聖人猶難之
河上公	墠然而善謀	是以聖人猶難之

《老子原意》

傅奕	默然而善謀	是以聖人猶難之
帛書甲本勘校復原版本	坦而善謀	缺
本書主張	從王弼	從王弼

說明：張默生說：「『繟』字，魏源說，河上本作『墠』，梁武作『坦』。繟、墠、坦，三字通用。」

理解差異比較

不言而善應	任繼愈	不說而善於回應
	陳鼓應	不說話而善於回應
	明德	不用說，就能讓人樂於接受
繟然而善謀	任繼愈	謀畫遲緩而周密
	陳鼓應	寬緩而善於籌策
	明德	雖然寬厚，卻善於謀劃

他版譯文

一、陳鼓應：「勇於堅強就會死，勇於柔弱就可活。這兩種勇的結果，有的得利，有的遭害。天道所厭惡的，誰知道是什麼原故呢？自然的規律，是不爭攘而善於得勝，不說話而善於回應，不召喚而自動來到，寬緩而善於籌策。自然的範圍廣大無邊，稀疏而不會有一點漏失。」

二、任繼愈：「勇敢到一切不怕，是找死。勇敢到有所不敢，就有活路。這兩種勇敢的結果，有的得利，有的受害。天所厭惡的，誰知道它的原故？連聖人也難說得明白。天的『道』，不爭而善於獲勝，不說而善於回應，不召而自動到來，謀畫遲緩而周密。天網廣大，網孔稀疏，卻沒有漏網者。」

第七十四章

民不畏死,奈何以死懼之。若使民常畏死,而為奇者,吾得執而殺之,孰敢。常有司殺者殺。夫代司殺者殺,是謂代大匠斲。夫代大匠斲者,希有不傷其手矣。

語譯

　　有人不怕死,統治者卻以殺他們來威脅他們,那有什麼用呢?

　　假設有人怕死,還偏要做壞事,那麼,我會把他們抓了,讓他們受到懲罰,這樣,還有誰敢做壞事?

　　死刑這個事情,就交由法律、司法部門就可以。如果統治者代替司法部門審判罪嫌,那就是所謂的外行人代替專業木工砍木頭,其結果很少會有不砍到自己的手的!

字義

　　而為奇者,吾得執而殺之:奇,非法行為。得,能、能夠;執、拘捕、捉拿。按《詩經・大雅・常武》:「鋪敦淮濆,仍執醜虜。」殺,猶言受到懲罰。

　　常有司殺者殺:死刑這件事,就交由法律、司法部門即可。常,法律,按《國語・越語下》:「因陰陽之恒,順天地之常。」有,表示所屬,猶言歸誰管;司殺者,掌握生殺之權的人,這裡不是指統治者,而是指司法部門。殺,指死刑。

　　大匠:非常專業的木工。大,超過一般的、厲害的;匠,木工。

　　斲:讀音「茁」,削、砍木頭。

　　不傷其手:不傷到他自己的手,指在司法案件的錯判或不公正,因而遭受到的懲罰。

《老子原意》

明德說

一、老子說，統治者不應該以死來恐嚇人民，因為對於那些不怕死的人來說是沒有用的。但是，老子也主張刑罰是必要的，因為一個國家裡面一定會有「常畏死而為奇者」，對於這一群人，則一定要用刑罰來給予威嚇。換言之，刑罰不是用來威嚇那些不怕死的人。

二、對於那些怕死還敢做壞事的人，那就交由專業的司法部門來審判即可，統治者不應介入。由此可以看出，老子是世界上第一個主張司法專業化的人（大匠代表專業），而且，老子還是世界上第一個主張統治者不應該介入審判的人。老子還是世界上第一個強調專業重要性以及職能分工必要性的人，這是為什麼他會說「始制有名」，也就不足為奇了。

三、劉笑敢說 (2006:698-699)：「儒家與道家一個根本性的分歧。儒家重個人的修養和行為，理解、思考問題時常常從個人的責任和品德出發；道家則更多從全局、效果出發，而不把對個人的道德評價放在第一位。」劉氏的上述理解是對孔聖人與老聖人的誤解，其實，孔聖人與老聖人並沒有分歧，只是他們強調的地方不同而已，而非有什麼根本的分歧。說「儒家只重視個人修養和行為，常常從個人的責任和品德出發」，少從全局和效果出發，這當然是不對的，例如孔聖人很在乎的禮的制定，難道是從個人的品德和責任出發，能置全體於不顧嗎？能不考慮效果嗎？當然不可能。再說劉氏對老子的誤解。老子難道不考慮個人的責任和品德？當然不可能，老子所說的「樸」、「不爭」、「絕學」、「少私寡慾」、「貴食母」、「知足」、「知止」、「自是者不彰、自伐者無功、自矜者不長」、「為而不有、功成而弗居」、「執左契而不責於人」、「為人」、「與人」……哪裡不是個人的責任與品德？

四、陳鼓應把「司殺者」理解為「天道」，非也，司殺者，指司法部門。

版本差異比較

| 王弼 | 民不畏死，奈何以死懼之 | 若使民常畏死，而為奇者，吾得 | 缺 |

		執而殺之，孰敢	
帛書未經校勘	若民恆且不畏死，奈何以殺懼之也？	若民恆是死，則而為者，吾將得而殺之。夫孰敢矣？	若民恆且必畏死，
甲本經過勘校	若民恆且不畏死，奈何以殺懼之也？	若民恆且畏死，而為奇者，吾得而殺之。夫孰敢矣？	若民恆且必畏死，
本書主張	從王弼	從王弼	從王弼

王弼	常有司殺者殺	夫代司殺者殺，是謂代大匠斲	夫代大匠斲者，希有不傷其手矣
帛書未經校勘	則恆有司殺者	夫代司殺者殺，是代大匠斲也	夫代大匠斲者，則希不傷其手矣
甲本經過勘校	則恆有司殺者	夫代司殺者殺，是代大匠斲也	夫代大匠斲者，則希不傷其手矣
本書主張	從王弼	從王弼	從王弼

說明：劉笑敢說 (2006:696-697)：「『若民恆且必畏死，則恆有司殺者』，謂民有犯罪以律必死者，則常由有司治之。甲、乙本經文『不畏死』、『畏死』與『必畏死』三層意義條理分明，足證《老子》原本當如帛書有『必畏死』一句，世傳今本將此句脫漏，使上下經文脫節，晦澀難解，顯必有誤，均當據帛書甲、乙本補正。」對於劉氏之說，鄙人不敢苟同。首先，劉氏說「不畏死」、「畏死」、「必畏死」三層意義條理分明，恕我愚鈍，「畏死」與「必畏死」之間真的有明顯的區別嗎？怕死，這種表述我們可以理解，但什麼叫「一定怕死」？有這種說法嗎？其次，劉氏以及一些學者之所以認為在「常有司殺者殺」之前，「孰敢」之後應該有脫漏，是因為他們把「常有司殺者殺」理解為如陳鼓應、任繼愈所說的「經常有專管殺人的去殺」，在這種理解之下，自然會出現文字脫節的問題。但是當我們把「常有司殺者殺」理解為「死刑，就交由法律、司法部門即可」，

這樣，就不會有所謂文字脫節的問題了。

理解差異比較

司殺者	陳鼓應、張默生	指天道
	任繼愈	專業司法人員
	明德	專業的司法部門

他版譯文

一、任繼愈：「百姓不怕死，為什麼用死來嚇唬他們？如果百姓果真怕死，對那些搗亂的人，我把他們抓來殺掉，誰還敢再搗亂？經常有專管殺人的去殺。取代專業司法人員管刑法，正如同代替專業建築師砍建房的木材。代替專業建築師（木匠）砍木材，很少不砍傷自己的手的啦。」

二、陳鼓應：「人民不畏懼死亡，為什麼用死亡來恐嚇他？如果使人民真的畏懼死亡，對於為邪作惡的人，我們就可以把他抓來殺掉，誰還敢為非作歹？經常有專管殺人的去執行殺的任務。那代替專管殺人的去執行殺的任務，這就如同代替木匠去砍木頭一樣。那代替木匠砍木頭，很少有不砍傷自己的手的。」

第七十五章

民之飢,以其上食稅之多,是以飢。民之難治,以其上之有為,是以難治。民之輕死,以其上求生之厚,是以輕死。夫唯無以生為者,是賢貴生。

語譯

　　人民之所以飢餓,是因為統治者索取的稅費太多,因此,人民只能餓肚子。人民之所以難以治理,是因為統治者處處主宰,因此,人民才難以治理。人民之所以鋌而走險,是因為統治者四處搜刮,逼得人民只好鋌而走險。只有〔統治者〕不考慮自己的享受,才是真正的珍愛自己。

字義

　　以其上之有為:以,因為;上,統治者;有為,自以為是,處處主宰。為,主宰。
　　輕死:輕視死亡、不把死放在眼裡,即鋌而走險。輕,輕視、不在乎。
　　求生之厚:生活上所需要的非常多。求,需要。生,生活。厚,多也。
　　夫唯無以生為者,是賢貴生:只有(統治者)不為了滿足一己的欲望去治理國家,才是真正的珍愛自己。夫唯,只有、唯獨。無,否定詞;以,因為;第一個生與第二個生,都是指統治者自己的生命;為,作為;賢,會精打細算,猶言「真正的」。貴生,珍視自己。貴,珍視。

明德說

　　一、民之飢的「飢」,飢餓,是一種長期、普遍的存在,而非天災或戰亂之後所造成的荒年,雖然也包括,但不侷限於。例如北韓、一些非洲國家。
　　二、「貴生」並非如陳鼓應、任繼愈所說是「厚養生命」,而是「珍視自己」。而「珍視自己」(即貴生)的表現不是錦衣玉食、前呼後擁、作

威作福、三千佳麗，不是這些，反而是「善下之」、「無為」、「無事」、「無欲」、「受國之垢」、「受國不祥」等等這些。

　　三、本章全部都是在指責統治者的不是，包括：苛捐雜稅、處處干預、奢侈浪費、好大喜功。並善意的給統治者建議，如果統治者想要真正的對自己好，那就是不要想到自己，就想到人民。

　　四、本章對統治者求生之厚的描寫，其相反詞就是第七十二章的「自愛不自貴」。

　　五、「夫唯無以生為者」一句，是省略了「上」，不省略的話是「夫唯上無以生為者」，是賢貴生。

　　六、劉孝敢 (2006:707)：「本章明確提出『百姓之不治也，以其上之有以為也，是以不治』（帛書本），認為在上位的人所求、所做太多，所以天下不太平，這都是隱含了一種君主應當無為的思想。這裡說『隱含』是因為《老子》本文從來沒有明確提出君主無為的命題，而聖人只是理想的社會治理者，並不等於現實的君主，所以，我們可以說《老子》中隱含著君主無為的思想，而不應該說《老子》明確提出過君主無為的理論，也不應該將《老子》的無為理論歸結為『君主無為』。」劉氏的這一整段話至少有兩個問題，其一，老子確實明確主張君主無為，而非「隱含」。其次，老子之所以用「聖人」一詞，是在提醒任何一個在位的君主，同樣是君主，聖明的君主會怎麼做，而自以為聰明的傻瓜君主會怎麼做。「食稅之多」、「上之有為」、「求生之厚」都是老子眼裡的「傻瓜君主」，都不是「賢貴生」。

　　七、「以其上食稅之多、以其上之有為、以其上求生之厚」，這三句的「上」固然是統治者，但是，是指真正的統治者，而非傀儡的統治者，例如滿清末年，慈禧太后是真正的統治者，而光緒皇帝雖有統治者之名，而無統治者之實；同樣的情形，蘇聯存仕的時候，東歐各國的實際統治者並非這些國家的總書記，而是蘇聯的總書記；同樣的，現在很多民主國家的政府，真正的統治者，並非台上的總統或總理，而是隱身幕後的那一群人，這就是老子說的攘無臂，也就是我說的傀儡政治。傀儡政治是當代政治社會的突出現象，而絕大部份人並不明白。

八、任繼愈說 (2015:165):「先秦諸子中,只有老子對農民生活最關心,批評當時的統治者最激烈。孔孟學派也同情農民,他們勸告國君發善心、施仁政,為君主著想得多。」任氏此言差矣。孔子、老子都是得道的聖人,他們不可能偏愛農民、或偏愛統治者,而不愛商人、工匠;他們也不會偏愛自己的小孩,而不愛別人的小孩,他們是一視同仁的愛。

九、任繼愈說 (2015:165):「孔、孟、老、莊、申、韓,有一個共同的特點,就是希望天下統一,建立一個有秩序的社會。」任氏此言差矣。孔、老從沒說過,他們希望天下統一,也沒說過,要建立一個有秩序的社會。他們要建立的,與其說是秩序,不如說是自由。沒有自由的秩序,只不過是人間煉獄而已。

版本差異比較

王弼	民之饑	以其求生之厚	是賢於貴生
陳鼓應	民之饑	以其求生之厚	是賢於貴生
任繼愈	民之饑	以其上求生之厚也	是賢於貴生也
帛書	人之飢也	以其求生之厚也	是賢貴生
明德	從帛書,但寫成「民之飢」	以其上求生之厚	從帛書

說明:一、帛書寫「飢」,而非「饑」,蓋「饑」有饑荒、饑饉的意思,而「飢」指餓,兩字有別。二、任繼愈說 (2015:165 註②):「馬王堆甲、乙本作『人之饑也,以其取食稅之多也』」,任氏看走眼了,甲、乙本皆作「飢」而非「饑」。

理解差異比較

民之飢的「飢」	任繼愈	飢荒
	陳鼓應	饑饉
	明德	飢餓
夫唯無以生為者,是賢貴生	任繼愈	不看重厚於保養生命的人,比看重厚於保養生命的人要高明

	陳鼓應	只有清靜恬淡的人，才勝於奉養奢厚的人。
	明德	只有統治者不考慮自己的享受，才是真正的珍愛自己

他版譯文

一、陳鼓應：「人民所以饑饉，就是由於統治者吞吃稅賦太多，因此，陷於飢餓。人民所以難治，就是由於統治者強作妄為，因此，難以管治。人民所以輕死，就是由於統治者奉養奢厚，因此，輕於犯死。只有清靜恬淡的人，才勝於奉養奢厚的人。」

二、任繼愈：「人民之所以陷於飢荒，由於統治者租稅太重，才陷於飢荒。百姓之所以不服管理，是由於統治者喜歡有為，因而不服管理。百姓之所以敢犯法，是由於統治者只顧奢華享受，才逼得百姓鋌而走險。不看重厚於保養生命的人，比看重厚於保養生命的人要高明。」

第七十六章

人之生也柔弱，其死也堅強。草木之生也柔脆，其死也枯槁。故堅、強者死之徒也，柔、弱，生之徒也。兵強則不勝，木強則兵。強、大，居下；柔、弱，居上。

語譯

人剛出生的時候，全身柔軟；人在死亡之後，全身僵硬。草木剛發芽的時候，整株柔軟；草木死亡之後，整棵也就乾枯僵硬了。因此，僵硬、使用暴力的人，就會與死亡為伍；柔軟、覺得自己有所欠缺的人，就能活著；打仗的時候，一味強攻則無法戰勝，樹木的質地堅硬，就會遭到砍伐。因此，強硬、自大只會失敗；而柔和、自小反而能成功。

字義

人之生、草木之生的「生」：出生之時。

柔弱：柔，可曲可直；弱，力氣小。

堅、強：堅，僵硬；強，暴 (violent)。

徒：同一類的人。

木強則兵：強，堅硬。兵，名詞做動詞用，原本指武器，這裡的武器當指斧頭，即遭到砍伐，因為木材的質地堅硬、價值高。

兵強則不勝：兵，打仗；強，一味強硬、使用強力。

強、大，居下：強，強硬；大，自以為大。居，占。下，意指失敗。

柔、弱，居上：柔，柔和。弱，不足、略少，也就是覺得自己有所欠缺。上，意指成功。

明德說

一、「強大居下，柔弱居上」一句，陳鼓應將之解釋為「凡是強大的，反而居於下位，凡是柔脆的，反而佔在上面」、任繼愈將之解釋為「堅強

佔劣勢，柔弱佔優勢」，換言之，他們都把「強大」、「柔弱」當成一個概念，非也。「強大」其實是「強」和「大」兩個概念；同樣的，柔弱也是兩個概念，即「柔」和「弱」。此外，他們對「強」、「大」、「柔」和「弱」的理解也都不對。強，是僵硬；大是自大；柔是柔和、弱是自小；「強」、「柔」與「大」、「弱」兩兩相對。

二、「兵強則不勝」並非如任繼愈所說是「軍隊強大了必將失敗」，而是「打仗一味蠻橫必然失敗」。

版本差異比較

王弼	萬物草木之生也柔脆	兵強則不勝，木強則兵
河上公	萬物草木之生也柔脆	兵強則不勝，木強則共
傅奕	草木之生也柔脆	兵強者則不勝，木強則共
樓觀台	草木之生也柔脆	兵強則滅，木強則折
帛書	萬物草木之生也柔脆	兵強則不勝，木強則恒
本書主張	從傅奕、樓觀台	從王弼

說明：王弼本「萬物草木之生也柔脆」一句，按嚴靈峯說：「人與草木皆屬萬物，則萬物二字當係衍文；因據傅本刪。」

理解差異比較

人之生、草木之生的「生」	陳鼓應	活著
	任繼愈	活著
	明德	出生
木強則兵	陳鼓應	樹木強大就會遭受砍伐
	任繼愈	樹木強大了必將摧折
	明德	樹木要是質地堅硬，就要遭到砍伐
強大居下，柔弱居上	陳鼓應	凡是強大的，反而居於下位，凡是柔脆的，反而佔在上面
	任繼愈	堅強佔劣勢，柔弱佔優勢

	明德	強硬、自大只會失敗、而溫和、自小反而能成功

他版譯文

一、任繼愈:「人活著時身體是柔軟的,他死後身體變得僵硬。萬物草木活著時枝幹柔軟,它死後枝幹變得枯槁。所以,堅強的東西歸於死亡一類,柔弱的東西歸於生存一類。因此,軍隊強大了必將失敗,樹木強大了必將摧折。堅強佔劣勢,柔弱佔優勢。」

二、陳鼓應:「人活著的時候,身體是柔軟的,死了的時候就變成僵硬了。草木生長的時候形質是柔脆的,死了的時候,就變成乾枯了。所以堅強的東西屬於死亡的一類;柔弱的東西屬於生存的一類。因此用兵逞強就會遭受滅亡,樹木強大就會遭受砍伐。凡是強大的,反而居於下位,凡是柔脆的,反而佔在上面。」

《老子原意》

第七十七章

天之道，其猶張弓歟？高者抑之，下者舉之；有餘者損之，不足者補之。天之道，損有餘而補不足。人之道，則不然，損不足以奉有餘。孰能有餘以奉天下，唯有道者。是以聖人為而不恃，功成而不處，其不欲見賢。

語譯

　　大自然的規律難道不是像拉弓射靶嗎？要是弓弦過高了，就要往下挪；要是弓弦過低了，就要往上舉高一點；使的力量過了，就放鬆一點；使的力量少了，就多給點力。因此，大自然的規律就是有多餘的讓它少一點，欠缺的讓它多一點。而然，人世間的做法卻不是這樣，反而是剝削那些貧窮的，來奉養那些本來就已經很富有的。誰能夠讓多餘者拿出來奉養不足者呢？只有懂得「道」的人才做得到。因此，聖人的做法是：幫助了別人卻不倚仗，把事情做成功了卻不居功，不願在別人面前顯現自己的好。

字義解釋

　　天之道：天，大自然。道，指涉運行規律，但也是方法、做法的意思。
　　人之道：一般人普遍的做法。「人」是指一般人；「道」是指方法、行為。
　　奉：給與、奉養。
　　為而不恃：為，幫助；恃，依恃、倚仗。
　　不欲見賢：不想、不願在別人面前顯現自己的才能和德性。見，音義同「現」，讓別人看到。賢，有才能有德行。

明德說

　　一、有人把這裡的「天之道」說得很形而上、看不見、說成是老天爺，沒有必要。本章的「天之道」就是大自然的現象（注意，其他章的「天之

道」與本章的「天之道」不必然是同一個意思），每一個人都看得到。

二、天之道的天，自然、大自然、自然界。為什麼大自然會高者抑之，下者舉之？為了平衡、為了生生不息、為了地球不至於毀滅，所以，大自然和人類社會共同的現象就是物極必反、盛極而衰。因此，永遠不要失望，永遠不需要驕傲，也永遠不要作孽。因為否極就泰來，因為人無千日好。

三、「高者抑之，下者舉之」，以自然現象為例，當溫度高到一定程度，就不能再高下去了，因為再高下去，所有的生命都受不了。為了不讓生命毀滅，所以，當溫度到達一定高度之後，就要慢慢降下來，也就是從夏天變成秋天。當氣溫一直降下來降到一定程度之後，就不能再降下去了，因為，再降下去，所有的生命都受不了，為了讓生命得以繼續，當氣溫降到一定溫度之後，就要慢慢回升，也就是從冬天變成春天。

四、何謂損不足以奉有餘？落井下石以及錦上添花、看不起窮人、巴結著有錢人、欺下媚上、把從下面敲詐勒索欺騙來的錢財寶物、女人拿來獻給上面的人，這樣，自己才能往上爬。換言之，「損不足以奉有餘」就是透過欺負弱小來壯大自己。你說，邪不邪惡？

五、為什麼人之道會「損不足以奉有餘」？自私。人為什麼會自私？因為自以為聰明。自私只是表面原因，更深層的原因是愚癡，這也就是為什麼老子會說「吾言甚易知，甚易行。天下莫能知，莫能行」。很多人以為讀懂老子，其實還遠呢！這不是我說的，這是老子自己說的。

六、「有餘者損之，不足者補之」，北歐、德國、荷蘭、比利時、盧森堡等國家給他們的國民所提供的完善的社會福利就是天之道，因為有完善的社會福利，所以，社會中的弱勢群體可以不用為生活擔憂，不用因為忙於生計而無暇思考，不用成為被那些資本家剝削和愚弄的對象，這就是天之道。那麼，為什麼北歐國家要這麼做？因為他們聰明。怎麼說呢？究竟天之道和諧還是人之道？當然是天之道。北歐國家走的是天之道的路，因為他們聰明。

七、陳鼓應、任繼愈將「不欲見賢」解釋為「不願表現自己的賢能」，乍看之下，沒有問題，而事實上，不對。聖人不是不願表現自己的賢能，而是不在別人面前顯現自己的賢能，這當中有明顯的差別，不可不察。

理解差異比較

不欲見賢	任繼愈	不願表現自己的賢能
	陳鼓應	他不想表現自己的聰明才智
	明德	不願在別人面前表現自己的才能和德性

他版譯文

一、陳鼓應：「自然的規律，豈不就像拉開弓弦一樣嗎？弦位高了，就把它壓低；弦位低了就把它升高；有餘的加以減少，不足的加以補充。自然的規律，減少有餘，用來補充不足。人世的行徑，就不是這樣，卻要剝奪不足，而用來供奉有餘的人。誰能夠把有餘的拿來供給天下不足的？這只有有道的人才能做到。因此，有道的人作育萬物而不自恃己能；有所成就而不以功自居，他不想表現自己的聰明才智。」

二、任繼愈：「天的『道』，不很像〔射箭瞄準〕拉開的弓嗎？高了就把它壓低，低了就把它上舉，過滿了就減些力，不滿時就加些力。天的『道』，減少有餘的一方，用來補給不足的一方。人的『道』卻不是這樣的，偏要減少不足的一方，用來供給有餘的一方。誰能把有餘來供養全國？只有有『道』的人。因此，『聖人』推動了萬物而不自以為盡了力，功成而不自己居功，不願表現自己的賢能。」

《老子原意》

第七十八章

天下莫柔弱於水，而攻堅強者，莫之能勝，以其無以易之。水之勝剛，弱之勝強，天下莫不知，莫能行。是以聖人云：「受國之垢，是謂社稷主；受國不祥，是為天下王。」正言若反。

語譯

　　天下沒有什麼東西能比水更柔軟了，然而，在攻克堅硬物體的那些東西當中，沒有哪一個東西能贏過水的。因為，沒有什麼東西能夠改變水的運動方向。水能夠戰勝堅硬的物質〔，例如石頭、鐵器〕，柔軟可以戰勝剛強，天下沒有人不知道，但沒有人能做得到。因此，通達的人說：「能蒙受一整個國家的污穢，才能說是國家的君主；能夠承擔一整個國家的不幸，才能說是國家的君王」。正確的話，一般人反而認為是錯誤、荒誕不經的。

字義解釋

　　攻堅強者：攻，攻克；堅強，堅硬。
　　莫之能勝：即「莫能勝之」的倒裝，也就是沒有什麼東西能贏過水。勝，贏過。之，指水。
　　以其無以易之：以，表原因；無以，沒有什麼、沒有誰、沒有⋯可以用來。易，改變。之，指水的堅持、永不止息、永不放棄。
　　是謂：才能說。
　　受國之垢：受，承擔；垢，濁，引申為所有骯髒、一般人不喜歡的東西，例如侮辱、批評、誤解、委屈等等。
　　社稷主：即天下王，也就是國君、統治者。
　　不祥：祥，好，因此，「不祥」就是不吉利、不好。哪些是一般人不喜歡的事情：勞累、受到限制、餓肚子、沒有尊嚴、不受重視等等。
　　正言若反：正，正確。反，不正常。

《老子原意》

明德說

一、何謂「受國之垢，是謂社稷主」？能承擔人民的侮辱、批評、誤解這樣的人，才能夠說是真正的一國之君，否則，不配當一國之君。

二、何謂「受國不祥，是為天下王」？能承擔人民所不願意做的事情，例如只付出不求回報、約束自己、不在乎不受重視這樣的人，才能說是真正的一國之王，否則，不配當一國之王。

三、怎樣才能說「受國之垢、受國不祥」呢？從古至今，世界上任何一個獨裁者都是反面例子，而漢文帝算是比較接近受國之垢、受國不祥的例子，因為他貴為皇帝，省吃儉用，不只他本人是這樣，他的妻子也是這樣。

四、何謂正言若反？很多註家都把正言的「正」解釋成「正直」，如河上公：「此乃正直之言，世人不知，以為反言。」而另外一說也是錯的，把「正」解釋成「正面」，例如陳鼓應「正面的話好像反話一樣」。還有註家，例如林安梧‧林柏宏：「正言若反是一種反省式的語言表達。它不是直接、肯定地作出描述，而是以否定語，來凸顯所欲表達之物。」上述都誤解了老子的意思。老子這裡的「正言若反」無關正直、正面，也無關所謂的「詭詞」或是「看似否定」的表述方式，反而是直接的表述方式。在這句話中。「正」就是正確，「反」就是正確的反，也就是不正確；「若」是反而。在《道德經》一書中，處處皆是正言若反的例子：「不爭」、「無為」、「受國之垢」、「受國不祥」、「柔弱」、「為客」……這些都是正確的（在老子以及本人看來），絕大多數人卻都認為：「爭」、「有為」、「（君主）生生之厚」、「為主」、「服文彩、帶利劍、饜飲食」才是正確的，至少是絕大部份人想要做的（只要有機會）。但，事實上，後者不是正確的。總之，一般人都誤假為真、以非為是，而老子只不過是直接指出來，那些我們認為正確的，其實都是錯誤的。講正言若反的不是只有老子，釋迦牟尼佛也是同一個立場，他說「一切眾生皆具如來智慧德相，但以妄想顛倒執著而不能證得」，這句話中的「顛倒」，就是老聖人所說的「正言若反」。簡單的講，我們以為的好事、該做的，在老子眼裡根本不是好事、不該做，是老子所謂聖人「學不學」。

五、為什麼「攻堅強者,莫能勝水」?因為「以其無以易之」,也就是沒有什麼東西能改變水,改變水的什麼?改變水的運動方向,也就是水的持之以恆是沒有什麼東西能改變的,就像滴水穿石。滴水之所以能穿石,靠的不只是柔,還必須加上永不止息的恆心,才能克剛。換言之,「以其無以易之」指的就是水的堅持、水的恆心,這是不能改的。一改,攻堅強就克不了了。

六、「受國之垢,是謂社稷主;受國不祥,是為天下王」這句話的意思與《論語》堯曰篇裡面的「萬方有罪,罪在朕躬」、「百姓有過,在予一人」所要表達的意思是完全一樣的。

版本差異比較

王弼	其無以易之	弱之勝強,柔之勝剛
河上公	其無以易之	弱之勝強,柔之勝剛
傅奕	以其無以易之	柔之勝剛,弱之勝強
帛書	以其無以易之也	水之勝剛也,弱之勝強也
本書主張	從傅奕	水之勝剛,弱之勝強

說明:是「其無以易之」或「以其無以易之」?應該是要加上「以」字才對,以表原因。

理解差異比較

攻堅強者,莫之能勝,以其無以易之	陳鼓應	衝激堅強的東西沒有能勝過它,因為沒有能什麼能代替它。
	任繼愈	攻擊堅強的力量沒有能勝過水的,因為沒有什麼能代替它
	沈善增	能鑿擊很堅硬的物體的東西,卻沒有能承受得了與水抗衡的衝擊,因為沒辦法改變它。
	明德	在攻克堅硬物體的所有東西當中,沒有哪一個東西能贏過水。因為,沒有什麼東西

		能夠改變水的運動方向
聖人	陳鼓應	有道的人
	任繼愈	聖人
	沈善增	有道之君
	明德	德行高尚、博通事理的人
正言若反	陳鼓應	正面的話好像反話一樣
	任繼愈	正話反說
	沈善增	這從事實正面闡述的觀點,聽上去好像跟一般人的認識正相反
	明德	正確的話,一般人反而認為是錯誤、荒誕不經的

他版譯文

一、任繼愈:「天下沒有比水更柔弱的,而攻擊堅強的力量沒有能勝過水的,因為沒有什麼能代替它。弱能勝強,柔能勝剛,天下沒有人不知道,〔就是〕沒有人照著做。因此,聖人說:承受全國的屈辱,才算得國家的君主。承受全國的災殃,才算得全國的君王。正話反說。」

二、陳鼓應:「天下沒有比水更柔弱的,衝激堅強的東西沒有能勝過它,因為沒有能什麼能代替它。弱勝過強,柔勝過剛,天下沒有人不知道,但是沒有人能實行。因此,有道的人說:『承擔全國的屈辱,才配稱國家的君主;承擔全國的禍難,才配做天下的君主。』正面的話好像反話一樣。」

《老子原意》

第七十九章

和大怨，必有餘怨，安可以為善？是以聖人執左契，而不責於人。故有德司介，無德司徹。天道無親，恆與善人。

語譯

　　等到結上了深仇大恨才想要和解，受害的一方一定會留有未能消除的怨恨，這樣做怎能算是聰明呢！因此，通達的人握有借據的存根，而不索討債務。因此，有道德的人只對別人付出；沒道德的人專事無理索取。上天待人無分親疏，〔不過，〕最終勝利的永遠都是善良的人。

字義

　　和大怨，必有餘怨，安可以為善：和，調和、調解。大怨，深仇大恨。安，表示疑問，相當於「豈」、「怎麼」；善，讚許。

　　聖人執左契，而不責於人：通達的人握有借據的存根，卻不索討。聖，通達；左契，左券，即借據的存根。責，索討。

　　有德司介：司，主也、職掌，即專門做什麼事。介，佑助。如《詩經‧豳風‧七月》：「為此春酒，以介眉壽。」《宋史‧卷一三二‧樂志七》：「嚴配皇靈，億神來介。」

　　無德司徹：徹，讀如「撤」，除去（別人的東西），猶言向別人索取。徹，《說文解字》：「發也。从力从徹。丑列切。」《注》：「臣鉉等曰：今俗作撤，非是。」《說文解字注》：「（徹）發也。發者、躲發也。引申為凡發去之偁。徹與徹義別。徹者、通也。徹謂除去。若禮之有司徹、客徹重席、詩之徹我牆屋、其字皆當作徹。不訓通也。或作撤、乃徹之俗也。从力徹。會意。謂以力通之也。」

　　天道無親：上天沒有偏袒誰。親，近也，指偏袒。

　　恆與善人：即「善人恆與」的倒裝，也就是善良的人永遠是得到獎賞的那個人。恆也，永久。善人，有德者；善，善良。與，獎賞也。按《商

君書》:「上以功勞與,則民戰;上以《詩》《書》與,則民學問。」

明德說

一、司馬遷說:「或曰:『天道無親,常與善人。』若伯夷、叔齊,可謂善人者,非耶?積仁潔行如此而餓死!且七十子之徒,仲尼獨薦顏淵為好學。然回也屢空,糟糠不厭,而卒早夭。天之報施善人,其何如哉?盜蹠日殺不辜,肝人之肉,暴戾恣睢,聚黨數千人橫行天下,竟以壽終,而終身逸樂,富厚累世不絕。或擇地而蹈之,時然後出言,行不由徑,非公正不發憤,而遇禍災者,不可勝數也。余甚惑焉!倘所謂天道,是邪非邪?」司馬遷之所以發出這樣的感嘆和疑惑,完全可以理解。事實上,他的困惑也是今天很多人的困惑。那麼,他的困惑怎麼解釋呢?那就必須把時間拉長。人這一輩子的獲得不是取決於單單這一輩子做了什麼好事或是什麼壞事而已,而是要包括過去的生生世世所做的好事和壞事,所以才會出現做好事有惡報,做壞事有善報的這種看似矛盾現象。換言之,今生的善報是過去生善的累積;今生的惡報也是過去生惡的累積。而今生所做的好事將在我們的來生看到善報,今生所作的壞事也將在來生得到惡報。換言之,報應一定是有的,不過,一定要等到時機成熟,不能急,務必要有耐心,就像阿里山神木,要花上千年,才有今天的樣子。

二、沈善增說 (2004:592):「一般的註家,都把『善人』作一個偏正結構的詞來理解,譯如『有德的人』……殊不知,如果這樣理解,則『善人』與『不善人』相對而言,『恒與善人』,就意味著『恒不與不善人』,那麼,怎麼可以說『無親』呢?這樣理解,是與《老子》一貫的『不棄』的思想相矛盾的。『善者吾善之,不善者吾亦善之,德善』;『人之不善,何棄之有』;『故善人,不善人之師;不善人,善人之資也』;可見人道尚且應恒與『善人』與『不善人』,『無親』的『天道』,怎麼反倒僅『恒與善人』呢?因此,這個『善』唯有作動詞解,為『使善』或『完善』、『改善』義,這樣才與『天道無親』義貫通,與《老子》的整體思想一致。」沈善增對老子這句話的理解有問題。老子說「常與善人」並沒有說錯,天道確實無親,問題是輸贏是誰決定的?是天決定的嗎?當然不是,

而是人自己。那麼，誰是最後的贏家？當然是善人。這裡的「贏」不是以世俗一時的成敗來論，而是以因果來論。你說，是毛澤東贏了，還是張志新贏了？當然是張志新。所以說，恒與善人的「善」，必然要理解為「善良」的善。此外，沈善增所舉的例子裡面，如「人之不善，何棄之有」、「故善人，不善人之師；不善人，善人之資也」，這裡的「善」無關道德，而指專精、擅長，同樣是「善」字，但意義不同，不可混淆。

三、「和大怨，必有餘怨，安可以為善」是說，我們必須一開始就不和人結大冤仇，而不能等到結上了，再來想辦法和解或是彌補，那就太慢了。換言之，聰明人是不和人結大怨，結大怨就不是聰明人了。

四、伊索寓言的故事「農夫與殺死他兒子的蛇」，正說明，深仇大恨難以和解。

五、「天道無親，恆與善人」，雖是這麼說，但幫助善人的，不是天，而是善人自己。

六、劉笑敢說 (2006:743)：「老子相信天道恆與善人。恆（常）字說明天道有其普遍性和總趨勢。但一個『恆』字不能排除例外。」劉氏這種說法不對，既然是「恆」就沒有例外。至少這裡的恆不會有例外。為什麼不會有例外？因為這是因果律決定的。劉氏接著說：「天道不能保證伯夷、叔齊這樣的善人不受冤屈，不能阻止他們選擇死以明志，但可以保證紂王這樣的暴君遲早滅亡，無法善終。」從這段話可知，劉氏對「道」的理解有問題。類似伯夷、叔齊這樣的好人得「惡報」，不是天給的；同樣的，類似紂王這樣的暴君得惡報，也不是天給的；此外，並不是每個惡人都像紂王一樣，今世就受報，也有惡貫滿盈卻壽終正寢，甚至其子孫還富貴的，這些都是常有的，這些事例，身邊的共產國家就可以看到。因此，天道固然「不能保證伯夷、叔齊這樣的善人不受冤屈」，也無法保證「紂王這樣的暴君遲早滅亡，無法善終」。

七、「無德司徹」的「徹」字不做「徹」，也不理解為「稅」、「周代的稅法」，也不是王弼所說「司人之過也」，而是做「除去」、「以力拿走別人擁有的東西」解，猶言「強索」。

八、老子所說的「有德司介，無德司徹」，其義與孔聖人說的「君子

成人之美,不成人之惡。小人反是」同。

九、要明白的是,得與失一定不能以世間的成就來衡量,那就誤解了得與失。得與失的衡量標準只有一個,那就是善惡,對別人善就是得,對別人惡就是失,這也是老聖人所說的「有德司介,無德司徹」,「德」通「得」也,有德就有得。德者善也、助人也。

版本差異比較

王弼	是以聖人執左契,而不責於人	有德司契,無德司徹	常與善人
傅奕	是以聖人執左契,而不責於人	故有德司契,無德司徹	常與善人
帛書乙本	是以聖人執左芥,而不以責於人	故又德司芥,無德司□。	恆與善人
帛書甲本	是以聖右介,而不以責於人	故有德司介,无德司徹	恆與善人
本書主張	從王弼	從帛書甲本	從帛書甲本

理解差異比較

和大怨,必有餘怨,安可以為善	任繼愈	和解大仇怨,必有保留的仇怨,怎能稱得善行?
	陳鼓應	調解深重的怨恨,必然還有餘留的怨恨;〔用德來報答怨恨,〕這怎能算是妥善的辦法呢?
	沈善增	總體上的責備、抱怨得到了溝通,和解了,必定還有小的隔閡遺留下來,怎麼可用指責來使事情得到改善呢?
	明德	等到結上了深仇大恨,才想要和解,受害者一定會有未能消的怨恨,這樣做怎能算是聰明呢!
聖人執左契,而不責於人	任繼愈	聖人雖握有借據的存根,而不強迫人家償還

	陳鼓應	聖人保持借據的存根，但是並不向人索取償還。
	沈善增	有道之君堅持輔佐幫助，而不憑權威的地位去指責別人。
	明德	通達的人握有借據的存根，而不索討債務
有德司介，無德司徹	任繼愈	有德的人，就像經管借據的人那樣從容，無德的人，就像經管租稅的人〔收租時〕那樣計較
	陳鼓應	有德的人就像持有借據的人那樣寬裕，無德的人就像掌管稅收的人那樣苛取
	沈善增	有德行的做幫助的事，沒有德行的做妨礙的事
	明德	有道德的人只對別人付出；沒道德的人專事無理索取
天道無親，恆與善人	任繼愈	天道無偏愛，永助善行人。
	陳鼓應	自然的規律是沒有偏愛的，經常和善人在一起
	沈善增	天的行為法則不分親疏，永遠給予人、完善人
	明德	上天待人無分親疏，不過，最終勝利的永遠都是善良的人

《老子原意》

第八十章

小國寡民。使有什伯之器而不用，使民重死而不遠徙；雖有舟輿，無所乘之，雖有甲兵，無所陳之。
使民復結繩而用之，甘其食，美其服，安其居，樂其俗。鄰國相望，雞犬之聲相聞，民至老死不相往來。

語譯

〔雖然〕國家面積小、人口少，但假使君主能吃上十道、百道的豐盛菜餚，卻不這麼做〔，反而吃得很簡單〕；雖然君主有大車、大船，卻不去乘坐〔一旦乘坐，就要耗費大量民力〕；雖然君主備有重兵，但不輕易出兵；如此〔因為君主有道〕，人民就能安生在本國，而用不逃難到外國。

〔在有道之君的治理之下，〕即使人民回到結繩記事的日子〔，人民也不會抱怨〕；即使食物粗糙，也會覺得美味；即使衣服破舊，也會覺得很好看；即使住的地方簡陋，也會覺得舒適；即使習俗單調，卻也樂在其中。〔這時，〕遠遠的就可以看到鄰國，也能聽到他們的雞啼狗吠，即使如此，該國人民一直到老死也不會投奔鄰國。

字義

小國寡民：即「國小民寡」的倒裝。

使有什伯之器而不用：使，假使、如果；什伯之器，猶言十種、百種的菜餚。《說文》：「器，皿也。」這裡的器皿是指食器，用來盛菜的。什通「十」，伯通「百」。

使民重死而不遠徙：使，致使、使得；重死，重視生命。這裡的死意指生命的存在，事實上，是以死代生。遠徙，猶言逃難。徙，讀音「喜」，搬走、遷移。

舟輿：舟，船；輿，車。

無所陳之：不用上戰場；陳，音義同「陣」，作戰的意思。無所，表

示否定不必明言或不可明言的人或事物。

　　使民復結繩而用之：意指回到生活條件非常簡單落後的時代。使，即使。復，回到。結繩，上古無文字，以繩作結為記事的方法。

　　甘其食，美其服，安其居，樂其俗：食物雖然粗糙，但覺得美味；衣服雖然破舊，卻覺得很好看；住的地方雖然簡陋，卻覺得很舒適；習俗雖然單調，卻樂在其中。樂，讀音「勒」，喜愛；俗，風俗習慣。

　　鄰國相望：遠遠的就可以看到鄰國。相，表示動作，是由一方對另一方進行。按《易‧同人卦》：「大師相遇，言相克也。」又《木蘭詩》：「爺娘聞女來，出門相扶將。」望，向遠處或高處看。

　　雞犬之聲相聞：比喻人煙稠密。

　　不相往來：相，表示一方對另一方有所施為。往，去也；來，歸順。

明德說

　　一、小國寡民是老子的政治理想嗎？不是。

　　二、為什麼要有甲兵？用於威攝，必要時，也用於打仗。

　　三、「雖有甲兵，無所陳之」並非如陳鼓應所說「雖然有鎧甲武器，卻沒有機會去陳列」，也非如任繼愈所說「雖有武器裝備，沒有地方顯示它」，而是「雖然有部隊，但是，非必要不派往戰場」。為什麼他們的解釋是錯的呢？因為他們把的「陳」誤解為「陳列」、「顯示」，而事實上，「陳」不是「陳列」，而是「陣」，也就是戰場、作戰的意思。此外，「甲兵」不指鎧甲武器或武器裝備，而是指部隊。

　　四、任繼愈對老子有很大的誤解。他說 (2015:175)：「老子認為文化給人們帶來了災難，要回到人類還沒有創造文字、結繩紀事的時代去。」首先，老子從來沒有反對文明／文化，他在本章是說，國君應該重視人民的生命，就這麼簡單。怎麼體現國君重視人民的生命？國君本身吃的、用的要節省、雖然要有兵備（老子說過要「執無兵」），但不挑起戰端，這也是老子說過的「吾不敢為主而為客，不敢進寸而退尺」。其次，老子沒有要把人帶回上古社會，老子只是說，只要國君善待人民，即使給人民的生活條件非常簡陋，人民也不會離開他。

五、任繼愈又說 (2015:175)：「原始社會的質樸，主要是生產力低下，人們主要精力放在維持最低生活需要上。在那樣極低水平的生活條件下，怎能做到甘其食、美其服呢？……老子美化上古有他的片面性。」對於任氏的這一段話有幾個問題。首先，任繼愈誤解了「甘其食、美其服」的意思，「甘其食、美其服」不是任繼愈所說「吃得香甜，穿得漂亮」，而是「食物雖然粗糙，但覺得美味；衣服雖然破舊，卻覺得很好看」，這顯然是兩個不同概念。其次，老子並沒有美化上古時代，老子是說，即使回到上古時代那樣原始，只要國君善待人民、輕徭薄賦，即使人民生活再辛苦，也不會抱怨，還會覺得很幸福。

六、任繼愈接著說 (2015:175)：「老子不願看到城市與農村出現的生活上極大的反差，老子看不慣，希望不要打破現存的秩序。」任氏的這一段話又誤解了老子。首先，在本章中，老子完全沒有提到有任氏所謂的「城市與農村生活上級大反差」的內容，既然沒有提到，任氏怎能無中生有？其次，老子本章中完全沒有提到「秩序」的問題，遑論「現存的秩序」，更沒有所謂老子「希望不要打破現存的秩序」的這一回事，任氏所說純屬子虛烏有。

七、任繼愈把「鄰國相望」理解為「城鎮之間互相望得見」，這是不對的。「鄰國相望」的「國」確實是國家的「國」，而非「城鎮」。

八、「民至老死不相往來」並非陳鼓應所說「人民從生到死，互相不往來」，也非任繼愈所說「百姓直到老死不相往來」，也不是劉笑敢所說 (2006:753)「是對交往的反感，同時說明經濟交流、政治往來都不是必須的」，而是「該國人民到老死也不會投奔鄰國」。

九、陳鼓應、張默生都把本章分為兩段，前半段是「小國寡民……使民復結繩而用之」，第二段是「甘其食……不相往來」。我的分段不是這樣，而是「小國寡民……無所陳之」。下一段是「使民復結繩而用之……不相往來」。

十、何謂「小國寡民」？它真的是歷來註家所說的是老子心中的烏托邦嗎？胡寄窗說小國寡民是 (1962:214-215)「針對當時的廣土治眾民的政策而發，是帶著時代的創傷，逃向原始的樂園，想為時代開倒車」；王邦雄說

(1980:173-174)「老子哲學的政治智慧落實下來……就是小國寡民的理想國」；詹劍峰說小國寡民是 (1982:482-483)「農民的平等的理想社會」；李澤厚說小國寡民是 (1985:90-91)「人像動物一樣生活的原始社會，是處於危亡階段的氏族貴族把往古回憶作為理想畫圖來救命的表現」；張松如說小國寡民是 (1987:471)「古代小自耕農的空想，幻想回到沒有壓迫剝削、沒有戰爭的原始公社時代」；王淮 (1990:294-296) 說「本章為老子之理想國，為老子對其所憧憬嚮往之理想社會，做進一步具體之描述與內容之說明」。馮友蘭說 (1991:63)：「有人可以說，照這樣理解，《老子》第八十章所說的並不是一個社會，而是一種人的精神境界。是的，是一種人的精神境界，《老子》所要求的就是這種精神境界。」袁保新說 (1991:207)：「一般而論，老子第八十章對小國寡民的勾繪，也就是他心目中理想國的寫照。」古棣說小國寡民是 (1991a:587)「畸形狀態的早期奴隸制」；勞思光說 (1995:246)「此段即老子政治理想之表述」；劉福增說 (1999:375)「『小國寡民』所說的是老子的一個『遐想的悠遊閒暇的小世界』」；馮友蘭說 (2003:20)「老子之理想的社會，為小國寡民之簡單組織」；陳鼓應說 (2007:322)「這是老子在古代農村社會基礎上所理想化的民間生活情景」……然而，他們的理解全錯了。

十一、確實不可思議，自古至今，幾乎所有註家都被老子這四個字給搞糊塗了。老子這四個字因為省略成份，以至於幾乎所有人把它當作一個完整的概念來處理。其實小國寡民根本不是一個概念，它只是一句話的起頭，而且這個起頭還是省略的，不省略的話，那就是「雖小國寡民」，然後再接著下面的一句話「使有什伯之器而不用」，即使至此，語意仍沒有完整，要一直到「無所陳之」才結束。

十二、劉笑敢說 (2006:750)：「小國寡民中除了提到不用軍隊以外，其餘內容全與國家政權問題沒有必然聯繫。」非也，劉氏的理解有誤，整章都在講國家政權，怎麼會沒有聯繫呢？此外，劉氏說老子主張小國寡民「不用軍隊」也是誤解。老子說「雖有甲兵，無所陳之」，其中，「甲兵」即是軍隊，軍隊是必須有的，只是非必要則不開戰。

十三、劉笑敢說 (2006:751)：「所謂『鄰邦相望，雞犬之聲相聞』只能

是一種文學誇張的筆法，並非寫實，也並非對任何歷史時代或邦國形式的回憶，也不是一種具體的幻想或設計。」看來，劉氏對「鄰邦相望，雞犬之聲相聞」的理解有誤。老子之所以說「鄰國相望，雞犬之聲相聞，民至老死，不相往來」的前提是統治者「使有什伯之器而不用」、「雖有舟輿，無所乘之」、「雖有甲兵，無所陳之」，在這樣的前提之下，人民自然「重死而不遠徙」，即使鄰國（而且還是富裕的鄰國）就在旁邊，也不會想要過去，這就代表這個國家雖然小，但是凝聚力非常強。

十四、劉笑敢說 (2006:750)：「無為而治的理想不一定僅是小農經濟的反映，當時的分封制、各國相對獨立的情況可能是無為而治思想更直接的社會基礎。」從他這段話可以得知，劉氏對於老子無為而治的理解沒有到位。首先，無為而治是老子的政治理想，這沒錯。其次，「無為而治」無關劉氏所說「小農經濟」、「分封制」、「各國相對獨立的情況」，這些都不影響無為而治的落實，即使到了今天，更應該無為而治，因為社會變得更複雜了、各國關係變得更緊密了，而 "Hell is empty and all the devils are here"。

十五、有關「輕死」與「重死」的理解。為什麼人民會輕死？老子說「民之輕死以其上求生之厚」，也就是統治者壓榨、虐待人民，自然逼得人民鋌而走險，這就是輕死；相反的，當統治者善待人民，人民哪裡需要犯法？哪裡還需要逃難到人生地不熟的國外去，不用犯法、不用逃難、日子過得舒泰，生命就得以保全，這就是重死。簡單的說，重死就是人民日子好過，不想遷徙；輕死就是人民生活難以為繼，只能鋌而走險，或偷搶或造反，而一旦被抓到，還能活命嗎？

十六、為了便於了解「小國寡民。使有什伯之器而不用，使民重死而不遠徙：雖有舟輿，無所乘之，雖有甲兵，無所陳之」，這段話的順序可以調整如下：「小國寡民。使有什伯之器而不用；雖有舟輿，無所乘之；雖有甲兵，無所陳之。使民重死而不遠徙。」經過調整之後，整段話就豁然開朗了。

十七、劉笑敢說 (2006:751-752)，「使有什伯之器而不用」、「使民重死而不遠徙」、「使民復結繩而用之」，這三句話中的三個「使」字都有

假設的意味。劉氏的理解並不全對。「使有什伯之器而不用」的「使」確實是假設用語，但「使民重死而不遠徙」的「使」就不是假設，而是「致使」，「使民復結繩而用之」的「使」意指「即使」、「縱使」。

十八、劉笑敢 (2006:753) 說本章的某些「文句的確切所指很難斷定，但大體說來是對現實狀況的不滿則是顯而易見的，特別是對工具、舟車、兵器的發展帶來的生環境的生活方式的巨大改變不以為然。老子可能是認為這些新的、先進的技術和器具改變了原有的簡單生活氛圍，因此希望回到單純的生活狀態」。從劉氏說的這段話，可知他對本章主旨以及個別段落的掌握都不夠好。首先，他把「什伯之器」的「器」理解為工具，但「什伯之器」的「器」不是工具，而是器皿、食器，因此，老子並沒有對工具、舟車、兵器不以為然，老子不以為然的是統治者的作威作福，包括每頓飯都要滿漢全席（用什伯之器）；出門就要大車、大船侍候（乘舟輿），這可要花費多少民力；輕易就要打仗（陳之），又不做好準備，這可要死多少人。其次，老子並沒有要回到上古時代，老子是說，即使生活困苦，只要國君善待百姓，人民也不會離國君而去；第三，老子確實主張人應該過單純的生活，但單純的生活與時代沒有任何關係，即使在現代，也可以過上單純的生活；即使在古代，也可以過上奢靡淫亂、不單純的生活。

十九、《教育部國語辭典》把「民至老死不相往來」解釋成「（比喻人雖然相距很近，）彼此間卻互不來往，互不干擾」，這種解釋是錯的。

二十、「雞鳴狗吠之聲相聞」，這一句話的場景發生在什麼地方？歷來都是指「鄰國」的雞犬之聲，在「本國」可以聽得到。但這樣的解釋不對。「雞犬之聲相聞」是指發生於鄰國境內的情形（換言之，在本國是聽不到鄰國的雞鳴狗吠聲的），因為鄰國人口居住相對密集，於是，很容易就可以聽到鄰居的雞鳴狗吠聲。這句話應該在當時是一個俗語，就像孟子也用了「雞鳴狗吠相聞，而達乎四境」的表述。那麼，人口相對聚集，意味著什麼呢？意味著（鄰國）物質條件較好。

二十一、老子講「雞犬之聲相聞」，究竟想表達什麼？難道只是字面的意思？而這樣的字面的意思又有何意義呢？就如《教育部重編國語辭典修訂本》把「雞犬之聲相聞」解釋成「雞狗的叫聲都能聽到……原指人無

所欲求。後形容人們……居住的距離很近」,其實,上述的解釋都是不對的,也無法說清楚老子心中所想要表達的意思。

版本差異比較

王弼	使有什伯之器而不用
河上公	使(民)有什伯,人之器而不用
傅奕	使民有什伯之器而不用也
帛書	使十百人之器毋用
本書主張	從王弼

說明:本句的文字問題至少有兩處。其一,「使」之後接不接「民」?不接,原因是本句指涉「上」,而不指涉「民」。其二,「什伯」之後接不接「人」?不接,原因是後面的「器」字決定了前面不會有一個「人」字。因此,本書採用王弼版本。

理解差異比較

小國寡民	陳鼓應	國土狹小,人民稀少
	任繼愈	城鎮要小,居民要少
	沈善增	邦國土地小、人口小,即使在這樣的落後狀態下
	明德	〔雖然〕國家面積小、人口少。
什伯之器	陳鼓應	十倍百倍人工的器械
	任繼愈	各種器具
	沈善增	大國累百器,小國累十器(指諸侯用餐極其鋪張)
	明德	十道、百道的豐盛佳餚
使有什伯之器而不用的「使」	陳鼓應	即使
	任繼愈	即使
	沈善增	如果

《老子原意》

	明德	假使
使民重死而不遠徙的「使」	陳鼓應	使
	任繼愈	使
	沈善增	使
	明德	致使
使民復結繩而用之	陳鼓應	使人民回復到結繩紀事的狀況
	任繼愈	使百姓回到結繩紀事的生活
	沈善增	使民眾可以用線繩結成捕獸打魚的網罟，從事正常的漁獵等生產勞動
	明德	即使讓人民回到結繩記事的日子
使民復結繩而用之的「使」	陳鼓應	使
	任繼愈	使
	沈善增	使
	明德	縱使、即使
甘其食，美其服，安其居，樂其俗	陳鼓應	人民有甜美的飲食，美觀的衣服，安適的居所，歡樂的習俗
	任繼愈	吃得香甜，穿得漂亮，住得安適，過得習慣
	沈善增	這樣，人民就會感到他們食物是甘甜的，他們的衣服是上好的，他們的居住環境是安寧的，他們的風俗是和樂的
	明德	食物雖然粗糙，但覺得美味；衣服雖然破舊，卻覺得很好看；住的簡陋，卻覺得很舒適；習俗雖然簡單，卻樂在其中
民至老死不相往來	陳鼓應	人民從生到死，互相不往來
	任繼愈	百姓直到老死不相往來
	沈善增	民眾到老死也不會成群地遷居到他邦去
	明德	該國人民到老死也不會歸順鄰國

《老子原意》

他版譯文

　　一、任繼愈：「城鎮要小，居民要少。即使有各種器具，並不使用；使居民不用生命去冒險，不向遠方遷徙；雖有舟船車馬，沒有地方乘坐它；雖有武器裝備，沒有地方顯示它。使百姓回到結繩紀事的生活，吃得香甜，穿得漂亮，住得安適，過得習慣，城鎮之間互相望得見，雞鳴犬吠互相聽得到，百姓直到老死不相往來。」

　　二、陳鼓應：「國土狹小，人民稀少。即使有十倍百倍人工的器械卻不使用；使人民重視死亡而不向遠方遷移。雖然有船隻車輛，卻沒有必要去乘坐；雖然有鎧甲武器，卻沒有機會去陳列。使人民回復到結繩紀事的狀況。人民有甜美的飲食，美觀的衣服，安適的居所，歡樂的習俗。鄰國之間可以互相看得見，雞鳴狗吠的聲音可以互相聽得到，人民從生到死，互相不往來。」

《老子原意》

第八十一章

信言不美，美言不信。善者不辯，辯者不善。知者不博，博者不知。聖人不積，既以為人己愈有，既以與人己愈多。故天之道，利而不害；聖人之道，為而不爭。

語譯

　　真心話讓人不舒服。讓人舒服的話不可信。善良的人通常不去辯解；辯解的人通常不善良。對一件事情知道的很清楚的，那麼，他在另外的事情上面就不清楚了；對每件事情都知道一些些的人，那麼，他一定無法在某一件事情上非常深入。聖人不會去累積財富、聲譽、權力，越是無私的幫助別人，自己就越富足；越是無私的給予別人，自己反而得到更多。因此，最高明的做法是成就萬物而不傷害萬物；聖人的做法是付出而不爭搶。

字義

　　信：誠實、真是也。
　　美：稱心、喜歡、讓人心情感到愉悅。
　　知者不博，博者不知：這裡的「知」讀音是「之」，不是指智慧，而是通曉的意思，準確來說是指對某一件事情瞭如指掌、深入、透徹，是指深度；而博是指廣博，知識面很廣，知道的事情很多，是指廣度。兩者無法得兼是可以理解的，畢竟人的時間、精力都是有限的。在一定的時間內，要嘛廣、要嘛深，能又廣又深的不是普通人。
　　聖人不積：積，累聚。
　　既以為人己愈有：即「為人以既己愈有」，越是純粹的幫助別人，自己就越富足。既，悉、盡、完成、完畢，這裡指的是純粹、單純、沒有雜質。為，幫助。有，豐足、富裕。
　　既以與人己愈多：即「與人以既己愈多」，越是純粹的給予別人，自己反而得到更多。與，給予。

天之道：最高明的做法。天，顛也，最高的。道，方法、辦法。
利而不害：有利萬物而不傷害萬物。
聖人之道：聖人的做法。聖，德行高尚、博通事理的人。道，做法。
為而不爭：付出而不爭搶。為，付出、給予。爭，搶。

明德說

一、「信言不美，美言不信」翻譯成白話就是：真心話通常不好聽，好聽話通常不是真心話。在各種場合，在生活中，在官場上、在買賣當中，處處可見「信言不美、美言不信」，以至於我們經常被騙。由於不願意聽真話是人的弱點，喜歡聽謊言（因為好聽的話大部份是謊言），也是人的弱點，因此，魔鬼經常利用人的這一弱點，讓我們動心，跟著他去做不利於我們自己只利於他的行為。所有那些動人的口號、「情懷」、「理想」和「夢」，經常是謊言，而我們卻信以為真，那自己就要倒大楣了。

二、處處有陷阱。我們何不看看太平天國的口號「處處平均，人人飽暖」、「有田同耕，有飯同食，有衣同穿，有錢同使，無處不均勻，無人不飽暖」是如何的動聽，等到傻瓜上鉤，替洪秀全打下江山之後，洪秀全的所作所為又是如何的腐敗、貪婪、沒有人性？洪秀全的成功，就在於他利用了別人的貪婪的這一弱點。

三、為什麼我們不喜歡聽真話，因為真話通常是批評的，而我們一般人，尤其是統治者，最不喜歡聽的就是下屬的批評，包括朋友的批評都是不容許的。做為長官只喜歡聽讚美的話，而讚美的話，例如吾皇萬歲萬歲萬萬歲，通常是不可信，這是老子的觀察，但卻幾乎適用在所有人身上的。

四、何謂「天之道」？這裡的「天」非指天帝、上天、上帝、自然規律，而是顛，最高也。

五、聖人之道為而不爭：只有只付出而不計較回報的人才有機會成為聖人，而這樣的人才可能成為好的治國領袖，即聖王，然而聖王很少，大部份是只想作威作福的領導人。

六、「知者不博，博者不知」並非如任繼愈所說「真懂的不賣弄，賣弄的不真懂」，老聖人這句話無關賣不賣弄，而是講知識的深度與廣度兩

者不可得兼的問題。

版本差異比較

王弼	天之道	聖人之道
河上公	天之道	聖人之道
傅奕	天之道	聖人之道
帛書	故天之道	人之道
本書主張	從帛書	從王弼

說明：一、「天之道」之前一定要加上「故」一字，原因是承上文「既以與人己愈多」。

二、「為而不爭」不是「人之道」。因此，帛書的說法「人之道」不對，應依照王弼、河上公的版本，即「聖人之道」。

理解差異比較

信言不美	任繼愈	真話不漂亮
	陳鼓應	真實的言詞不華美
	明德	真心話讓人不舒服
美言不信	任繼愈	漂亮的不是真話
	陳鼓應	華美的言詞不真實
	明德	讓人舒服的話不可信
知者不博	任繼愈	真懂的不賣弄
	陳鼓應	真正了解的人不廣博
	明德	對一件事情知道的很清楚的人，那麼，他在另外一些事情上面就不清楚了
博者不知	任繼愈	賣弄的不真懂
	陳鼓應	廣博的人不能深入了解
	明德	對每一件事情都知道一些些的人，那麼，他一定無法在某一事情上面非常深入

既以為人己愈有	任繼愈	盡量助人,他自己反更充足
	陳鼓應	他盡量幫助別人,自己反而更充足
	明德	越是純粹的幫助別人,自己就越富足
天之道	任繼愈	天的道
	陳鼓應	自然的規律
	明德	最高明的做法
利而不害	任繼愈	利物而不害物
	陳鼓應	利物而無害
	明德	成就萬物而不傷害萬物
為而不爭的「為」	任繼愈	做
	陳鼓應	施為
	明德	付出

他版譯文

一、陳鼓應:「真實的言詞不華美,華美的言詞不真實。行為善良的人不巧辯,巧辯的人不良善。真正了解的人不廣博,廣博的人不能深入了解。有道的聖人不私自積藏,他盡量幫助別人,自己反而更充足;他盡量給予別人,自己反而更豐富。自然的規律,利物而無害;人間的行事,施為而不爭奪。」

二、任繼愈:「真話不漂亮,漂亮的不是真話。善人不巧說,巧說的不是善人。真懂的不賣弄,賣弄的不真懂。聖人不保留,盡量助人,他自己反更充足,一切給了人,他自己反更豐足。天的道,利物而不害物。聖人的道,做了而不爭功。」

附錄：爭議章句大致羅列（未按章節排序）

1. 天地不仁
2. 無為
3. 敝而不成
4. 天門
5. 無為而治
6. 聖人皆咳之
7. 生之徒，十有三
8. 致虛極、守靜篤、萬物並作、吾以觀復
9. 民多利器，國家滋昏。人多伎巧，奇物滋起
10. 治大國若烹小鮮
11. 谷神不死
12. 大小多少
13. 正言若反
14. 天道無親，常與善人
15. 知者不博
16. 行無行
17. 攘無臂
18. 執無兵
19. 貴大患若身
20. 載營魄抱一
21. 寵辱若驚
22. 貴以身為天下、愛以身為天下
23. 希言自然
24. 失者同於失
25. 樸散則為器
26. 大制不割

27. 物壯則老，是謂不道
28. 大道氾兮，其可左右
29. 執大象，天下往，往而不害
30. 樂與餌，過客止
31. 為道日損
32. 以其無死地
33. 塞其兌，閉其門，終身不勤；開其兌、濟其事，終身不救
34. 以身觀身，以家觀家，以鄉觀鄉，以國觀國，以天下觀天下
35. 非以明民，將以愚之
36. 民之難治，以其智多
37. 知此兩者亦稽式
38. 欲上民，必以言下之
39. 善勝敵者不與
40. 賢貴生
41. 強大居下，柔弱居上
42. 正言若反
43. 眾人皆有餘，而我獨若遺
44. 大辯若訥
45. 大器免成
46. 將欲取天下而為之
47. 無為故無敗
48. 物壯則老
49. 深根固蒂、長生久視
50. 自知不自見；自愛不自貴
51. 知我者希，則我者貴
52. 有德司介，無德司彻
53. 故大道廢，安有仁義
54. 道，可道，非常道。名，可名，非常名
55. 常無欲，以觀其妙；常有欲，以觀其徼

56. 此兩者同出，異名同謂
57. 玄之又玄，眾妙之門
58. 雞犬之聲相聞
59. 民至老死不相往來
60. 善戰者不怒
61. 善為士者不武
62. 益生曰祥
63. 既以為人己愈有
64. 大巧若拙
65. 小國寡民
66. 其唯無知也，是以不我知
67. 不知常，妄，妄，作凶
68. 幾亡吾寶
69. 無名之樸，夫亦將無欲
70. 吾將以為教父
71. 天下希及之
72. 知足不辱，知止不殆
73. 知足之足，常足矣
74. 知者弗言
75. 善為士者不武
76. 善勝敵者不與

www.ingramcontent.com/pod-product-compliance
Lightning Source LLC
Chambersburg PA
CBHW071725080526
44588CB00013B/1895